LA REGULACIÓN DEL HECHO RELIGIOSO EN ESPAÑA

© Editorial Colex, S.L.
Calle Costa Rica, número 5, 3.º B (local comercial)
A Coruña, C.P. 15004
info@colex.es
www.colex.es

I.S.B.N.: 978-84-1359-906-9
Depósito legal: C 759-2023

LA REGULACIÓN DEL HECHO RELIGIOSO EN ESPAÑA

Jorge Subirán Marcos

COLEX 2023

A mis padres Tomás y M.ª Luz,
por su apoyo incondicional y esfuerzo diario.
A mi mujer Claudia y mis hijas, Amelia y Teresa,
que están presentes en cada línea de mi vida.

ABREVIATURAS

AE: Acuerdo sobre Asuntos Económicos

AJ: Acuerdo sobre Asuntos Jurídicos.

Art.: Artículo.

ATC: Auto Tribunal Constitucional.

ATS: Auto Tribunal Supremo.

BOE: Boletín Oficial del Estado.

CC: Código Civil.

CE: Constitución española

CIE: Comisión Islámica de España.

DA: Disposición Adicional.

DGRN: Dirección General de los Registros y del Notariado

FCJ: Federación de Comunidades Judías de España.

FEREDE: Federación de Entidades Religiosas Evangélicas de España.

IRPF: Impuesto Sobre la Renta de las Personas Físicas.

LEC: Ley de Enjuiciamiento Civil

LJV: Ley de Jurisdicción Voluntaria.

LOLR: Ley Orgánica de Libertad Religiosa.

RER: Registro de Entidades Religiosas.

STS: Sentencia Tribunal Supremo

TEDH: Tribunal Europeo de Derechos Humanos.

STC: Sentencia Tribunal Constitucional.

TC: Tribunal Constitucional.

TJUE: Tribunal de Justicia de la Unión Europea.

TUE: Tratado de la Unión Europea.

UE: Unión Europea.

Sumario

CAPÍTULO I
EL DERECHO ECLESIÁSTICO DEL ESTADO

CAPÍTULO II

LOS PRINCIPIOS INFORMADORES DEL DERECHO ECLESIÁSTICO

CAPÍTULO III

LA FUENTES DEL DERECHO ECLESIÁSTICO

CAPÍTULO IV

EL DERECHO FUNDAMENTAL DE LIBERTAD RELIGIOSA

CAPÍTULO V

EL DERECHO Y LOS GRUPOS RELIGIOSOS (I): SU RECONOCIMIENTO

CAPÍTULO VI

EL DERECHO Y LOS GRUPOS RELIGIOSOS (II): ECONOMÍA Y PATRIMONIO

CAPÍTULO VII

ASISTENCIA RELIGIOSA Y MINISTROS DE CULTO

CAPÍTULO VIII
LAS OBJECIONES DE CONCIENCIA

CAPÍTULO IX
PRESCRIPCIONES RELIGIOSAS ALIMENTARIAS, FESTIVIDADES Y SÍMBOLOS RELIGIOSOS

CAPÍTULO X
DERECHOS EDUCATIVOS Y SU RELACIÓN CON LA LIBERTAD RELIGIOSA

CAPÍTULO XI
EL MATRIMONIO RELIGIOSO

ANEXOS
ANEXO I. ACUERDOS CONCORDATARIOS VIGENTES

ANEXO II. ACUERDOS DE COOPERACIÓN CON CONFESIONES MINORITARIAS

ANEXO III. LEY ORGÁNICA DE LIBERTAD RELIGIOSA

NORMATIVA EN MATERIA DE LIBERTAD RELIGIOSA

CAPÍTULO I

EL DERECHO ECLESIÁSTICO DEL ESTADO

I. La relación entre la Religión y el Derecho

La religión es un conjunto de creencias. Según M. Massensio, el pensamiento religioso posee una característica muy peculiar que permite distinguirla de otras formas de pensamiento, ya que implica dividir el mundo en dos esferas distintas, una que abarca todo lo que es sagrado y otra todo lo que es profano[1]. Puede parecer, por tanto, que entre las creencias religiosas y las que no lo son, existe o debe existir una oposición total, y en este sentido el propio diccionario define lo profano como todo aquello no relacionado con lo sagrado[2]. Efectivamente la religión ocupa un ámbito específico que da lugar a interpretaciones como la de Durkheim para quien, «no existe en la historia del pensamiento humano otro ejemplo de dos categorías de cosas tan profundamente diferentes, tan radicalmente opuestas la una de la otra»[3].

Sin embargo, en la introducción a la obra de Durkheim, R. Cantoni expresa: «el hombre arcaico se nos aparece en la obra de Durkheim como un animal social que ya ha llevado a cabo la mayor de las revoluciones, la invención de

1 G. Filoramo, M. Massenzio, M. Raveri, P. Scarpi, *La historia de las religiones en la cultura moderna*, Crítica. Barcelona 2000, p. 383.

2 Diccionario de la Real Academia Española, 23.ª edición, 2014.

3 É. Durkheim, *Las formas elementales de la vida religiosa,* Madrid, 1993.

una cultura religiosa que encierra como un capullo todas las formas culturales... La mente del hombre primitivo es un crisol donde se forman el hombre intelectual y moral, un antecedente de lo que serán las grandes estructuras normativas y los grandes significados axiológicos de la vida asociada»[4]. Puede suceder, por tanto, que la religión sea una base fundamental de la existencia colectiva.

Frente al conjunto de creencias, el Derecho es un conjunto de principios, preceptos y reglas a que están sometidas las relaciones humanas en todas las sociedades. Creer es una opción personal y por el contrario este conjunto de normas que constituye el Derecho son impuestas al individuo en el ámbito de una determinada sociedad. Nos encontramos por tanto, ante una diferencia fundamental: las normas hay que respetarlas si ello no sucede las persona puede ser obligadas a acatarlas. «*Dura lex sed lege*», es un viejo principio romano que ilustra sobre la necesidad del cumplimiento de la ley. En el ámbito de la religión la infracción —el pecado— tiene una trascendencia totalmente diferente. Cuando en una sociedad los preceptos religiosos se convierten en ley civil, está asumiendo una justicia que no le corresponde. No es competencia de un tribunal aplicar la justicia divina y llegado al terreno de lo absurdo ¿Podemos imaginar que un juez sancionara con la pena del infierno o privara de la vida eterna al que ha cometido una infracción? Fue el propio cristianismo quien señaló que debe darse a Dios lo que es de Dios, y al Cesar lo que es del Cesar[5].

En definitiva, parece que estamos antes dos ámbitos, no sólo diferentes sino para algunos imposibles de relación alguna. En el caso contrario, nos encontramos con sociedades donde la religión impregna todos los aspectos de la vida social, convirtiendo el derecho en una aplicación de las creencias religiosas.

F. de Coulanges expresa en su libro sobre la ciudad antigua que se colocan las creencias frente a las leyes e instituciones, se van esclareciendo los hechos y la explicación surge por sí misma[6]. Refiriéndose a Grecia y a Roma, señala que si

4 R. Cantoni, Introducción a É. Durkheim *Le forme ellementari della vita religiosa,* Milán 1963, p. 27.

5 San Marcos, 12,13-17.

6 F. Coulanges, *La ciudad Antigua,* Biblioteca Edaf, Madrid

nos remontamos a las primeras edades, o sea a la época en que tuvieron origen sus instituciones, veremos manifestarse las ideas que se habían formado del hombre, de la vida, de la muerte, de la existencia al temor y al principio divino; así advertiremos la íntima relación entre estas opiniones y las distintas reglas de derecho privado, entre los ritos de sus creencias y sus instituciones políticas[7].

La comparación de las creencias y las leyes muestra que una religión primitiva ha constituido la familia griega y romana, ha establecido el matrimonio y la autoridad paterna, ha determinado los grados de parentesco, ha consagrado el derecho a la propiedad y el de la herencia. De la religión partieron todas las instituciones, así como el derecho privado de los antiguos, tomando de ellas sus principios, sus reglas, sus usos y sus magistraturas.

Aunque la historiografía moderna considera criticables algunos aspectos de la obra de Coulanges, en general se reconoce su profunda comprensión de la importancia de la religión para la formación del Estado. Y es que, aunque se trate de espacios distintos, la religión y el derecho, o si se prefiere el pensamiento religioso o laico, tienen sin embargo aspectos coincidentes. El derecho no es el resultado de la casualidad ni de la fuerza, aunque evidentemente no pueda imponerse por ella unas determinadas normas en la sociedad, pero también es posible que unas ideas religiosas se impongan por compulsión sobre las personas. Lo que se quiere significar es que tanto las creencias religiosas como como las normas que regulan la vida colectiva tienen en una parte esencial el mismo sustrato: la implantación de la justicia. El derecho responde al principio necesario de organizar la sociedad para alcanzar el bien común y la religión tiene entre sus fines el ideal de justicia para esta misma sociedad. Pero todavía hay al margen de todo ello, un aspecto que parece irrefutable: las religiones han ejercido desde la antigüedad una enorme influencia en la historia y en la cultura de los pueblos y las normas del Derecho son el resultado de esta evolución histórica y cultural. Incluso si se piensa detenidamente en aquellos Estados que prohíben las creencias

1982, p. 27.

7 Ibid. pp. 27-29.

religiosas (la religión es el opio del pueblo...[8]) se está reconociendo la importancia de la religión en la vida colectiva.

1.1. Desde la Antigüedad hasta el nacimiento del constitucionalismo liberal

1.1.1. Civilizaciones Mesopotámica y Egipcia

Cuando tuvo lugar la revolución neolítica, el hombre dejó atrás la etapa de la vida caracterizada por la caza y la recolección, sin que existiera ninguna autoridad, ninguna Ley u organización reglamentada. Se trataba de pequeños grupos familiares que se desenvolvían en un medio donde operaban las fuerzas de la naturaleza, cuyo carácter misterioso era en ocasiones interpretado por los chamanes. Según J. Mosterín, seguramente el cazador más experimentado o más viejo tendría un prestigio especial[9].

El cambio que tuvo lugar en el neolítico supuso el paso a una economía de producción, la población comenzó a sedentarizarse y se hizo necesario controlar los excedentes productivos. En definitiva, al permanecer los grupos en el mismo territorio, es imprescindible una organización social para el control de los recursos, comercio e intercambio de bienes. Hacia el año 4000 a.C. estos grupos habían alcanzado ya un gran desarrollo que se extendió por Turquía, Irán y el Valle del Indo.

Sumeria, hasta donde conocemos en la actualidad, es la primera civilización de la historia y también la primera de la que existen numerosos testimonios escritos. Sin embargo, todavía hoy se discute, sin que se haya llegado a una teoría definitiva, quienes eran y de donde procedían. Lo cierto es que poco antes del 3500 a.C., probablemente procedentes de Turquestán, en Mesopotamia aparecieron los sumerios,

8 Marx-Engels, *Contribución a la crítica de la filosofía de Hegel*, Sígueme, Salamanca 1974, p.94.

9 J. Mosterín, *El pensamiento arcaico,* Alianza editorial, Madrid 2015, p. 112.

y con ellos según Samuel N. Kramer surge el primer ideal moral[10].

De un modo general, se ha establecido que los orígenes y el fundamento de la civilización occidental y acaso de la civilización hay que buscarlos en Grecia y Roma, aunque en realidad el verdadero logro de esta última fue hacer suya la cultura griega, pasando muchas veces por alto la importancia del pueblo sumerio, o por lo menos no reconociéndole el lugar que indudablemente le corresponde. En este sentido C.W. Ceram hace suyo el análisis de Woolley que se resume así:

> «(...) si juzgamos los esfuerzos de los hombres sólo por sus triunfos, hemos de atribuir a los sumerios hemos de atribuirle a los sumerios un puesto verdaderamente honroso, aunque no muy destacado, pero si los juzgamos por su influjo en la evolución histórica merecen verse colocados en un puesto muchísimo más elevado... adquiriendo la importancia de haber sido uno de los primeros factores impulsores de la civilización universal... Grecia ha tomado su cultura de los lidios, hititas, de Fenicia, Creta, Babilonia y Egipto. Pero las raíces llegan todavía más lejos: detrás de todos esos pueblos están los sumerios»[11].

Los sumerios fueron los artífices de lo que propiamente pueden considerarse como las primeras ciudades, lo que significó a lo largo de un proceso, un cambio radical en la sociedad, no siendo ya posible el ejercicio del poder tribal, y en la organización de este nuevo poder se pone de manifiesto la importancia del ideal religioso: la sociedad se organizó alrededor del templo, pudiendo hablarse en sus comienzos de ciudades-templo.

Podemos advertir la intensa relación que existía en Mesopotamia entre las normas y las creencias religiosas examinando el nacimiento de estas ciudades. Sumer conviene resaltar nuevamente que para la mayoría de los historiadores es la primera civilización que merece este nombre, a partir

10 S.N. Kramer, *La historia empieza en Sumer,* Orbis, Barcelona 1985, p. 90.

11 C.W. Ceram, *Dioses, tumbas y sabios,* Orbis, Barcelona 1985, p. 187.

del año 3500 a.C. fue el escenario en el que surgieron una serie de ciudades que aunque ocupaban una misma región y tenían una misma cultura no se integraron políticamente en un Estado. En su nacimiento el templo tuvo una importancia fundamental, ya que crecieron en torno al mismo. Cada una de ellas era propiedad de un dios, y este vivía en el templo, que era la sede del gobierno y del culto.

El templo-ciudad estaba gobernado por el que podemos denominar sumo sacerdote; era el representante de Dios en la tierra y se creía que era el propio Dios quien lo designaba y así como señala Geoffrey Bibby, la lealtad primaria de los hombres se debía a su propio templo y no a la capital[12].

Con el transcurso del tiempo este poder del sacerdote principal empezó a ser compartido por otra persona —rey o príncipe— instalado en lo que se denominó palacio.

Estas ciudades-templo independientes, pasaron a ser gobernadas por reyes locales que confunden en su persona los poderes políticos y religiosos. La realeza tenía un origen divino, el Rey era la persona elegida por los dioses para desempeñar la monarquía, era por tanto el intermediario entre los dioses y el pueblo. Será precisamente ese carácter sagrado donde los reyes asentarán su autoridad y su poder.

Es muy importante resaltar que si bien el poder tiene un origen divino, el sacerdote y luego el rey en ningún caso se consideran dioses. Eran los representantes de Dios en la tierra y no hace falta hacer hincapié en la trascendencia que tendrá esta creencia. Se opine de una u otra manera, lo cierto es que estas ciudades-estado se reorganizan alrededor de grandes centros de culto, que en la cúspide de estos lugares existía un rey con carácter casi de un dios.

En torno al Nilo tuvo lugar un proceso similar, cuya historia se inició hacía el año 3000 a.C., tras un largo proceso de formación. La historia del Egipto faraónico que transcurre a lo largo de tres milenios es por ello muy variada.

En Egipto, a diferencia de lo que ocurre en Mesopotamia predomina la condición divina del Faraón[13] y esto permitirá

---

12 G. Bibby, *Hace 4000 años,* Barcelona, 1972, p. 118.

13 El término faraón procede del egipcio «per aa», que se traduce como «la casa grande» y designa el palacio del soberano. El Rey era el hijo de Dios supremo, encarnación de Horus y único

la cohesión política y social del antiguo Egipto y su configuración como un Estado[14]. El faraón se presenta como intermediario entre los dioses y el hombre para eliminar el mal y el caos. Su figura concentra a la perfección las ideas de política y religión; su divinidad proporcionará estabilidad social y política a Egipto, permitiendo su gran desarrollo social y cultural.

Como hemos mencionado con anterioridad, además de haber ejercido una importancia en la organización social y política de los postulados religiosos ha nacido el derecho. Toda creencia religiosa se configura como un conjunto de normas de conducta que lo que hacen es someter al hombre a la disciplina del grupo, estructurando sus creencias y formando las normas de conducta. Este aspecto coincide con la esencia de la norma jurídica, ya que esta también regula la conducta de las personas.

El fundador de la tercera dinastía de Ur (hacía el año 2050 a.C.), muy anterior por tanto a Hammurabi, promulgó un Código de leyes tomando medidas a favor de la moralidad pública. Kramer que descifró su contenido y resume el prólogo de dicho texto así:

> «Cuando se hubo creado el mundo... los dos principales dioses sumerios nombraron rey de Ur al dios de la luna, Nanna. Este, a sumer, escogió al fundador de la dinastía como su representante terrestre para gobernar Sumer y Ur. Las primeras decisiones tuvieron como objeto garantizar la seguridad política y militar... Entonces llegó el momento de consagrarse a los asuntos interiores del país e instaurar las reformas sociales o morales pertinentes»[15].

El citado Código estableció medidas contra los abusos de los funcionarios, regularizó un sistema de pesas y medidas,

---

mediador entre los dioses y los hombres. Para mantener el orden cósmico debía satisfacer a las divinidades, construir y agrandar sus templos, así como velar por su culto. En la tierra, el faraón era el dueño de las cosechas, de los hombres y de los animales, juez y árbitro en los conflictos.

14 A. García Gárate, *Introducción al estudio del Derecho canónico,* Dykinson, 2006, p. 23.

15 S. N. Kramer, *La historia...,* ob. cit., p. 105.

se protegía a los pobres, huérfanos, viudos, etc. El párrafo que anunciaba y justificaba las leyes enunciadas está destruido; para Kramer, sin duda, esas leyes tenían por objeto hacer reinar la justicia y asegurar el bienestar de los ciudadanos. Creo que tampoco sería extraño que se hubiera hecho alusión a la divinidad, en el sentido de señalar que los preceptos venían del mismo Dios.

Parece por tanto claro que el poder viene de Dios y así lo evidencia el texto que recoge una relación de reyes —Lista Real Sumeria— en la que se dice que la realeza descendió del cielo los códigos respondían a este carácter religioso y la actividad económica y social se sustentaba en principios morales transmitidos por los dioses.

Puede decirse, sin temor a caer en la exageración, afirmar que estamos en presencia de un derecho divino y como consecuencia no sólo que entre la religión y las normas existía una íntima relación sino que el derecho provenía de ella[16].

1.1.2. Incidencia del cristianismo en la relación entre política y religión: principios políticos

Como hemos observado en el apartado anterior, las sociedades precristianas eran sociedades monocromas en lo social y en lo político, toda la existencia de la persona, desde su nacimiento hasta su muerte, estaba condicionada por la inserción en la comunidad a la que pertenecía. Como hemos visto las autoridades políticas eran a su vez autoridades religiosas. Por lo tanto, una característica común de todas las sociedades anteriores al cristianismo era, pues la confusión del ámbito político con el religioso[17] .

El cristianismo provocó una revolución en el concepto de autoridad y también en el concepto y diseño de la sociedad. Defiende la existencia de dos ámbitos distintos, aunque como veremos no están completamente separados en la vida social de la persona. Como consecuencia de eso existen

16 J. SUBIRÁN, *La civilización occidental desde la antigüedad al mundo moderno,* Colex, 2022 p. 24.

17 Esto era así porque de la religión ha surgido el prestigio personal y la legitimidad necesaria para el gobierno de las sociedades primitivas.

dos tipos de autoridad independientes entre sí, a cuyo cargo quedan cada uno de esos ámbitos: la autoridad política que regirá en lo referente a las cuestiones políticas que se produzcan en el ámbito de la sociedad civil, y la autoridad eclesiástica, que se encargará de la regulación de las materias religiosas que se produzcan en el ámbito de la Iglesia.

Esta consideración de la sociedad y el poder tiene su origen en el pensamiento cristiano, y es una de las grandes aportaciones del cristianismo a la política, se conoce como *Dualismo político* o también como dualismo gelasiano[18].

Esta distinción se traduce en la célebre frase «lo que es del César devolvédselo al César, y lo que es de Dios a Dios»[19]. Esta distinción que puede parecer muy clara supone un difícil equilibrio práctico. Por ello una de las constantes del pensamiento en Occidente y de las relaciones entre el poder político y el religioso será delimitar las competencias de cada uno. En ocasiones a favor de la autoridad civil que se entrometía en las cuestiones internas de la Iglesia lo que dará lugar a un fenómeno que se conoce como cesaropapismo[20]. Cuando se producía en sentido contrario, es decir, a favor de la autoridad eclesiástica, que será la que se entrometa en las cuestiones temporales se conoce como hierocratismo[21].

---

18 Este nombre se debe a que el texto más antiguo que se conserva es la Carta del Papa Gelasio I al emperador Anastasio I de Oriente en el año 494. *«Hay en verdad, augustísimo emperador, dos poderes por los cuales este mundo es particularmente gobernado: la sagrada autoridad de los papas y el poder real. De ellos, el poder sacerdotal es tanto o más importante cuanto que tiene dar cuenta de los mismos reyes de los hombres ante el tribunal divino»*.... en R. NAVARRO VALLS, R. PALOMINO, *Estado y religión. Textos para una reflexión crítica*, Ariel derecho, Barcelona 2003, p. 45.

19 Recogida en sus evangelios Mt XXII, 21; Mc XII, 17 y Lc XX,25, estas palabras fueron la respuesta de Jesús a la pregunta de si un judío piadoso le era o no lícito pagar el impuesto que el Imperio romano le exigía. Se trataba de una pregunta capciosa para tratar de sorpréndele y que fuese llevado a la justicia como dejan claro los textos evangélicos.

20 Aunque dependiendo de la época puede tomar otras denominaciones como regalismo.

21 Fenómeno que se produce durante buena parte de la Edad Media en donde Europa se configura como una teocracia cristiana, esta superioridad del papado encontrará su culmina-

Existe un segundo principio que se conoce como *origen divino de la autoridad,* en línea con las civilizaciones antiguas estudiadas en el apartado anterior, el cristianismo asienta toda autoridad en su origen divino «no existe autoridad sin que lo disponga Dios»[22], este principio será una de las claves en la formulación de la doctrina cristiana sobre el poder.

Por último, nos encontramos con un tercer principio como es *el deber de obediencia a las autoridades y sus límites,* que deja claro el respeto del cristianismo por el poder público, parece obvio ya que si todo poder proviene de Dios, es cristianismo se debe someter a la autoridad legítima para el poder temporal[23]. Siempre teniendo como límite la propia fe, para el caso en que si una ley es contraria al mandato divino no tiene carácter de ley.

1.1.3. Reconocimiento del Cristianismo

La situación de la Iglesia cambió a principios del siglo IV[24], se inicia un cambio de política en relación con el cristianismo dentro del Imperio Romano con la publicación del Edicto de Galerio en el año 311, mediante el cual el cristianismo es considerado como *religio licita,* lo que supuso un cambio radical[25]. Este edicto de tolerancia es confirmado en el año

---

ción desde finales del S. XI hasta S. XIII, que transcurre entre los pontificados de Gregorio VII (1073-1085) y Bonifacio VIII (1294- 1303) para saber más en A. GÁRATE , *Introducción al..* ob cit. p. 73 y ss.

22 Rom.13,1. Pedro en su primera Carta escribe : «*Todos deben someterse a las autoridades establecidas. Porque no hay autoridad que no venga de Dios, y las que hay, por él fueron puestas*».

23 Rom. 13, 1-2 «*Todos deben someterse a las autoridades públicas, pues no hay autoridad que Dios no haya dispuesto, así que las que existen fueron establecidas por él. 2 Por lo tanto, todo el que se opone a la autoridad se rebela contra lo que Dios ha instituido. Los que así proceden recibirán castigo*».

24 A este ese momento habían sufrido persecuciones como las realizadas por Nerón debido al rechazo de la dominación política romana fuera de los ámbitos temporales, negándose a someterse en aquellos otros ámbitos en donde la obediencia primera era a Dios y a la autoridad religiosa.

25 Supuso la puesta en libertad de los cristianos detenidos y se les devuelve los bienes confiscados.

313 con el Edicto de Milán, cuando el emperador Constantino I, junto con Licino, emperador de la parte oriental del Imperio, promulgan dicho Edicto mediante el cual comienza una época de tolerancia religiosa para los cristianos. Años más tarde en el 380 el emperador Teodosio dará un paso más al declarar a la religión cristiana como la oficial del Imperio por medio del Decreto *Cunctos Populos*[26] .

Como podemos observar el S. IV es una época de gran trascendencia para la posición jurídica de la Iglesia y del cristianismo en general, en pocos años se pasa de una de las más crueles persecuciones[27] a convertirse en religión oficial del imperio.

Esto trajo consigo que las relaciones entre el poder secular y el religioso, es decir, entre el Imperio y la Iglesia se convierten en oficiales y constituirán un elemento decisivo de la formación de Occidente.

1.1.4. Traslado del poder político a la Iglesia

A partir del S. IV se va consumando la separación del Imperio de occidente y de oriente, que va unido a un alejamiento cultural mientras que en la parte occidental tras una breve presencia del fenómeno cesaropapista, el saqueo de Alarico en el 410 d.C. dará lugar al fenómeno contrario, el

26 *«Queremos que todos los pueblos que son gobernados por la administración de nuestra clemencia profesen la religión que el divino apóstol Pedro dio a los romanos, que hasta hoy se ha predicado como la predicó él mismo, y que es evidente que profesan el pontífice Dámaso y el obispo de Alejandría, Pedro, hombre de santidad apostólica. Esto es, según la doctrina apostólica y la doctrina evangélica creemos en la divinidad única del Padre, del Hijo y del Espíritu Santo bajo el concepto de igual majestad y de la piadosa Trinidad. Ordenamos que tengan el nombre de cristianos católicos quienes sigan esta norma, mientras que los demás los juzgamos dementes y locos sobre los que pesará la infamia de la herejía. Sus lugares de reunión no recibirán el nombre de iglesias y serán objeto, primero de la venganza divina, y después serán castigados por nuestra propia iniciativa que adoptaremos siguiendo la voluntad celestial»* en R. NAVARRO VALLS, R. PALOMINO, *Estado y religión. Textos para una reflexión* ob. cit.

27 Como por ejemplo la de Diocleciano en el año 304.

hierocratismo, esto se produjo debido a que la Iglesia fue la única institución en el territorio de esta parte del Imperio con capacidad para llenar el vacío cultural, humano y espiritual que los pueblos bárbaros habían traído al Imperio.

Debido al prestigio que van a tener los obispos harán que los ciudadanos se congreguen bajo su mando y se convierta en el *defensor civitatis.* La Iglesia sustituirá a las autoridades romanas y se convertirá en la representante y defensora de los ciudadanos frente a los pueblos bárbaros[28].

Todo esto trajo consigo que la idea de Estado se impregne de un sentido religioso y la fe constituya la base del mundo medieval donde el monarca será investido de una función religiosa estando al servicio del ideal religioso.

1.1.5. Hierocratismo medieval

El hierocratismo[29] es el nombre con el que se designa el sistema de relaciones entre la Iglesia y el Estado durante los siglos XI a XIV, que se basa en la supremacía de la Iglesia, este sistema se forma sin perder de vista el dualismo cristiano, se le da una interpretación en donde el propio poder secular tendrá como fin primordial de su gobierno, que a la vez legitima lo que se conoce como función ministerial, de estar al servicio de la religión cristiana. Este sistema dará cohesión y unidad a Europa.

Este fenómeno, va a provocar que muchos altos cargos eclesiásticos tengan una doble misión[30], que en ocasiones era contrapuesta, condujo a la Iglesia a una fuerte crisis interna tanto disciplinar como espiritual. Ante esta situación el pontificado llevó a cabo una serie de reformas disciplinares, litúrgicas y espirituales que volvieron a provocar el prestigio del Papa.

El documento más representativo del hierocratismo medieval lo encontramos en la bula *Unam sanctam* [31], en donde sin

---

28 Esto se puede observar de una manera muy clara en el caso de España en los Concilio de Toledo.

29 Del griego *hieros*-sagrado-, y *cratos* -poder.

30 Como consecuencia de ser autoridades eclesiásticas y seculares al mismo tiempo.

31 Del Papa Bonifacio VIII en 1302.

apartarse de la existencia de dos poderes o dos espadas, se defendió la superioridad del poder de la Iglesia sobre el de los reyes, en atención al fin superior perseguido por la Iglesia, que no es otro que la salvación del hombre.

1.1.6. Formación del Estado Moderno Protestantismo y Regalismo

El siglo XV, constituyó la transición del mundo medieval al Estado moderno. Señalar el momento final de la Edad Media y el comienzo de la llamada Edad Moderna, es complicado. Por esa misma dificultad, se coloca el tránsito en el siglo XV. A pesar de ello, algunos ponen fecha, el año 1453 —caída de Constantinopla— o el año 1492. En todo caso en este siglo se culmina un proceso, que tiene sus orígenes en los siglos anteriores, y el resultado de este proceso es que se origina un tiempo nuevo.

La secularización que ya se venía observando, supone el abandono de la ideología tradicional cristiana, a lo que acompaña un cambio en la sociedad: surgen las clases medias, que para muchos es la característica fundamental de la nueva época. Las clases medias —burgueses— al no ser un estamento cerrado, supuso la existencia de una movilidad social, con tendencias igualitarias y cuyos miembros en algunos casos se incorporaban a la nobleza, que se iba haciendo cortesana. Es una consecuencia de la transformación económica, debido al aumento del comercio y de la aparición de nuevas industrias, desarrollándose el capitalismo. En el siglo XVI, el mercantilismo supuso la instalación del postulado básico, según el cual era conveniente para el progreso económico, la intervención del Estado. Con el control de la vida económica, tendía este a fortalecer su poder. En definitiva, asistimos a un cambio económico, social, ideológico y como no puede ser de otra manera, también a un cambio político: el feudalismo y la preponderancia de la nobleza va desapareciendo hasta culminar en la monarquía absoluta, donde el monarca se convierte en la fuente de todo el derecho, aunque eso sí, este derecho proviene de Dios[32].

32 Tal y como explica J. SUBIRÁN, *La civilización occidental...* ob. cit. p.120.

A mediados del s. XV, este proceso de transformación fascinado por la antigüedad clásica, llevaría a un cambio radical de las ideas, y por tanto a una forma distinta de interpretar el mundo, en el que el hombre pasaba a ocupar un lugar central que antes ocupaba Dios. Sin embargo, aunque en ocasiones se acude a la antigua expresión de «el hombre es la medida de todas las cosas», y que muchos humanistas, consideraron que el hombre había desplazado a Dios, siendo dueño de su propio destino, la religión —Dios— no había desaparecido, ya que, Europa acabaría fracturándose en dos bandos, y en ambos la religión tuvo un papel preponderante, unida como venía siendo tradicional al poder político, o dicho de otra manera acaso fue el poder político el que se basó en la religión. En este sentido, todas las posteriores confrontaciones, llamadas guerras de religión o luchas religiosas, tuvieron indudables implicaciones políticas.

El factor protestante tuvo una gran influencia en el mundo del derecho, se rompe de manera definitiva la unidad de la cristiandad medieval, en donde la Iglesia ya no tiene el monopolio de lo religioso y en aquellos países en los que triunfa el protestantismo se produce un nuevo sistema de relaciones entre la Iglesia y el Estado[33]. Un aspecto importante es que con el protestantismo se vuelve a la idea antigua de jefe político (el monarca) sea también el jefe religioso con la clara intención de separarse del Papa[34].

33 Lo que comienza siendo una controversia teológica termina afectando a la Iglesia y al propio dogma, en donde no tiene cabida el Derecho canónico, el Luteranismo apuesta por una Iglesia alejada del derecho, pero donde muchas normas que regían la vida interna de las Iglesias reformadas van a ser dictadas por la autoridad civil. Por este motivo cuando Lutero quema la bula con la que el Papa León X le excomulga, también quema un ejemplar del *Corpus Iuris Canonici*.

34 Desde el punto de vista político, la esencia de la doctrina de Lutero -1483-1546- es la supremacía del poder secular. Niega la autoridad del Papa, considerando el evangelio como la única fuente de la fe cristiana y señalando que las Escrituras deben interpretarse libremente por cada uno. Predicó una obediencia absoluta al poder constituido, negando incluso el derecho de rebelión. En su opinión, donde había desgobierno o/y opresión, eran castigos ordenados por la divinidad, teniendo los cristianos la obligación de someterse. Afirmó que la separación entre el poder espiritual y el temporal debe ser total,

La religión al estar involucrada en el orden público se convirtió en causa de numerosas guerras, se iba a luchar por imponer una religión, católica o protestante. Un ejemplo lo encontramos casi un siglo después en la llamada Guerra de los Treinta Años[35]. Esta guerra que asoló gran parte de Europa Central, finalizó con la firma de la Paz de Westfalia, supuso el fin de una de una etapa y el comienzo de otra, y significó perder por completo todo lo que había sido su antigua fisionomía, construyendo la Paz de Westfalia[36] el primer conjunto de tratados internaciones de la Europa Moderna, y por ello gran parte de sus principios (la tolerancia religiosa y la desaparición del Imperio)[37] los vivimos todavía. El poder temporal del papa declinó, definitivamente. Por otra parte, después de

todos los cristianos son iguales y como, el poder temporal es de origen divino, debe gobernar el poder seglar.

35 Transcurre de 1618 a 1648 y aunque inicialmente el conflicto surge con la aparición del protestantismo se convirtió de manera gradual en una guerra que buscaba la hegemonía de las diferentes potencias y la necesidad de buscar un equilibrio político.

36 En palabras de García Gárate supuso «la pérdida del poder político del papado, encuentra su punto de inflexión en la paz de Westfalia, tras lo cual tanto el luteranismo como el calvinismo obtuvieron su estatus legal. La pérdida de poder de la Iglesia permitió el aumento de poder de los príncipes. Los valores universales defendidos por la Iglesia tuvieron que ceder ante los intereses nacionales, con un mayor protagonismo del Estado» en A. García Gárate, *Introducción al Estudio...* ob., cit. p.101.

37 *«[...] Se decide además que todos los seguidores de la confesión de Ausburgo súbditos de católicos, como también a los católicos que lo sean de Estados de aquella confesión que no han gozado todavía, desde 1624, de la práctica pública o privada de su religión, o que después de la publicación de la tregua profesaron o abrazaron otra religión diferente de la profesada por el señor de la tierra donde vivían, se les permitirá con entera libertad frecuentar privadamente los lugares de culto, sin estar sujetos a pesquisas ni molestias, y no se les impedirá participar en la profesión pública de su religión en su vecindario, cuantas veces lo desee, o de enviar a sus hijos a la escuela perteneciente a su religión...»* en *Apud Luening, Das Deutsche Reichs Archiv (*Pars generalis), en Miguel Artola, *Textos fundamentales de la historia,* Revista de Occidente, Biblioteca de Política y Sociología, Madrid, 1968, pp.310-311.

la guerra de los Treinta Años, las discrepancias doctrinales religiosas pasaron a un segundo plano, imponiéndose en Europa una política al margen de las ideas religiosas. Una política que buscaba un poder, simplemente para ejercer la autoridad absoluta. Las guerras serían ya una consecuencia del absolutismo.

Las monarquías absolutas durante siglos posteriores en los países confesionalmente católicos de la Edad Moderna debían respetar la independencia de la Iglesia en las cuestiones religiosas, pero lo cierto es que el dualismo se inclinó en favor de los monarcas en los asuntos eclesiásticos lo que se denominó de una manera u otra en función del país del que se trate, regalismo en España, galicanismo en Francia o jurisdiccionalismo en Italia son solo algunos ejemplos. Esto provocó que se construyeran doctrinas defendiendo los derechos de la corona para apoyar la intromisión estatal en cuestiones que solo debían incumbir a la Iglesia[38].

1.1.7. Aparición del Estado Laico

La revolución Francesa va a producir la aparición del Estado Laico, en concreto el artículo 10 de la Declaración de los Derechos del Hombre y del Ciudadano de 1789 que establece: «*nadie debe ser inquietado por sus opiniones, incluso religiosas, siempre que su manifestación no vaya en contra del orden público establecido por la ley*». Rompe de una manera drástica con la unión de política y religión poniendo en práctica el dualismo cristiano. Esta separación, se va a articular bajo el principio de laicidad o no confesionalidad que estudiaremos más adelante, pero que representa una de las grandes conquistas para Europa, que consiste en la neutralidad del Estado ante el hecho religioso, en libertad y pluralidad religiosa. Un proceso que como es lógico no se produjo en todos los países de manera simultánea y que tuvo sus propios retrocesos incluida Francia hasta ser una de las características básicas del Estado moderno.

---

38 Un ejemplo lo encontramos en José II de Austria que establece una regulación exhaustiva de la propia Iglesia hasta el punto de que fija la extensión de los sermones.

1.2. Síntesis de la historia de las relaciones Estado y religión en España. Regulación jurídica del hecho religioso con anterioridad a Constitución de 1978

La cristianización de los pueblos en la Península Ibérica en el Imperio Romano se produjo de una manera más lenta que en comparación con el resto de provincias romanas, no se inició hasta finales del S. III. En España la situación era muy parecida al resto de territorios occidentales del Imperio Romano, su implantación y desarrollo sufren las mismas persecuciones y tolerancias descritas en el apartado anterior. A partir del siglo IV con el reconocimiento del cristianismo como religión oficial del Imperio se produce un proceso de organización interna de la Iglesia española. Tal es así, que en el año 306 se encuentra en disposición de reunir el primer concilio nacional, el Concilio de Ilibiris, que abordó problemas que corresponden a una Iglesia que se encontraba en pleno desarrollo[39].

La crisis abierta en el Imperio Romano a finales del siglo IV y principios del V obliga a las autoridades a permitir la llegada de los pueblos bárbaros[40]. En el caso de España, los visigodos representan una minoría frente a la población romano-cristiana. En un primer momento ambas sociedades viven separadas, los visigodos ostentaban el poder político y militar, pero dejando libertad a los romano-cristianos gobernados por la Iglesia que ya se encontraba asentada. Un hecho fundamental para entender la expansión del cristianismo es el año 587, que permite la unidad político religiosa de España, reafirmada por el III Concilio de Toledo en el año 589, en el que no solo se proclamó esta unidad sino que se reestableció la disciplina y costumbres canónicas ya que se abjuró oficialmente del arrianismo y que supuso la integración de los hispanorromanos, dirigidos por obispos y abades, en la maquinaria estatal puede hablarse de confusión entre Iglesia y Estado en el mundo visigodo[41].

---

39 Relaciones entre judíos y cristianos, y la lucha contra las costumbres paganas.

40 Esta obligación tiene como fin de que colaborasen en la protección de las fronteras.

41 J.L. MARTÍN, *Historia de España,* Autral, tomo III, Barcelona,

Se inicia así en España una estrecha unión entre la Iglesia y la monarquía. De esta relación ha surgido un derecho común y una organización administrativa y política que se manifiesta en numerosas normas estatales que tendrán como objetivo regular el hecho religioso, si se puede observar que la postura hacia la Iglesia católica es el reconocimiento en la mayoría de las constituciones de la confesionalidad católica.

Con el régimen político de las Cortes de Cádiz, que por primera vez en España ensaya un sistema de monarquía constitucional garante de la libertad e igualdad civil, en materia religiosa lleva a cabo una política totalmente contraria a sus postulados liberales, en su encabezamiento se recoge lo siguiente: «*en el nombre de Dios Todopoderoso, Padre, Hijo y Espíritu Santo, autor y supremo legislador de la sociedad*» proclamando de una manera clara y contundente la confesionalidad del Estado en su artículo 12 «*la religión de la nación española es y será perpetuamente la católica, apostólica, romana,* única *verdadera. La nación la protege por leyes sabias y justas y prohíbe el ejercicio de cualquier otra*».

Este siglo XIX, se caracteriza por su conflictividad, por la existencia del nacimiento de un nuevo orden y la resistencia de mantener la tradición. Dentro del marco jurídico en el que se mueve lo político y lo religioso en España durante la primera mitad del siglo, hay que hacer una especial mención a las políticas desamortizadoras y anticlerical de los gobiernos liberales. Una de las fuentes principales de ingresos de la Iglesia, era lo cobrado por el sistema fiscal de los diezmos y primicias completado por el pago de otros servicios, y principalmente, las rentas generadas por los bienes propios. El Estado liberal acabo con la primera vía decretando entre 1837 y 1841 la supresión de los diezmos y primicias. Lo segundo, por las desamortizaciones que se producían en gran medida por la mentalidad liberal de la convicción de que la máxima rentabilidad de los inmuebles productivos sólo podría alcanzarse, como afirmaba el Decreto de 19 de febrero de 1836, entregando al interés individual la masa de bienes. La incautación y venta en pública subasta del patrimonio de la Iglesia constituye la primera etapa de un fenómeno más amplio que posteriormente afectaría a todo tipo de propiedad colectiva[42].

2004, p. 214.

42 VVAA. IC IBAN; L. PRIETO; A. MOTILLA en *Derecho Eclesiástico,* McGraw-Hill, 1997, p.48.

Esta cuestión fue resuelta en gran medida por la Constitución de 1841 que vuelve a proclamar la confesionalidad y sobre todo por el Concordato de 1851, que refleja la reconciliación en el régimen de Isabel II y la Iglesia.

Con respecto al reconocimiento de las minorías religiosas por el ordenamiento jurídico y su margen de libertad, se produce un primer acercamiento en la CE de 1869, en su artículo 21, que a pesar de que da por supuesto que los españoles son católicos, se reconoce la libertad para el culto a los que profesen otra fe, asimilándoles, en este punto, al estatuto que gozaban los extranjeros en España. Esto no impide que el Estado asumiera la obligación de mantener al culto y a los ministros de culto de la Iglesia católica[43].

Con la restauración de la monarquía en 1874 se abre la etapa de la Restauración en la persona de Alfonso XII, aprobándose una nueva constitución el 30 de junio de 1876, se vuelve al modelo de Estado confesional, pero se establece la tolerancia para el resto de cultos[44].

Con la salida de España de Alfonso XIII el 14 de abril de 1931, se proclama la II República, en el apartado religioso los obispos españoles siguiendo las ordenes de Roma manifestaron la legitimad del régimen republicano y llamaron a la convivencia. No obstante, la llamada cuestión religiosa, que ya había dividido a los españoles con anterioridad, quedó reflejada tanto en el texto constitucional como en la puesta en práctica de sus preceptos que se tradujo en una abierta persecución religiosa a la Iglesia, con la quema

43 Art. 21 *«La Nación se obliga a mantener el culto y los ministros de la religión católica. El ejercicio público o privado de cualquier otro culto queda garantido a todos los extranjeros residentes en España, sin más limitaciones que las reglas universales de la moral y del derecho. Si algunos españoles profesaren otra religión que la católica, es aplicable a los mismos todo lo dispuesto en el párrafo anterior».*

44 Art. 11: *«La Religión católica, apostólica, romana, es la del Estado. La Nación se obliga á mantener el culto y sus ministros. Nadie será molestado en el territorio español por sus opiniones religiosas, ni por el ejercicio de su respectivo culto, salvo el respeto debido á la moral cristiana No se permitirán, sin embargo, otras, ceremonias ni manifestaciones públicas que las de la Religión del Estado».* Publicado en Gáceta de Madrid núm. 184, el 2 de julio de 1876.

de conventos, iglesias, y otro tipo de bienes del patrimonio artístico religioso.

El tema religioso en la Constitución Republicana se observa en los art. 3 en donde se reconocía la laicidad del Estado español[45], 25; 26; 27 y 48 de donde se destacan los siguientes principios.

a) Igualdad, se impide la existencia de un trato de favor o privilegio que tuviese su base en las creencias religiosas[46] y que la condición religiosa pudiese modificar la personalidad civil o política[47].

b) Libertad religiosa, quedaba garantizado el derecho de profesar y practicar cualquier religión con el único límite de la moral pública[48].

c) Carácter privado de las confesiones. Se recogía en el artículo 26, y fue una de las causas del entonces Presidente de la República Alcalá Zamora; en él se consideraban a las confesiones como asociaciones sometidas al derecho estatal[49], y también se recogía la disolución de la Compañía de Jesús, a la que no mencionaba de forma expresa pero se aludía inequívocamente[50].

---

45 Art. 3: *«El Estado no tiene religión oficial»*.

46 Art. 25: *«No podrán ser fundamento de privilegio jurídico: la naturaleza, la filiación, el sexo, la clase social, la riqueza, las ideas políticas ni las creencias religiosas»*.

47 Art. 27: *« La condición religiosa no constituirá circunstancia modificativa de la personalidad civil ni política...»*.

48 Art. 27: *«La libertad de conciencia y el derecho de profesar y practicar libremente cualquier religión quedan garantizados en el territorio español, salvo el respeto debido a las exigencias de la moral pública»*.

49 Se regirán por la Ley de 1933 de Confesiones y Congregaciones Religiosas, dicha ley se prohibía las actividades de enseñanza y se preveía un férreo control por parte de las autoridades públicas.

50 Art. 26 *«Quedan disueltas aquellas Órdenes religiosas que estatutariamente impongan, además de los tres votos canónicos, otro especial de obediencia a autoridad distinta de la legítima del Estado. Sus bienes serán nacionalizados y afectados a fines benéficos y docentes»*.

d) Prohibición de sustento económico de las Iglesias e Instituciones religiosas, se prohibía a la Administración Pública mantener, favorecer o auxiliar a las Iglesias, Asociaciones e Instituciones, tiempo que se encargaba una ley especial para la total extinción del presupuesto del clero[51].

e) Privacidad de los cultos y control administrativo de su manifestación pública, sólo se autorizaba la práctica de los respectivos cultos en privado, necesitando una autorización del Gobierno para las manifestaciones públicas[52]. Este principio dejaba muy devaluado el principio de libertad religiosa ya que en la práctica permitía controlar la actividad religiosa.

f) Intimidad de creencias, consistente en que nadie podía se obligado de manifestar sus creencias religiosas[53].

g) Enseñanza Laica, se recogía que la enseñanza sería laica, aunque se reconocía el derecho que tenían las Iglesias a enseñar, estando limitado a sus doctrinas y en sus propios establecimientos[54].

En la etapa franquista se produce todo lo contrario a la época republicana, se produjo una fuerte intromisión de las autoridades civiles en cuestiones eclesiásticas, a la vez que se protegía a la Iglesia y se le dotaba de numerosos privilegios. El tratamiento jurídico del régimen de Franco se carac-

51 Art. 26: «*El Estado, las regiones, las provincias y los Municipios, no mantendrán, favorecerán, ni auxiliarán económicamente a las Iglesias, Asociaciones e Instituciones religiosas. Una ley especial regulará la total extinción, en un plazo máximo de dos años, del presupuesto del Clero*».

52 Art. 27 «*Todas las confesiones podrán ejercer sus cultos privadamente. Las manifestaciones públicas del culto habrán de ser, en cada caso, autorizadas por el Gobierno*«.

53 Art.27: «*Nadie podrá ser compelido a declarar oficialmente sus creencias religiosas*».

54 Art 48: «*La enseñanza será laica, hará del trabajo el eje de su actividad metodológica y se inspirará en ideales de solidaridad humana. Se reconoce a las Iglesias el derecho, sujeto a inspección del Estado, de enseñar sus respectivas doctrinas en sus propios establecimientos*». En relación con este principio la propia Constitución recoge que l Estado es el único competente para expedir los títulos académicos y profesionales.

terizó por la confesionalidad del Estado, por la búsqueda de un marco concordatario y por una tolerancia muy reducida hacía las minorías religiosas, aunque en el año 1967 se reconociese la libertad religiosa[55].

En el artículo 6 del Fuero de los Españoles de 17 de julio, que era una de las Leyes Fundamentales del Reino, se implantó una confesionalidad del Estado[56]. Con posterioridad en el año 1957, otra de las Leyes Fundamentales, la Ley de Principios del Movimiento consolidó lo anterior, al comprometerse el Estado a que su legislación se ajustase materialmente a la doctrina católica. Por ello, cuando la Iglesia en su Concilio Vaticano segundo en la Declaración *Diginitatis humnae* reconoció la libertad religiosa y que los Estados debían protegerla, esto supuso que el 28 de junio de 1967 se promulgase la primera ley de libertad religiosa como indicábamos con anterioridad.

Por último, resulta imprescindible el período que se ha denominado como transición, tanto por los cambios que se produjeron en el ámbito social como en el aspecto legislativo, de manera muy relevante en la regulación del hecho religioso. Con el fallecimiento del General Franco en 1975 y con el nombramiento de Adolfo Suarez como Presidente del Gobierno de España a mediados de 1976, en su carta de 13 de julio de ese mismo año, el Rey Juan Carlos en una carta enviada al entonces Papa Pablo VI renuncia a los derechos y privilegios relativos al nombramiento de obispos que habían correspondido a la Corona, renuncia que se llevó a cabo en el acuerdo de julio de 1976 que se estudiarán con posterioridad[57].

---

55 Aunque en realidad se tratase de una ley de tolerancia.

56 Lo que significaba que al margen que los españoles fuesen católicos el Estado también lo era.

57 *«A los derechos y privilegios relativos al nombramiento de obispos, que durante tanto tiempo han correspondido a la Corona de España. Esta renuncia, conocida la voluntad de concordia mostrada por la Sede Apostólica, que comparto plenamente, habrá de llevarse a efecto, en su caso, a través de un acuerdo en el Gobierno español y la Santa Sede».* en C. CORRAL, *Acuerdos España-Santa Sede (1976-1994).*Texto y comentario, Madrid 1999, p.96.

1.3. Influencia del Derecho Canónico en el ordenamiento jurídico español

El interés que tiene el estudio del Derecho canónico, se produce por la peculiaridad que el Derecho de la Iglesia Católica provoca en no pocos elementos del ordenamiento estatal. Un ejemplo lo vamos a encontrar en la propia terminología del concepto de Derecho positivo, ya que su origen primario proviene del ordenamiento canónico, para diferenciarlo del Derecho divino[58].

La producción jurídica del Derecho canónico ha tenido una influencia decisiva en la configuración social del derecho en Europa, dado el evidente protagonismo en la regulación occidental que estuvieron estrechamente ligados a las normas del Derecho Canónico. Esto lo podemos observar en la formación y desarrollo de instituciones modernas.

En primer lugar, conviene recordar las aportaciones canónicas al tecnicismo jurídico, tan relevante hoy en día en el mundo del derecho, en relación a ello se le deben los aforismos o reglas jurídicas[59] que de una manera u otra resumen los principios generales del derecho, a través de la figura de la equidad, definida como *iustitia dulcore misericordiae temperata,* que atemperaba el rigor en la aplicación de la norma y de otros instrumentos técnicos como la *dissimulatio*, la tolerancia y la dispensa. También debido a la dimensión espiritual del mensaje cristiano, se extendió a diversos conceptos jurídicos como la construcción de la persona jurídica[60].

En segundo lugar, y es quizás donde esto se puede observar de una manera más clara, es en el campo del Derecho

58 M.ª J. Roca *El Derecho Canónico como disciplina jurídica básica: implicaciones para su docencia e investigación en las Facultades de Derecho* en Revista General de Derecho Canónico y Derecho Eclesiástico del Estado, 2005, núm. 7.

59 Algunas de ellas se encontraban recogidas en las Decretales de Gregorio IX (11 capítulos) siguiendo a A. García Gárate en *Introducción al estudio...* ob., cit., p.92 «no solo constituyen una de las obras maestras del Derecho canónico... sino que su publicación generalizada en tribunales y en la Universidades originó numerosos comentarios y especialistas en su conocimiento».

60 Para saber más en A. García Garate *Derecho y Religión en un Estado Democrático*, Madrid, 2016, p. 98.

matrimonial[61], familia y sucesiones, en particular en todo lo relativo a la capacidad, forma y consentimiento a la hora de contraer matrimonio; la nulidad del mismo que ha sido una de las grandes aportaciones del derecho canónico de donde el derecho civil ha cogido figuras como el matrimonio putativo[62].

En tercer lugar, en el campo del derecho procesal, en especial en el proceso sumario, la mediación, arbitraje, la justicia gratuita, el principio de escritura, la carga probatoria atribuida a la parte actora, la citación por Edictos, etc.

Por último, ha influido en el campo del derecho penal, donde una de las aportaciones más significativas es en la teoría de la culpabilidad. Así en él se distinguió entre *dolus* o voluntad de la acción que se ha realizado de manera deliberada, de la *culpa,* que supone una falta del necesario cuidado[63].

En resumen, se puede afirmar que el Derecho Canónico es un excelente medio para comprender el fenómeno jurídico actual.

1.4. Modelos de relación entre Estado y Religión

En el presente libro se recogen temas, que desde diversas perspectivas hacen referencia al Derecho Canónico y el Derecho Eclesiástico del Estado, por ello conviene ver la forma que tienen ambos de relacionarse, en esta relación se pueden señalar tres niveles

61 El derecho matrimonial en Occidente se ha basado en la técnica jurídica del sistema matrimonial canónico que tuvo la competencia exclusiva hasta la secularización del matrimonio, que en el caso de España no llega hasta la aprobación en el año 1870 que se introdujo el matrimonio civil obligatorio.

62 Esta limitación tiene su origen en el Derecho Canónico medieval, conforme al cual en un primer momento los efectos de la nulidad del matrimonio no eran de carácter absoluto, sino que se atenuaban respecto a los hijos. Es decir que, inicialmente, se reconoció la legitimidad de los hijos nacidos de matrimonio nulo contraído de buena fe, pero sin conceder efectos a los cónyuges, si bien dicho concepto se amplió y los efectos del matrimonio putativo también se extendieron al cónyuge de buena fe.

63 A. García Garate *Derecho y Religión.* ob. cit. p. 99 y 100.

a) *Normativo,* debido a que el legislador de un país, sobre todo si tienen una mayoría de ciudadanos que pertenecen a la Iglesia Católica[64], no puede desconocer la existencia de un ordenamiento que incide en las personas que a la vez son ciudadanos.

b) *Doctrinal,* porque es necesario que eclesiasicistas y canonistas conozcan y estudien las mutuas implicaciones existentes entre ambos ordenamientos, ya que ambos están sometidos, aunque por diferente forma a los mismos sujetos.

c) *Docente*, como causa de lo anterior, ambos derechos están presentes en la formación de un jurista[65].

El derecho canónico es un derecho vigente y aplicable en el ordenamiento jurídico español, ya que goza de un reconocimiento civil a través de las deferentes sistemas o técnicas de relación entre el Estado y la Iglesia que más adelante veremos. Lo cierto es que el Derecho Eclesiástico del Estado y el Derecho canónico coinciden en la materia objeto de regulación en un sentido amplio del término y como hemos manifestado con anterioridad también en los justiciables.

Podemos diferenciar dos tipos de relaciones, por un lado, las denominadas institucionales, que consisten en las relaciones diplomáticas entre la Santa Sede con España; aquella tiene acreditado un nuncio, que es la denominación reservada a los representantes de la Santa Sede con el máximo nivel, y España que está representada por el embajador. La política exterior esta canalizada por el Ministerio de Asuntos Exteriores, pero en la actualizad existe La Subdirección General de Relaciones con las Confesiones, que es una unidad administrativa dependiente de la Dirección General de Cooperación Jurídica Internacional Y Relaciones con las Confesiones, que tiene como cometido primordial el lograr que el ejercicio del derecho fundamental de libertad religiosa, recogido en el artículo 16 de nuestra Constitución sea una realidad.

En este sentido, se desarrollan a través de dicha institución tres diferentes ámbitos de actuación: el de gestión del Registro de Entidades Religiosas, el de las relaciones con las

64 Según el Barómetro del CIS de marzo del 2022 entorno al 60 % de la población española se declara católica.

65 Un ejemplo lo encontramos en ATC 359/1985, 29 de mayo de 1985.

distintas confesiones religiosas entre las que se incluye la Iglesia católica, y el de la promoción de estudios y análisis de todo tipo, tendentes al desarrollo y difusión de la libertad religiosa.

Por otro lado, las relaciones propiamente jurídicas que permiten la relación y coordinación entre ambos ordenamientos, en donde lógicamente tiene una influencia la primera. Dos son los sistemas que lo permiten, en especial en aquellas materias que un ordenamiento cede las competencias al otro:

A.- *Teoría de la remisión formal*, tiene lugar cuando un ordenamiento otorga un valor jurídico a una realidad jurídica que ha surgido en el campo del otro ordenamiento. En el caso de Derecho español se concede eficacia jurídica a realidades que han surgido al amparo de las normas de Derecho canónico, el ejemplo más claro se produce con el matrimonio canónico con base en el art. VI del Acuerdo sobre Asuntos Jurídicos[66] y el art. 49.2 del Código Civil.

B.- *Teoría de la remisión material,* se produce, cuando un ordenamiento convierte en norma la ley que ya existe en otro ordenamiento[67].

II. Formación histórica del Derecho Eclesiástico

De una forma u otra el Derecho eclesiástico ha existido siempre, como vimos en el apartado anterior, siempre ha habido normas estatales que regulaban el fenómeno religioso, en ocasiones favoreciéndolo y otras persiguiéndolo. Pero como es un término que, a lo largo de la historia ha cambiado, conviene conocer su evolución para evitar posibles confusiones. La denominación Derecho Eclesiástico es moderna, y ha ido evolucionando con el paso de los años,

66 Art. VI AJ *«El Estado reconoce los efectos civiles al matrimonio celebrado según las normas del Derecho Canónico».*

67 Un ejemplo de esta remisión se ha producido en la Orden de 1 de julio de 1983 en donde *«se incorpora a los niveles de educación preescolar y educación general básica el programa de enseñanza religiosa adventista, propuesto por la Unión de Iglesias adventistas».*

ha pasado de ser sinónimo de Derecho Canónico hasta su significado actual. El término Derecho eclesiástico era el que se empleaba de manera indistinta junto al Derecho canónico para referirse al ordenamiento de la Iglesia. Hasta constituir un derecho distinto del mismo y hasta contrapuesto al Derecho de la Iglesia en clara alusión por atribuir la regulación de lo religioso al derecho estatal.

Su origen se encuentra en la Reforma Protestante, al atribuir al Príncipe la regulación de la vida y de la acción de las Iglesias reformadas. Desde ese momento el poder político comienza a legislar sobre el hecho religioso y será el único competente para regular la exteriorización del hecho religioso.

Otro hecho relevante en la formación del Derecho Eclesiástico lo encontramos en el regalismo católico que se atribuyó también la competencia del hecho religioso, más allá del ámbito de civil.

En la evolución del Derecho Eclesiástico podemos señalar tres fases:

1.ª fase, que se denomina alemana, el Derecho eclesiástico se empieza a cultivar en Alemania, a finales del XIX, como causa de la implantación de la Reforma en buena parte de esa nación[68]. Las leyes que se promulgan por parte del poder civil sobre la actividad de las Iglesias se configuran como un Derecho autónomo diferente al Derecho canónico. Se va a concebir como un derecho en el que caben diferentes especies: tanto el ordenamiento de la Iglesia; las normas confesionales protestantes e incluso el derecho del Estado aunque se adjetive *Staatskirchenrecht (*Derecho del Estado sobre la Iglesia*),* para evitar confusiones, ya que hasta ese momento se denominaba *kirchenrecht* (Derecho de la Iglesia).

2.ª fase, denominada italiana, a partir del último tercio del siglo XX, por la influencia italiana, que pone fin a la denomi-

68 Un aspecto relevante era la distinción dentro de las Iglesias reformadas , una fuente era eclesiástica y otra estatal. Esta distinción no era fruto de la casualidad, sino que respondía a la convivencia en tierras germanas, de las Iglesias provenientes de la Reforma junto a la Iglesia Católica. La reforma rechazó la dimensión jurídica de la Iglesia católica, de modo que las Iglesias que surgen en ese momento iban a ser por la autoridad política.

nada «cuestión romana», que fundamentalmente consistía en la resistencia por parte de la Santa Sede a admitir la reunificación italiana y la desaparición de los Estados Pontificios[69]. Como resultado de ello surge el Estado de la Ciudad del Vaticano. Esto provoco que numerosos juristas italianos centrasen su atención en una serie de leyes que de alguna manera se podían denominar mixtas pues afectaban a la Iglesia y al Estado[70]. Estos estudios se conocen como *Diritto ecclesiastico* para diferenciarlo del Derecho canónico.

3.ª fase, denominada española, hay que tener en cuenta la larga pervivencia de España como Estado confesional, que tuvo como consecuencia en la Universidades del Estado de las cátedras de Derecho Canónico, por ello con posterioridad a la Segunda Guerra Mundial, algunos juristas españoles estudian y se forman junto con maestros italianos[71], que impulsaron de manera definitiva el estudio del Derecho Eclesiástico en detrimento del derecho canónico.

III. Concepto de Derecho Eclesiástico del Estado

Al referirse el Derecho eclesiástico del Estado al hecho religioso, podemos preguntarnos si la unión a Dios a través de la fe, el culto y el comportamiento que eso conlleva es contradictorio con lo jurídico, o al contrario si necesariamente debe tener una dimensión jurídica que lo regule.

Lo religioso, entendido como la unión a Dios mediante la fe, no pertenece solo y exclusivamente a la intimidad de creencias, sino que necesariamente tiene una dimensión externa y social, por lo tanto, jurídica. Lo religioso puede ser objeto

69 Finaliza con el Pacto de Letrán de 11 de febrero de 1929, por el cardenal Pietro Gasparri en nombre del papa Pío XI y por el Primer Ministro italiano Benito Mussolini en nombre del rey Víctor Manuel III, Significaron la independencia política de la Santa Sede y el Reino de Italia como Estado soberano, así como el restablecimiento pleno de las relaciones entre los representantes de Italia y de la Iglesia católica rotas desde 1870.

70 Leyes sobre territorios exentos, privilegios fiscales, etc.

71 Como es el caso de Pedro Lombardia.

de regulación por parte del Derecho en cuanto que tiene un dimensión social o civil[72]. Lo religioso, en sí mismo considerado, es algo ajeno al derecho, de tal manera que si se diese una determinada religión cuyo contenido no traspasase en nada, ni nunca, lo meramente interno de la conciencia personal, y nunca tenga ninguna repercusión en los comportamientos sociales no podría ser objeto de regulación por parte del ordenamiento jurídico. Solo cabe que sean regulados por el derecho en la medida en que tenga una trascendencia social. Por lo tanto, cuando esto se produce el ordenamiento estatal se debe pronunciar para que estas relaciones se rijan bajos los criterios de justicia y equidad.

Como hemos visto en el punto anterior, la expresión Derecho eclesiástico del Estado es un término convencional, según el diccionario se define como: «*Rama del ordenamiento jurídico del Estado que regula la dimensión social del fenómeno religioso tanto en las manifestaciones individuales (protección de la libertad religiosa y de conciencia de las personas) como en las manifestaciones colectivas (relaciones jurídicas de las confesiones religiosas con los poderes públicos o con otros sujetos de derecho, sean miembros o no de una confesión*[73]».

Al hilo de esta definición es necesario realizar dos precisiones:

En primer lugar, el término eclesiástico solo puede aplicarse a aquellas religiones que de alguna manera son Iglesia, por lo que se quedarían fuera de su ámbito aquellas confesiones religiosas que a diferencia de las que tienen raíz cristiana no se consideran iglesias, quizá fuese más exacto denominarlo Derecho confesional del Estado, para que de este modo se incluyesen todas aquellas confesiones que puedan presentar un carácter institucional y autónomo ante las leyes del Estado

En segundo lugar, el objeto del Derecho eclesiástico del Estado no es regular todo el fenómeno religioso, solo en la medida que se exteriorizan constituyen objeto de regulación jurídica, por lo que el Derecho del Estado no puede entrometerse la regulación del contenido de las creencias y verdades de fe, ya que eso únicamente pertenece a las diferentes confesiones y grupos religiosos. Por lo tanto, solo pretende

72 *Ubi societas, ibi ius.*

73 Diccionario panhispánico del español jurídico, año 2022.

regular aquellas conductas que sean necesarias para la convivencia social y el ejercicio de libertad religiosa.

IV. Diferencias entre Derecho Eclesiástico y Derecho Canónico

Antes de entrar a valorar las diferencias entre ambos ordenamientos es conveniente conocer el concepto del Derecho canónico, cuestión que todavía no se ha definido, a pesar de haberse nombrado en epígrafes anteriores. El Derecho canónico[74] se encarga del estudio del ordenamiento jurídico y de la organización de la Iglesia católica. En él, se recoge el conjunto de normas, obligaciones y derechos elaborados por la autoridad eclesiástica y que regulan tanto la organización cristiana como las relaciones dentro y fuera de la institución religiosa. Sus normas se recogen en el *Corpus Iuris Canonici,* el actual data de 25 enero de 1983 derogando hasta al entonces vigente, el Pío-Benedictino de 1917.

Por lo tanto, junto al Derecho eclesiástico del Estado existe otro ordenamiento jurídico como es el Derecho canónico, que coincide en un sentido amplio en el objeto de regulación como es el hecho religioso y en los destinatarios del mismo, pero presentan notables diferencias:

La primera de ellas es el autor, en el caso del Derecho eclesiástico su autor es de origen estatal mientras que en el Derecho canónico su autor es la Iglesia católica.

La segunda son las fuentes, en el caso del Derecho eclesiástico del Estado, como estamos ante un derecho español, el sistema de fuentes es el de aquél. Así, el art. 1.1 del CC. establece que son fuentes «*del ordenamiento jurídico español la ley, la costumbre y los principios generales del derecho*». Mientras que para el Derecho canónico la principal fuente del derecho canónico es Dios que se manifiesta a través de la ley divina natural o por la revelación. Su voluntad quedó recogida en las Escrituras y en la tradición. Además del propio CIC nos encontramos con los concordatos; la costumbre y la jurisprudencia de los tribunales pontífices.

74 Proviene del griego κανον kanon, para regla, norma o medida.

La tercera, consiste en que el Derecho eclesiástico del Estado, como su autor es el Estado, su elaboración está totalmente desligada de la religión, mientras que en caso del Derecho canónico esto no ocurre puesto que la religión actúa como límite y como fundamento, aunque existe una separación entre religión y derecho, esta no es total.

En cuarto lugar, aunque al principio del epígrafe manifestábamos que coinciden en el objeto de regulación, no es del todo acertado, puesto que el Derecho eclesiástico del Estado regula todo lo concerniente al hecho religioso en general mientras que el Derecho canónico únicamente lo relativo a la religión católica.

En quinto y último lugar, la forma de vinculación, mientras que el Derecho eclesiástico vincula siguiendo un criterio territorial al que los ciudadanos no pueden oponerse, para el Derecho canónico se necesita una adhesión que en este caso se produce a través del bautismo.

CAPÍTULO II

LOS PRINCIPIOS INFORMADORES DEL DERECHO ECLESIÁSTICO

I. Definición y naturaleza de los principios

Siguiendo una de las muchas definiciones que proporciona la RAE relativas al significado de principio, recoge que es la «*base, origen, razón fundamental sobre la cual se procede discurriendo en cualquier materia*«[75]. Por ello cuando nos referimos a los principios que informan una determinada materia hacemos referencia a las normas fundamentales de la misma y que constituyen su fundamento. En el caso del Derecho eclesiástico del Estado los principios son reflejo de la actitud que ha tomado el Estado ante el hecho religioso. Los principios garantizan de algún modo la coherencia a la hora de regular el hecho religioso por parte del Estado.

Las funciones de los principios informadores del Derecho eclesiástico se pueden resumir en dar coherencia en el sentido que dichos principios vinculen a los poderes públicos en las funciones de gobierno, en la función normativa y la judicial, también gozan de una función integradora que ayude a ordenar, sistematizar y armonizar las normas de Derecho eclesiástico provenientes de las distintas fuentes.

Ante esto cabe preguntarse ¿Cuáles son los principios que informan el Derecho eclesiástico en España? Antes de responder es importante advertir que hay diferentes opiniones doctrinales al respecto, tanto en el número y denominación

75 Diccionario de la Real Academia Española. 2022.

de los principios como en la interpretación de los mismos[76]. Los principios se encuentran como no puede ser de otro modo en la Constitución, en los artículos 14 y 16. Aunque la doctrina suele señalar como principios la libertad religiosa; laicidad; igualdad y no discriminación; y principio de cooperación. Siguiendo al profesor García Gárate la existencia de alguno de ellos se manifiesta en una cierta artificialidad y no siempre su integración en un sistema normativo permite su autonomía[77].

Por lo tanto, los principios informadores del Derecho eclesiástico español son:

La libertad religiosa, es el primero y fundamental, significa que el Estado debe proteger la libertad religiosa de las personas de manera individual y colectiva y no una determinada religión. Esto lleva aparejado que debe garantizar la inmunidad de coacción para que las personas puedan actuar según sus propias creencias esto lo recoge la propia jurisprudencia del TC en su sentencia 24/1982 de 13 de mayo[78] y promover en base al art. 9.2 de la CE que el ejercicio de este derecho sea real y efectivo por parte de los ciudadanos y grupos colectivos[79]. Dentro de este principio incluimos la igualdad religiosa ya que es inherente a la libertad religiosa. Que se considere este principio como el primero y fundamental significa que el Estado ante el hecho religioso se configura como un Estado de libertad religiosa.

El principio de laicidad, en cierto modo resulta instrumental, de modo que si el Estado se configura ante el hecho religioso como un Estado de libertad religiosa, la manera más

76 Por ejemplo, viene a ser igual hablar de laicidad que de aconfesionalidad o de neutralidad para hacer referencia al mismo principio informador.

77 En A. García Garate *Derecho y Religión.*. ob. cit. p. 121.

78 FJ 1: *«Dicho de otro modo, el principio de libertad religiosa reconoce el derecho de los ciudadanos a actuar en este campo con plena inmunidad de coacción del Estado y de cualesquiera grupos sociales»*. O más reciente la STC 46/2001, FJ 4.

79 Art. 9.2 CE: *«Corresponde a los poderes públicos promover las condiciones para que la libertad y la igualdad del individuo y de los grupos en que se integra sean reales y efectivas; remover los obstáculos que impidan o dificulten su plenitud y facilitar la participación de todos los ciudadanos en la vida política, económica, cultural y social»*.

lógica de llevarlo a cabo es a través de la laicidad, es decir, sin decantarse por ninguna opción religiosa. Dentro de este principio incluimos el principio de cooperación, ya que es una manifestación de la laicidad ya que carecería de sentido en un Estado que no fuese laico.

Ambos principios, están relacionados pero deben distinguirse, ya que operan, de forma diferente. El primero, como veremos más adelante, puede actuar como principio y como derecho, mientras que el segundo, la laicidad, significa la separación de las iglesias del Estado.

II. Principio de libertad religiosa

Nuestra constitución establece que «*se garantiza la libertad ideológica religiosa y de culto de los individuos y las comunidades*»[80], situándose en la Sección *De los derechos fundamentales y de las libertades públicas,* que corresponde al Capítulo II (Derechos y libertades) del Título Primero *(de los derechos y deberes fundamentales)*. Antes de proseguir se debe diferenciar la triada de derechos que aparecen recogidos como son la libertad ideológica y la libertad de conciencia. Todos estos derechos hacen referencia a un ámbito personalísimo, pero cada uno tiene un objeto específico propio:

La libertad ideológica o de pensamiento hace referencia a la interpretación que tiene cada persona de la realidad.

Libertad de conciencia, se manifiesta en la posibilidad de actuar de conformidad con la propia conciencia tanto en el ámbito religioso como en el no religioso.

Mientras que la libertad religiosa, se manifiesta en poder profesar una religión y actuar conforme a las exigencias de la misma.

Como hemos mencionado en el apartado anterior, la libertad religiosa es un derecho humano[81] innato a la persona que preexiste al derecho positivo por ser fundamental[82], pero

80 Art. 16.1 CE

81 En palabras del TC en su sentencia 24/1982.

82 J. Calvo «Los principios informadores del Derecho eclesiástico español en la doctrina», en *Anuario de Derecho eclesiástico, XIV,* Madrid, 1998, p. 211.

también es un principio inspirador como reconoce el propio Tribunal Constitucional[83]. Funciona como derecho cuando se refiere a las personas y a las confesiones, mientras que funciona como principio cuando nos referimos al Estado.

Este es el principio básico, frente a todos los demás. Tanto el principio de laicidad del Estado, como el de igualdad y el de cooperación tienen como finalidad, facilitar y asegurar la libertad religiosa.

III. Principio de laicidad

El principio de laicidad queda establecido por el art.16.3 de la CE: «*Ninguna confesión tendrá carácter estatal*». La expresión suscitó un rechazo al planteamiento tradicional en España de la confesionalidad católica[84] . Es denominado de diversas formas según el autor que lo trate. Algunos hablan de *no confesionalidad*, otros como LLAMAZARES *de confesionalidad atenuada y no expresa*[85], otros como por ejemplo F. VERA URBANO de *aconfesionalidad* y otros como GARCÍA GARATE de laicidad[86]. Lo cierto que los términos más correctos son aconfesionalidad y laicidad que resultan equivalentes[87].

83 Existe el derecho y existe el principio de libertad religiosa, recogidos ambos en los artículos 16.1 de la Constitución, tal y como reconoce el TC en su sentencia 244/1991 de 16 de Diciembre de 1991 en su FJ 2.

84 Como establece J. CALVO, haciendo referencia al mencionado art.16.3 la Constitución, «Es claro que histórica y doctrinalmente esta prohibición de confesionalidad del Estado se refiere a la confesionalidad religiosa. Sólo es éste el sentido propio tanto de la confesionalidad como de la aconfesionalidad: el religioso», en J CALVO, *Los principios del Derecho eclesiástico español en las sentencias del Tribunal Constitucional,* Navarra, 1998, p. 104.

85 D. LLAMAZARES, y G. SUÁREZ, «El fenómeno religioso en la nueva Constitución», en *Revista de la Facultad de Derecho,* núm. 61 (1980), pp. 9-34.

86 A. GARCÍA GÁRATE «Los principios informadores del Derecho eclesiástico», en VVAA, *Derecho eclesiástico del Estado,* Valencia, 1997, p. 72.

87 Tanto el Tribuanl Constitucional como el Tribunal Supremo utilizan ambos terminas de forma indistinta, un ejemplo.

Una de las características principales del principio de laicidad es la autonomía existente entre el Estado y las confesiones. El Tribunal Constitucional, cuando interpreta el primer inciso del artículo 16.3, establece que el Estado en el que España se constituye, con su nuevo carácter aconfesional, logra ser lo que es de acuerdo con su naturaleza: solo Estado[88]. Dicha autonomía no hace referencia en exclusiva al Estado, sino que las confesiones también gozan de ella, ya sea la Iglesia católica o el resto de confesiones, especialmente aquellas que tienen personalidad jurídica conforme a la LOLR y que ese mismo cuerpo legislativo establece la posibilidad que pongan sus propias normas de organización, fines... El Estado y las confesiones están claramente diferenciados y son independientes puesto que las confesiones no desempeñan una función política[89] .

Que el Estado carezca de confesión se derivan una serie de principios:

> 1.- Hay que distinguir en la teoría y en la práctica las funciones políticas, propias del Estado, de las religiosas, propias de las confesiones. Las cuestiones de fe, en cuanto su contenido no es competencia del Estado, sino de las diferentes confesiones religiosas por lo que el Estado no debe pronunciarse[90].
>
> 2.- Ni las confesiones pueden asumir funciones que corresponden al Estado, ni éste tener funciones religiosas[91].
>
> 3.- El Estado no puede definir lo religioso en cuanto tal, puesto que es incompetente para coaccionar, sustituir o concurrir con los ciudadanos en actividades religiosas.
>
> 4.- Del juego conjunto de la laicidad y la igualdad surge la neutralidad del Estado ante el hecho religioso[92].

88 J. Calvo «Los principios...» ob cit. 120.

89 L. Prieto Sanchís, «Los principios constitucionales del Derecho eclesiástico español», en VVAA, *Curso de Derecho eclesiástico,* Madrid, 1991, p. 204.

90 STC 38/2007 de 15 de febrero FJ5.

91 A. García Garate *Derecho y Religión.* ob. cit. p. 145.

92 STC 5/1981 de 13 de febrero: Hay dos tipos de neutralidad, la positiva, propia de un Estado social, que implica que el Estado debe intervenir para que se dé la igualdad en libertad (art. 9.2), mientras que la negativa (el Estado debe de abste-

Por último, la mención expresa de la Iglesia Católica trajo consigo ciertos problemas por su relación con el principio de cooperación y el de igualdad, éstos se acentúan cuando nos referimos a la laicidad del Estado. Hay algunos autores que han querido ver en dicha mención una violación de varios de los principios básicos del Derecho eclesiástico, entre y lo que se encuentra el de laicidad[93]. Argumentando que la alusión específica y expresa a la religión católica, y la genérica al resto de las confesiones, supone una confesionalidad solapada o encubierta. Afirma que la mención de la Iglesia no supone una confesionalidad encubierta puesto que el pluralismo que queda recogido como valor superior del ordenamiento español en el artículo 1.1 trae consigo la necesidad de la aconfesionalidad ya que un Estado pluralista difícilmente puede ser confesional porque, además de esta característica, el Estado español está basado en la libertad religiosa.

En definitiva, se trata de un concepto positivo de laicidad, en donde el Estado actúa en el campo religioso no solo respetando su neutralidad y el derecho a la libertad religiosa sino promocionando el hecho religioso en cumplimiento del ya mencionado con anterioridad art. 9.2 CE.

IV. Principio de igualdad

La igualdad ante la ley, y la consiguiente prohibición de discriminar por razones religiosas[94] supone que todos los

nerse de intervenir) es la propia del Estado liberal en A. García Garate *Derecho y Religión*... ob. cit. p.114. El propio TC en su sentencia 340/1993, de 16 de noviembre, «veda cualquier tipo de confusión entre funciones religiosas y estatales» en el desarrollo de las relaciones de cooperación del Estado con la Iglesia católica y las demás confesiones, antes bien sirve, precisamente, a la garantía de su separación, «introduciendo de este modo una idea de aconfesionalidad o laicidad positiva» (STC 46/2001, de 15 de febrero, FJ 4).

93 De Echeverría, «La nueva Constitución ante el hecho religioso», en El hecho religioso en la nueva Constitución española», *Trabajo de la XVI semana española de Derecho canónico*, Salamanca, 1979, pp. 67 a 71.

94 Art. 14 CE: *«Los españoles son iguales ante la ley, sin que pueda prevalecer discriminación alguna por razón de nacimiento, raza, sexo, religión, opinión o cualquier otra condición*

españoles gozan del mismo derecho de libertad religiosa. Aunque el art. 14 de la Constitución se refiere a las personas, no existen ante la ley diversas categorías de ciudadanos en lo que se refiere a la titularidad de los derechos fundamentales, y como el derecho de libertad religiosa se extiende también a los grupos, habrá que concluir que todas las confesiones religiosas son cualitativamente iguales ante la ley en todo lo referente al reconocimiento, garantía y protección de aquel derecho[95].

Dicho esto, la igualdad no significa uniformidad, sobre todo porque, en términos de justicia, igualdad no es dar a todos lo mismo, sino a cada uno lo suyo[96]. El principio de igualdad no excluye de la posibilidad de recibir un trato diferenciado, cuando así lo exige la justicia, ni a ni un trato específico de situaciones objetivamente distintas, sino que obliga a que las distinciones establecidas social o normativamente no llevan aparejado la desigualdad jurídica. Un ejemplo es en el ejercicio de este derecho fundamental los individuos y las comunidades se diferencien entre sí según sus peculiaridades y, sobre todo, según sus diferentes pretensiones. Cuando, en aplicación del principio de libertad sustancial, los poderes públicos adopten, por ejemplo, medidas para facilitar la asistencia religiosa en los establecimientos públicos, hospitalarios... y otros bajo su dependencia[97], podrán darse diferencias entre las distintas confesiones respecto a la forma concreta de llevar a cabo estas actividades. Pero previamente, además, la adopción de tales medidas en favor de una concreta confesión, en modo alguno no vulnera la igualdad mientras se reconozca efectivamente el derecho en todas las demás a

o circunstancia personal o social».

95 En esta materia resulta obligada la referencia al estudio de P. J. Viladrich, «Los principios informadores del Derecho Eclesiástico español», en la obra colectiva Derecho Eclesiástico del Estado español, 2.ª ed., Pamplona 1983, pp. 169-260.

96 Sto. Tomas de Aquino, *SumaTeológica,* trad. por Emilio García y Lorenzo Jiménez. (Madrid, Biblioteca de Autores Cristianos, 1989). Tomo III.Parte 11-11. q. 68. p. 480.

97 LOLR en su art 2.3 «*los poderes públicos adoptarán las medidas necesarias para facilitar la asistencia religiosa en los establecimientos públicos, militares, hospitalarios, asistenciales, penitenciarios y otros bajo su dependencia, así como la formación religiosa en centros docentes públicos*».

beneficiarse de aquellas medidas; porque puede ocurrir, por ejemplo, que los demás grupos no estén en condiciones de llevar a cabo estas actividades o ni siquiera lo pretendan. En estos casos estaríamos ante una desigualdad formal, que no bastaría por sí sola para producir la quiebra del principio de igualdad que recoge la constitución.

Se requiere entonces para que se quiebre este derecho, que los poderes públicos no adopten tampoco medidas discriminatorias; es decir, si bien cabe un trato específico de las diferentes confesiones, no deberá producirse un resultado incompatible con el derecho de todas las demás a la libertad religiosa. Volviendo al ejemplo señalado, habría discriminación si, habiéndose adoptado aquellas medidas en beneficio de una determinada confesión, las demás vieran desatendidos sus requerimientos en tal sentido o, sencillamente, no pudieran de hecho desarrollar esas actividades asistenciales por haberse reservado su monopolio a la confesión mayoritaria.

De esta forma, la igualdad jurídica y su aspecto negativo, la no discriminación, significa que, si existe causa justa y razonable, puede darse paso a la diferenciación y, por tanto, a la limitación de la igualdad en la ley. Por lo tanto, el tratamiento diferente sólo será jurídicamente aceptable si no resulta discriminatorio.

¿Qué ocurre entonces cuando la Constitución en su artículo 16.3 menciona de manera expresa a la Iglesias católica? Algunos autores han intentado ver en dicha expresión una causa de desigualdad o discriminación respecto de los grupos religiosos acatólicos[98]. No obstante, la mayoría de la doctrina considera que no. Dicha mención no atribuye derechos especiales a la Iglesia católica. Es más, el artículo 16.3[99] de la

98 Para algunos autores «El principio de igualdad aplicado a todos los acuerdos entre el Estado y las confesiones tiene el importante efecto en nuestro Derecho Eclesiástico de que sólo la configuración de un régimen jurídico de los acuerdos con las confesiones acatólicas lo más próximo al propio de los acuerdos con la Iglesia católica, como tratados internacionales, será el que realice la igualdad establecida constitucionalmente»: A. Motilla de la Calle, *Los Acuerdos entre el Estado y las confesiones religiosas en el Derecho español*, Barcelona 1985, p .55.

99 Art.16.3: «... *Los poderes públicos tendrán en cuenta las creencias religiosas de la sociedad española y mantendrán las consi-*

Constitución, en efecto, reconoce implícitamente un derecho de las confesiones religiosas a mantener relaciones de cooperación con los poderes públicos. Y si la igualdad es, ante todo, igualdad de derechos, habrá que precisar el alcance de esa igualdad en la cooperación.

V. Principio de cooperación

Como hemos visto en el apartado anterior, el art. 16.3 establece que los poderes públicos mantendrán las consiguientes relaciones de cooperación con la Iglesia Católica y el resto de confesiones. Mientras que en otros países igualmente laicos como por ejemplo Francia en donde se ha optado por la indiferencia, en el caso del legislador español se ha optado por la posibilidad de que el Estado coopere con las diferentes confesiones religiosas. Como hemos mencionado en el primer punto, debemos tener en cuenta que hasta ahora hemos hecho referencia a la cooperación como un principio básico de Derecho eclesiástico, hay autores que niegan dicha concepción y otros que, admitiéndolo como principio, afirman su carácter subordinado[100], e incluso otros la defienden como una técnica[101].

Lo cierto es que la mayoría de los autores que reconocen la cooperación como principio, se posicionan por el carácter subordinado de este, en el que nos encontramos nosotros, en este caso a la laicidad.

Mediante este principio, el Estado debe colaborar con las confesiones religiosas en todo aquello que facilite el ejercicio de sus seguidores, que son también ciudadanos, y en otros temas que puedan ser de interés común, como son las

guientes relaciones de cooperación con la Iglesia católica y las demás confesiones».

100 Un ejemplo es el profesor García Gárate pues su «existencia carece de sentido en un Estado confesional» en *Derecho y Religión..* ob. cit. p. 155.

101 Un ejemplo de esta tesis sería A. Fernández Coronado quien afirma «que no es un principio, como el de libertad religiosa, sino una técnica utilizada por el Estado para concretar sus relaciones con la Iglesia Católica y las demás confesiones» en A. Fernández Coronado *Principio de igualdad y técnica de cooperación,* en La Ley, 1983-2, p. 80.

denominadas cuestiones mixtas, como son la educación o el matrimonio.

La cooperación del Estado con las confesiones religiosas debe llegar hasta donde sea necesario para hacer real y efectiva la igualdad de todos los ciudadanos en el ejercicio de la libertad religiosa e ideológica y no puede rebasar los límites que pudieran poner en peligro la realización de esa igualdad y de las exigencias derivadas del principio de laicidad.

El problema surge en que la Constitución no concreta la forma en la que ha de llevarse a cabo esta cooperación, tal y como ha recogido las sentencias del Tribunal Constitucional, la cooperación rectamente entendida supone la existencia de dos sujetos diferenciados, pues si se confunden ya no cooperan, sino que se integran[102]. El propio Tribunal Constitucional ordena a los poderes públicos mantener una actitud positiva respecto al ejercicio colectivo de la libertad religiosa[103]. Un aspecto importante es que este deber de cooperación no se atribuye a las confesiones religiosas.

La manifestación más clara del principio de cooperación la encontramos en los Acuerdos firmados con la Iglesia católica y los Acuerdos de cooperación con las confesiones minoritarias. En dichos acuerdos el Estado concreta en cierto modo la cooperación y la forma de ponerla en práctica, pero en todo caso este deber de cooperación no se limita a las confesiones con Acuerdo que tengan notorio arraigo, sino que ha de extender a todas, en los límites[104] y requisitos establecidos en la ley.

102 STC 24/1982 de 13 de mayo.

103 STC 46/2001 de 15 de febrero FJ 4.

104 Los límites los encuentra en el propio principio de laicidad.

CAPÍTULO III

LA FUENTES DEL DERECHO ECLESIÁSTICO

I. Clasificación de las fuentes

Las fuentes del ordenamiento jurídico constituyen una de las claves del Derecho, y deben ser estudiadas por todo jurista. La expresión fuentes del Derecho y en concreto del Derecho eclesiástico del Estado, puede tener varios sentidos. Por un lado, pueden entenderse como el origen y fuente donde nace el derecho[105] (ley, costumbre, principios generales, jurisprudencia, doctrina).O por otro lado, pueden entenderse como aquellos instrumentos materiales que permiten conocer el derecho vigente y que dentro de un cuadro completo de las fuentes del derecho, se pueden denominar fuentes del conocimiento, es decir, textos legales que nos ofrecen la posibilidad de conocer el contenido y la naturaleza del Derecho eclesiástico del Estado en España. En este último sentido es al que nos referiremos.

En el campo del Derecho eclesiástico del Estado no existe un código de leyes eclesiásticas del Estado como sí ocurre por ejemplo en el campo del Derecho civil, penal, etc. Ante esta circunstancia los textos legales vigentes hay que buscarlos en diversas fuentes del conocimiento del Derecho español (Constitución, Tratados Internacionales, Leyes Orgánicas, etc.) completando esto con la jurisprudencia de los tribunales españoles y extranjeros.

---

105 El término fuente designa, desde un punto de vista general, el principio, fundamento u origen de algo.

Es clásica la distinción entre fuentes materiales y fuentes formales. Por fuente material se entiende que son los poderes que tienen la facultad de crear normal jurídicas. Mientras que las fuentes formales son los vehículos o mecanismos de expresión a través de los cuales se manifiestan las diferentes fuentes materiales, es decir, los diferentes tipos o clases de leyes.

El derecho eclesiástico del Estado, al formar parte del ordenamiento jurídico estatal, participa del mismo sistema de fuentes que el resto del ordenamiento y que recoge el Código civil en su art. 1.1: «*Las fuentes del ordenamiento jurídico español son la Ley, la costumbre y los principios generales del derecho*». Pero esto no significa que el Derecho eclesiástico del Estado al igual que el resto de ramas del ordenamiento jurídico español no tenga especificidades, al contrario, las tiene.

Conviene recordar otras clasificaciones de fuentes que serán objeto de estudio en epígrafes posteriores, atendiendo al criterio del fundamento de su vigencia, las fuentes se clasifican en unilaterales y pacticias. Las primeras tienen su vigencia en la voluntad de los órganos con capacidad legislativa del Estado. Las segundas, las pacticias, se fundamentan en acuerdos entre el Estado, ya sean con otros Estados o confesiones religiosas, estas a su vez se pueden dividir en internacionales o meramente pacticias. Un ejemplo de las primeras serían los Acuerdos firmamos con la Iglesia católica, mientras que la segundas serían los Acuerdos con las confesiones minoritarias.

II. Fuentes unilaterales

Son todas aquellas que proceden exclusivamente de órganos con capacidad legislativa del Estado que se pueden dividir en Estatales (Constitución, leyes, Reales Decretos, etc.) Autonómicas en base en el principio de competencia de las Comunidades Autónomas que gozan de competencia en determinadas materias (patrimonio histórico, enseñanza, etc.).

2.1. Constitución Española

Es la norma de mayor rango en nuestro ordenamiento y condiciona la elaboración de todo el derecho, el Derecho eclesiástico del Estado al igual que el resto de ramas del ordenamiento jurídico español se construye y se desarrolla desde la perspectiva de la Constitución.

Hay que tener en cuenta que el Derecho a la libertad religiosa es anterior a la Constitución de 1978, quien lo asume y lo constitucionaliza, y en base al art. 10 se deberá tener en cuenta la evolución y desarrollo legislativo sobre los Derechos Humanos en el orden internacional[106].

También encontramos otras normas básicas del Derecho eclesiástico español, como el art. 16 ya mencionado, que recoge la libertad religiosa y la laicidad del Estado, así como el principio de cooperación. El art 27.3 relativo al derecho de los padres que sus hijos reciban la educación moral y religiosa que esté de acuerdo con sus convicciones.

2.2. Ley Orgánica de Libertad Religiosa

En dicha Ley de 5 de julio de 1980, aunque será objeto de desarrollo en un tema posterior, contemplan los aspectos individuales de la libertad religiosa, como el derecho a profesar cualesquiera creencias religiosas o incluso a no profesar ninguna, a cambiar de religión, a no ser obligado a declarar sobre las propias ideas o a no ser obligado a practicar actos de culto, a recibir enseñanza religiosa según las propias convicciones, o, en su caso, las de los padres o tutores, o a recibir digna sepultura. También aspectos colectivos de manifestación externa, como el derecho a celebrar los ritos propios, el derecho a impartir enseñanza religiosa. En definitiva, lo que pretende es desarrollar el art.16 CE en dos sentidos: en cuanto al contenido, alcance y límites y al

---

106 Art.10.2 recoge lo siguiente: «*Las normas relativas a los derechos fundamentales y a las libertades que la Constitución reconoce se interpretarán de conformidad con la Declaración Universal de Derechos Humanos y los tratados y acuerdos internacionales sobre las mismas materias ratificados por España*».

régimen de las confesiones religiosas como sujetos colectivos del mismo.

2.3. Otras normas de carácter estatal

Existen también otras normas específicas sobre temas religiosos por ejemplo:

- Real Decreto 594/2015 de 3 de julio, por el que se regula el Registro de Entidades Religiosas107.
- Real Decreto 372/2021 de 5 de mayo por el que se modifica el Real Decreto 932/2013, de 29 de noviembre por el que se regula la Comisión Asesora de Libertad Religiosa.

2.4. Normas de Derecho Comunitario

El derecho de la Unión Europea es de aplicación directa en cada Estado miembro y prevalece sobre el derecho interno. No tiene ninguna norma específica sobre la regulación del factor religioso, sino que se remite a los Derechos internos de cada Estado, por eso pese a que la libertad y la igualdad religiosa como veremos han estado presentes en diferentes Tratados de la Unión y cada vez existen más disposiciones que afectan al factor religioso no puede hablarse de que exista un Derecho eclesiástico en el a UE.

Así el Tratado de la Unión, aprobado en Lisboa afirma que «*la Unión respetará y no prejuzgará el estatuto reconocido, en virtud del Derecho nacional, a las iglesias y a las asociaciones o comunidades religiosas en los Estados miembros*».

Otro ejemplo sería también el reglamento núm. 2201 de 27 de noviembre de 2003 sobre el reconocimiento y ejecución de resoluciones judiciales en materia matrimonial[108].

107 Que deroga el anterior de 1981.

108 Conocido como «Reglamento Bruselas II bis», es un instrumento jurídico único cuyo objetivo es ayudar a las parejas internacionales a resolver litigios por motivos de divorcio y de custodia de los hijos en los que haya más de un país implicado.

Finalmente, en la actualidad es importante el destacar el papel del Tribunal Europeo de Derechos Humanos, goza de una amplia jurisprudencia que tienen por objeto el derecho de la libertad religiosa.

III. Fuentes bilaterales

Se trata de una fuente propia y tradicional del Derecho eclesiástico, un ejemplo de ello pueden ser los Convenios firmados entre la Iglesia y el Estado en 1941 y 1946 sobre el nombramiento de Obispos y otros cargos eclesiásticos; en 1947 sobre el restablecimiento del Tribunal de la Rota, o el ya mencionado con anterioridad Concordato de 1953.

Los acuerdos con la Iglesia son acuerdos de Derecho público externo, lo que implica que son acuerdos internacionales. Mientras que los acuerdos con las confesiones minoritarias son más modernos y pertenecen al Derecho Público interno, a los que se dota de carácter imperativo mediante su aprobación en el Parlamento.

Aunque luego haremos especial mención a los Acuerdos firmados con la Iglesia católica, en esta clasificación también habría que incluir los convenios internacionales a los que el Estado español se ha adherido y en virtud del artículo 10 de la CE sirven para interpretar los derechos fundamentales reconocidos en la Constitución, entre los que se encuentra la libertad religiosa. En estos Convenios existe algún artículo relativo a la libertad religiosa. Entre ellos señalamos los siguientes:

- Declaración Universal de los Derechos Humanos de 1948, art. 2; 18; 19; 20 y 26.3.
- Convenio Europeo para la Protección de los Derechos Fundamentales y Libertades Fundamentales de 1950, art. 9 y el Protocolo adicional de 1952 art. 2.
- Convenio relativo a la lucha contra la discriminación en el ámbito de la enseñanza de 1960 aprobada por la UNESCO, art. 2 y 5.
- Pacto Internacional de Derechos Civiles y Políticos adoptado por la Asamblea General de Naciones Unidas en 1966. Art. 18.

También y aunque carezcan de fuerza vinculante de un Convenio deben tenerse en cuenta:

- Acta Final de la Conferencia sobre la seguridad y cooperación europea de 1975.
- La Declaración de la Asamblea General de Naciones Unidas sobre la eliminación de todas las formas de intolerancia y discriminación fundadas en la religión y en las convicciones del año 1981 su art.18.
- Carta de los Derechos Fundamentales de la Unión Europea de 2000, art. 10.

3.1. Acuerdos con la Santa Sede. Su naturaleza jurídica

El Concordato de 1953 había entrado en crisis principalmente tras el Concilio Vaticano II. Con la transición política y el establecimiento tanto de la monarquía como de la democracia, urgía la reforma de Concordato franquista y dotar de nuevos instrumentos jurídicos que respondieran de manera adecuada a la nueva situación. Es importante tener en cuenta que la revisión y los intentos de elaborar un nuevo instrumento jurídico son anteriores a 1975 año en el que se proclama la monarquía, un ejemplo lo podemos encontrar en el año 1968 que se realizó la primera consulta a expertos y se elaboró un borrador de un nuevo concordato[109].

El primer gobierno de la Monarquía, intentó romper el bloqueo al que estaban sometidas las relaciones Iglesia- Estado en España[110].

Con la renuncia del Rey D. Juan Carlos del privilegio de presentación el 16 de julio de 1976, la firma del primer

109 Otro ejemplo se puede observar en las conclusiones de la Asamblea Nacional de la 37 a la 41 entre las que se pedía entre otras cosas que el concordato fuera abolido En *Asamblea conjunta obispos-sacerdotes. Historia de la Asamblea. Discursos. Texto íntegro de todas las ponencias. Proposiciones. Conclusiones. Ápendices,* BAC, Madrid 1971.

110 M. Blanco *La Libertad Religiosa en el Derecho Español. Gestión de Antonio Garrigues en la Revisión del Concordato de 1953 (1967-1970),* Navarra, 2006.

acuerdo básico no se hizo esperar, así se firma en Roma el 28 de julio de 1976 el Acuerdo Básico que inicia un nuevo sistema de relaciones Iglesia-Estado tanto en la forma como en el fondo. Se configuró como una especie de acuerdo pórtico que abrirá camino a los acuerdos que vendrán más adelante, ya que en su propio preámbulo lo anunciaba que se firmarían una serie de Acuerdos en materias específicas que serán los Acuerdo de 3 de enero de 1979.

En cuanto a la naturaleza de estos acuerdos, la Iglesia católica a través de la Santa Sede, goza de personalidad internacional. Utilizando dicha personalidad ha firmado acuerdos que tienen naturaleza de carácter internacional. Por lo tanto, es obvio que estos acuerdos son tratados internacionales y como tales fueron tramitados en las Cortes Generales. Forman parte del ordenamiento interno ya que lo recoge de una manera clara y sin ningún tipo de dudas el art. 96.1 CE[111]. Un aspecto importante que establece el mencionado artículo, es que al tratarse de un acuerdo internacional, cualquier modificación, derogación o suspensión, únicamente puede llevarse a cabo en la forma prevista en los tratados, quedando prohibida cualquier decisión unilateral por parte de los órganos con capacidad legislativa del Estado[112].

El propio Tribunal Constitucional ha manifestado en varias ocasiones que los Acuerdos entre el Estado español y la Santa Sede gozan de rango internacional, formando parte de nuestro ordenamiento interno[113]. Esto significa que su cum-

111 Art.96.1 *«Los tratados internacionales válidamente celebrados, una vez publicados oficialmente en España, formarán parte del ordenamiento interno...»*.

112 Art.96.1*»...Sus disposiciones sólo podrán ser derogadas, modificadas o suspendidas en la forma prevista en los propios tratados o de acuerdo con las normas generales del Derecho internacional»*.

113 Un ejemplo lo encontramos en la sentencia 207/2013 de 5 de diciembre que a su vez cita otras donde refiere al carácter internacional de los mismo» *Gobierno de España y la Santa Sede. Este acuerdo tiene rango de tratado internacional (STC 66/1982, de 12 de noviembre, FJ 5), siendo «una norma con rango de Ley» (STC 47/1990, de 20 de marzo, FJ 7; y ATC 48/1989, de 2 de octubre, FJ 2) que, en virtud de lo dispuesto en el art. 96 CE, «forma parte de nuestro ordenamiento jurídico interno» (STC 187/1991, de 3 de octubre, FJ 1; y ATC 48/1989, de 2 de octubre, FJ 2).*

plimiento se puede exigir en ambos ordenamientos (nacional e internacional) y como consecuencia de ello coloca a los Acuerdos firmados con la Iglesia católica en una situación de superioridad con respecto a los Acuerdos firmados con las confesiones minoritarias.

3.1.1. Acuerdo Básico de 28 de julio de 1976

El Acuerdo, más allá de su contenido es importante por dos motivos, el primer lugar, que inicia el proceso de reforma y sustitución del Concordato de 1953. En segundo lugar, va a establecer los principios en los que debe basarse la relaciones Iglesia-Estado.

En el acuerdo se hace referencia a los cambios efectuados en la sociedad española, a los principios doctrinales que se establecieron en el Concilio Vaticano II en relación con el reconocimiento de la libertad religiosa como un derecho reconocido de la persona humana.

A la vista de ello, la Iglesia y el Estado consideran necesario regular mediante acuerdos específicos en materias de interés común. Entre esas materias cobran especial importancia dos, en la que ambas partes renuncian a sus privilegios más tradicionales

Por un lado, el nombramiento de Obispos y Arzobispos es exclusiva competencia de la Santa Sede. Lo que significa que el Estado pierde el derecho de presentación. La Santa Sede antes de proceder al nombramiento de Obispos, Arzobispos o Coadjutores, debe notificar el nombre de la persona designada por si el Gobierno tuviera objeciones concretas, teniendo en cuenta que la valoración de estas objeciones corresponderá a la Santa Sede. Si pasan 15 días desde que se comunicó el nombramiento y el Gobierno no presenta objeciones se entiende que no las tiene. Un aspecto importante es que estas diligencias deben llevarse en secreto por ambas partes.

Por otro lado, la Iglesia católica pierde el Privilegio del Fuero, lo que implica que los clérigos, en causas civiles y criminales, se equiparan al resto de los ciudadanos españoles. En el caso de que un clérigo o religioso sea demandado criminalmente[114], la competente autoridad civil se lo comunicará a su respectivo Ordinario, salvo que sea un Obispo que será a la Santa Sede. Un aspecto importante, es que se mantiene el denominado secreto de confesión, lo que implica que los clérigos y religiosos no pueden ser requeridos por los jueces u otras autoridades para dar información sobre personas o materias de que hayan tenido conocimiento por razón de su ministerio[115].

3.1.2. Acuerdo sobre Asuntos Jurídicos de 3 de enero de 1979

Lo primero que hay que indicar que es que el nombre del acuerdo es muy impreciso, ya que tanto el anterior acuerdo, como los que veremos con posterioridad versan sobre asuntos jurídicos, ya que, tratan de establecer una coordinación de derechos y deberes en diferentes materias. Este acuerdo recoge fundamentalmente la garantía jurídica y libertad de la Iglesia. El contenido se puede sistematizar de la forma siguiente:

A.- El Estado reconoce y garantiza la libertad de la Iglesia para desarrollar su actividad propia, es decir, se reconoce el derecho que tiene a ejercer su misión apostólica; el derecho al libre y público ejercicio de sus actividades propias, en especial las de culto, jurisdicción y magisterio art.I,1. La capacidad para organizarse libremente; art. I,2; y la facultad de erigir, aprobar o suprimir órdenes, congregaciones u otros institutos de vida consagrada.

B.- La inviolabilidad de los lugares de culto y los archivos eclesiásticos. Siempre con arreglo a las leyes, no podrán ser demolidos sin antes ser privados del carácter

114 El término «demanda criminal» es una muy mala redacción ya que se confunde los términos civiles con los penales.

115 Este hecho esta de plena actualidad jurídica en algunos países como Australia donde alguno de sus estados desde el 1 de noviembre de 2022 elimina el secreto de confesión que se haya producido en el marco del sacramento de la penitencia. Lo cual a nuestro entender supone una violación de la seguridad jurídica fundamental equiparable al secreto profesional entre abogado y cliente.

sagrado. Con respecto a lo segundo, el Estado debe respetar y proteger la inviolabilidad de los archivos, registros y demás documentos pertenecientes a la Conferencia Episcopal, parroquias, etc. Art, I,5,6.

C.- El reconocimiento por parte del Estado como días festivos los domingos. La autoridad eclesiástica y civil determinarán los otros días de fiesta art III.

D.- El Estado reconoce y garantiza el ejercicio del derecho a la asistencia religiosa en los centros penitenciarios, hospitalarios, sanatorios, orfanatos o similares (art. IV,1). Hay que tener en cuenta que siempre se debe respetar el derecho a la libertad religiosa (art. IV,2).

E.- Reconocimiento de los efectos civiles del matrimonio canónico y a las resoluciones canónicas sobre el matrimonio, siempre que se ajusten al ordenamiento español art. VI[116]. Esta declaración en base en el art. 80 del Código civil será dictada por el juez civil competente.

3.1.3. Acuerdo sobre Asuntos Económicos de 3 de enero de 1979

Con independencia de que puedan existir diversas razones para justificar la financiación de las entidades religiosas por parte del Estado, desde el punto de vista jurídico, es el mismo en todos casos, se basa en un concepto positivo de laicidad, manifestado en el principio de cooperación. Hoy en España, la cooperación económica estatal respecto de las confesiones religiosas tiene lugar a través de dos vías, la llamada financiación directa por una parte, del que sólo la Iglesia Católica disfruta, a través de un método de asignación tributaria, se complementaba hasta el año 2006 con el sistema de dotación presupuestaria[117]. Por otra parte, un sistema de financiación indirecta o de beneficios fiscales, aplicados tanto a la Iglesia Católica como al resto de confesiones.

116 Para saber más STS 644/2002 de 27 de junio, sobre homologación por la que se deniega eficacia civil a una sentencia canónica por encontrase en rebeldía la esposa. Comentario de R. RODRIGUEZ CHACÓN en XXIII Jornadas de la Asociación Española de Canonistas, Salamanca, 2004 pp.273-275.

117 M. CEBRÍA GARCÍA, , *La autofinanciación de la Iglesia Católica en España. Límites y posibilidades,* Plaza Universitaria Ediciones, Salamanca, 1998, p. 99.

De este acuerdo podemos destacar tres puntos:

A.- Libertad de la Iglesia para recibir aportaciones económicas y realizar colectas públicas art. I.

B.-Financiación de la Iglesia por parte del Estado, Por lo que se refiere al artículo II del Acuerdo, si atendemos a la realidad actual, la mayor parte de este artículo es historia: - Se ha superado la aplicación del sistema de dotación presupuestaria, que ya en la redacción de los Acuerdos se era consciente de que no era el más acorde con el Estado laico en el que España se convertía, y se ha pasado a la fase de aplicación exclusiva del sistema de asignación tributaria[118], con los ajustes que de por medio ha habido que llevar a cabo[119].

C.- Régimen fiscal privilegiado, bien mediante la exención o la no sujeción.

3.1.4. Acuerdo sobre Enseñanza y Asuntos Culturales

El Gobierno Español y la Santa Sede, prosiguiendo la revisión de los textos concordatarios en el espíritu del Acuerdo de 28 de julio de 1976, conceden importancia fundamental a los temas relacionados con la enseñanza, este acuerdo fue el que obtuvo menos respaldo parlamentario de todos los firmados en 1979. Presenta numerosas dificultades en orden a su aplicación.

La existencia de este acuerdo se fundamenta en aplicación de lo recogido en el art.27.3 de la Constitución, que se basa en lo recogido en los pactos internacionales ratificados por España, esto es libertad de enseñanza y de creación de

118 Ver al respecto J. Otaduy – D. Zalbidea, El sostenimiento económico de la Iglesia católica en España. Nuevo modelo. EUNSA, Pamplona, 2008, p. 244; A.C., Álvarez Cortina – M. Rodríguez Blanco (Coords.), Aspectos del régimen económico y patrimonial de las confesiones religiosas, Comares, Granada 2008, p. 280.

119 Como por ejemplo en el año 2006 año en el que se incrementa la asignación tributaria al 0,7 por 100.

centros, ayudas económicas, derechos de los padres a elegir el tipo de educación de sus hijos, entre otros.

Un punto controvertido del acuerdo se encuentra en el art. II: «*los planes educativos en los niveles de educación preescolar, de educación general básica (EGB) y de bachillerato unificado polivalente (BUP) y grados de formación profesional correspondientes a los alumnos de las mismas edades incluirán la enseñanza de la religión católica en todos los centros de educación, en condiciones equiparables a las demás disciplinas fundamentales*» . Este punto quizás sería necesario modificarlo puesto que los planes educativos ya no son los que se mencionan. Tal vez lo conveniente sería que no se hablara de Planes de Estudio, pues esto cambia con el paso de los diferentes gobiernos, sino que de forma genérica garantizara la enseñanza de la religión para todos los cursos de la enseñanza obligatoria, o en todos los cursos de la enseñanza necesaria para el acceso a la Universidad, que incluiría el bachillerato y la formación profesional.

Con respecto a este punto es importante resalta tal y como ha declarado el Tribunal Constitucional que la inserción de la asignatura de religión católica en nuestro sistema educativo solo puede ser en régimen de seguimiento libre[120], esto en palabras del Tribunal Constitucional «*hace posible tanto el ejercicio del derecho de los padres de los menores a que* éstos *reciban la enseñanza religiosa y moral acorde con las convicciones de sus padres (art. 27.3 CE), como la efectividad del derecho de las Iglesias y confesiones a la divulgación y expresión públicas de su credo religioso, contenido nuclear de la libertad religiosa en su dimensión comunitaria o colectiva (art. 16.1 CE)*»[121].

Otro punto que ha sido de profunda discusión es el relativo al art. III que establece «*En los niveles educativos a los que se refiere el artículo anterior, la enseñanza religiosa será impartida por las personas que, para cada año escolar, sean designadas por la autoridad académica entre aquellas que el Ordinario diocesano proponga para ejercer esta enseñanza.*

120 La doctrina constitucional que arranca en la STC 5/1981, de 13 de febrero, la neutralidad religiosa de los puestos docentes en los centros públicos tiene la excepción de las enseñanzas religiosas de «seguimiento libre».

121 STC 38/2007 de 15 de febrero.

Con antelación suficiente, el Ordinario diocesano comunicará los nombres de los Profesores y personas que sean consideradas competentes para dicha enseñanza». Al ser de contenido confesional la asignatura, lo más idóneo parece que a los profesores de religión los determine la jerarquía eclesiástica, tal y como establece dicho precepto más, si cabe cuando en un Estado laico no puede entrar a valorar las cuestiones religiosas relativas a la fe.

Al hablar del Acuerdo sobre Enseñanza tampoco nos podemos olvidar de su art. IV[122], que si bien afecta a menos alumnos pues se refiere a la enseñanza universitaria. Ante esta cuestión también han tenido los tribunales la oportunidad de referirse estableciendo que la inclusión en los Planes de Estudios Públicos de la asignatura «doctrina católica y su pedagogía» no vulnera la autonomía universitaria «*porque dicha obligación deriva de un Tratado internacional, cual es el AE, celebrado por el Estado en el ejercicio legítimo de las competencias que la Constitución le atribuye en el art. 149.1.30*»[123].

Por último, el art. XV hace referencia al patrimonio histórico, artístico y documental de la Iglesia sigue siendo parte importantísima del acervo cultural de la nación; por lo que la puesta de tal patrimonio al servicio y goce de la sociedad entera, su conservación y su incremento justifican la colaboración de Iglesia y Estado.

3.1.5. Acuerdo sobre Asistencia Religiosa a las Fuerzas Armadas y Servicio Militar de Clérigos y Religiosos de 3 de enero de 1979

Lo primero que hay que mencionar es que parte del contenido de este acuerdo carece de aplicación al haber desaparecido la obligatoriedad del servicio militar[124]. Mediante este

122 «art. IV *La enseñanza de la doctrina católica y su pedagogía en las Escuelas Universitarias de Formación del Profesorado, en condiciones equiparables a las demás disciplinas fundamentales, tendrá carácter voluntario para los alumnos»*

123 STC 187/1991, STC 155/1997, de 29 de septiembre.

124 Mediante el RD 247/2001 de 9 de marzo mediante el cual quedaba suspendida a prestación del servicio militar, regulada en la Ley Orgánica 13/1991, de 20 de diciembre, del Servicio Mili-

acuerdo se garantiza la asistencia religiosa a los miembros de las Fuerzas Armadas con la creación del Servicio de Asistencia Religiosa, que se seguirá ejerciendo por el Arzobispado Castrense, que queda configurado como una Diócesis personal.

Desde la entrada en vigor de este Acuerdo el Vicario General Castrense ya no es un Obispo, más o menos singular con un cierto mando militar. Su plena equiparación a los otros Obispos diocesanos le devuelve al rango pastoral. La única diferencia es que su diócesis no se encuentra encuadrada en los límites concretos de un territorio, sino que está integrada por una determinada clase de personas, sus diocesanos son militares.

Es importante mencionar la STC 24/1982 que en su FJ4 manifiesta que: «*El hecho de que el Estado preste asistencia religiosa católica a los individuos de las Fuerzas Armadas no sólo no determina lesión constitucional, sino que ofrece, por el contrario, la posibilidad de hacer efectivo el derecho al culto de los individuos y comunidades. No padece el derecho a la libertad religiosa o de culto, toda vez que los ciudadanos miembros de las susodichas Fuerzas, son libres para aceptar o rechazar la prestación que se les ofrece; y hay que entender que asimismo tampoco se lesiona el derecho a la igualdad, pues por el mero hecho de la prestación en favor de los católicos no queda excluida la asistencia religiosa a los miembros de otras confesiones, en la medida y proporción adecuadas, que* éstos *pueden reclamar fundadamente, de suerte que sólo el Estado que desoyera los requerimientos en tal sentido hechos, incidiría en la eventual violación analizada*». Por lo que en ningún caso la prestación de este servicio vulnera los principios de igualdad, ni libertad religiosa que recoge la Constitución.

3.2. Acuerdos de cooperación con las confesiones minoritarias. Naturaleza jurídica

La Constitución de 1978 ofrece la posibilidad de que el Estado llegue a acuerdos con otras confesiones distintas de la católica, por lo que se extiende el régimen pacticio, perdiendo la Iglesia católica el monopolio que tenía hasta este momento.

tar.

Los Acuerdos constituyen una de las formas de hacer efectivo el mandato constitucional de cooperación del Estado con las confesiones religiosas[125]. Su objetivo último es el de promover las condiciones y remover los obstáculos que impiden el ejercicio efectivo del derecho de libertad religiosa. Los Acuerdos están al servicio del pleno ejercicio del derecho del individuo y de los grupos. La existencia de estos Acuerdos se establece en el artículo 7 de la Ley Orgánica 7/1980, de 5 de julio, de Libertad Religiosa (LOLR)[126].

Con respecto a la naturaleza jurídica, no pueden ser considerados como tratados internacionales, ya que estas confesiones carecen de personalidad jurídica, en el ámbito del derecho internacional por lo que su naturaleza jurídica es de una ley especial ordinaria (firmados al amparo de la LOLR) y se tramitan como tal en el Parlamento. Se negocian entre el Gobierno y los representantes nacionales de las respectivas confesiones religiosas. El contenido puede verse afectado por iniciativas legislativas posteriores sin que el Gobierno tenga más obligación que la de dar cuenta de ello a la confesión respectiva.

En el caso de las confesiones con Acuerdo de cooperación firmado, el Notorio Arraigo se concedió a la confesión genéricamente (al protestantismo, al judaísmo y al Islam) así que, dada la diversidad que caracteriza estas religiones, se decidió que sería más conveniente que se articularan en Federaciones. Estas funcionan como estructuras representativas del conjunto de Iglesias o comunidades que las componen, facilitando su interlocución con el Estado. Las Federaciones firmantes son:

- La Federación de Entidades Religiosas Evangélicas de España (FEREDE); por Ley 24/1992.
- La Federación de Comunidades Judías de España (FCJE); por Ley 25/1992.
- La Comisión Islámica de España (CIE); por Ley 26/1992.

125 STC 109/88 de 8 de junio y STC 265/88 de 22 de diciembre.

126 Art.7 LOLR establece que: *«El Estado, teniendo en cuenta las creencias religiosas existentes en la sociedad española, establecerá, en su caso, acuerdos o convenios de cooperación con las Iglesias, Confesiones y Comunidades religiosas inscritas en el Registro que por su ámbito y número de creyentes hayan alcanzado notorio arraigo en España. En todo caso, estos acuerdos se aprobarán por Ley de las Cortes Generales»*.

El hecho de que los sujetos firmantes de los Acuerdos sean las Federaciones significa que el contenido de los mismos sólo puede ser aplicado a aquellas entidades religiosas que forman parte de las respectivas Federaciones.

Con respecto al contenido de las Leyes y los Acuerdos comienzan con una exposición de motivos que son substancialmente iguales. En ellas se aducen los siguientes puntos:

> 1.º- La Constitución garantiza la libertad e igualdad religiosa, tanto de manera individual como colectiva. Al tratarse de un derecho fundamental el ejercicio no requiere ningún tipo de autorización previa.
>
> 2.º- El Estado está obligado a mantener relaciones de cooperación con las diferentes Confesiones o Comunidades religiosas.

El acuerdo con la Federación de Entidades Religiosas Evangélicas de España (FEREDE) consta de 12 artículos, dos Disposiciones adicionales y una Final. El acuerdo con Federación de Comunidades Judías de España (FCJE) consta de 14 artículos, dos Disposiciones adicionales y una Final. Por último, el acuerdo con Comisión Islámica de España (CIE) está integrado por 14 artículos, tres Disposiciones Adicionales y una Final.

El contenido general de estos acuerdos es similar, mantienen la misma estructura y prácticamente la misma regulación:

I.- Identificación: es decir los destinatarios del Acuerdo, las Iglesias y comunidades que forman parte de la respectiva Federación (art.1). Estas Federaciones gozan de personalidad jurídica y civil independiente de las Iglesias y comunidades que la integran.

II.- Lugares de culto (art.2). La calificación legal de lugar de culto conlleva extenderles un régimen de protección específica similar al que disfrutan los lugares de la Iglesia Católica.

III.- Los ministros de culto, su estatuto jurídico y funciones (artículos 3; 4; 5 y 6) los Acuerdos combinan, en la determinación con efectos civiles de su concepto, la exigencia de unas condiciones objetivas —carácter estable, dedicación a unas ciertas funciones, etc.—, con la salvaguarda de la autonomía de las confesiones y comunidades en su designación reflejada en la facultad que se otorga a las comunidades Federaciones de certificar su condición. En cuanto al contenido de la regulación, los Acuerdos reiteran, en el caso específico de los ministros de culto evangélicos, los rabinos judíos, o los imanes musulmanes, lo dispuesto en nuestra legislación general para la salvaguarda del secreto de confesional.

IV.- Los efectos civiles del matrimonio (art. 7), la regulación del reconocimiento de los efectos civiles a los matrimonios celebrados a tenor de las normas y ritos de las Confesiones, deben observarse los siguientes requisitos: 1) que la confesión este inscrita en el RER; 2) que hayan suscrito acuerdos con el Estado; c) debe quedar a salvo la reserva de ley en materia de capacidad, separación, disolución y efectos del matrimonio a tenor del art. 32 Constitución.

V.- Participación en actividades religiosas y asistencia religiosa a los miembros de las Fuerzas Armadas (art.8) otorga libertad de acceso al ministro de culto y libertad de salida a los militares evangélicos, judíos o musulmanes.

VI.- Asistencia religiosa a los internados en centros o establecimientos penitenciarios, hospitalarios, asistenciales o análogos (art. 9). Los poderes públicos deberán adoptar las medidas legales para facilitar la asistencia religiosa en este tipo de establecimientos. Aquí si existe una diferencia de trato, ya que la CIE según el párrafo 3.º establece que remitiendo a un futuro acuerdo con la dirección de los establecimientos públicos los gastos —materiales y personales— que origine la prestación de la asistencia religiosa será de la forma que pacten. Posibilidad que no se extiende a la asistencia religiosa que lleven a cabo las iglesias o comunidades pertenecientes a las demás Federaciones.

VII.- Enseñanza religiosa (art. 10). Se reconoces el derecho de las personas a recibir esta enseñanza y el de las Confesiones a impartirla, tanto en sus propias instituciones, como en las instituciones públicas. El derecho a crear centros docentes, universitarios y no universitarios, así como centros de formación de ministros de culto; el derecho a impartir enseñanza religiosa en centros públicos o concertados en los que existan solicitudes de ella, y reservando a las Federaciones las propuestas de libros de texto, programas y profesores que habrán de impartirla; y el derecho a organizar cursos de enseñanza religiosa en las universidades públicas, previo permiso de las autoridades académicas.

VIII.- Régimen financiero y fiscal (art. 11). No están sujetas a tributación las donaciones, colectas, publicaciones gratuitas y la enseñanza de las respectivas doctrinas para la formación de los Ministros de culto. Están exentas de impuestos sobre Bienes Inmuebles y contribuciones especiales, las Iglesias, Sinagogas, Mezquitas y determinados edificios anejos, complementarios en la función cultural o de enseñanza.

IX.- El descanso semanal y los días festivos (art. 12). garantiza el derecho de los fieles a conmemorar los días consagrados tanto en el ámbito laboral como en los centros públicos y privados concertados de enseñanza, y en las oposiciones o pruebas selectivas convocadas por las Administraciones públicas. En el primer caso, la observancia del descanso semanal en el ámbito de las relaciones laborales, se hace depender del acuerdo entre las partes.

X.- Patrimonio histórico (art. 13 de las leyes 25 y 26).

XI.- Productos alimentarios (art. 14 de las leyes 25 y 26), facilitan, mediante la autorización del sacrificio ritual y de marcas especiales, *kosher* en el caso judío, o *halal* en el islámico, que garantizan la elaboración de acuerdo con la ley y la tradición religiosa, el derecho de judíos y musulmanes a la alimentación conforme a las prescripciones religiosas. En el Acuerdo con la CIE se dice, además, que la alimentación de los internos en los centros públicos se procurará adecuar a los preceptos religiosos islámicos, así como el horario de comidas durante el mes de Ramadán.

3.3. Normas de Derecho confesional

Para cerrar el sistema de fuentes del Derecho Eclesiástico en España, resulta necesario hacer mención a si las normas internas de las confesiones religiosas tienen algún valor o repercusión en nuestro ordenamiento jurídico. Este valor viene determinado por la actitud del Estado frente al hecho religioso, es decir, si se tratase de un Estado confesional la repercusión será extensa. En Estados laicos como España la repercusión será leve, es decir, en Estado como el nuestro la eficacia de este tipo de normas es muy escasa. Por ellos el Derecho que pueden tener algunas confesiones religiosas, como es el caso del Derecho canónico (propio de la Iglesia católica, de la Sharía (propia del Islam), o de la Halajá (propia de la judía), solo es aplicable en su propio ámbito religioso.

En ocasiones la vida social implica que el Estado en ciertas ocasiones tenga en cuenta al Derecho confesional. Siguiendo a García Gárate, no parece muy correcto incluir entre las fuentes las normas procedentes de los distintos ordenamientos confesionales, porque estos ordenamientos no son considerados por el derecho español como fuente normativa directa, por lo que resulta imprescindible su estatalización, para que así puedan cumplir una doble función: interpretativa y normativa[127]. Tres suelen ser las formas en las que se puede llevar a cabo esta estatalización: el reenvío, en donde el ordenamiento estatal da eficacia jurídica a un acto conforme a las normal de otro ordenamiento[128]. Remisión material, en el que el ordenamiento da eficacia a una norma confesional dentro del propio ordenamiento estatal[129]. Por último, la técnica del presupuesto, consistente en que las normas estatales contienen conceptos cuya precisión solo puede fijarse recurriendo a las normas confesionales[130].

127 En García Gárate, A. en *Derecho y Religión.* ob. cit. p. 121.

128 Un ejemplo de esto es el reconocimiento civil del matrimonio canónico.

129 Esto en la práctica es muy difícil que se produzca ya que resulta contrario a la laicidad.

130 Un ejemplo sería en el campo alimenticio el concepto de halal, kosher, o en el ámbito católico coadjutor, etc.

CAPÍTULO IV

EL DERECHO FUNDAMENTAL DE LIBERTAD RELIGIOSA

I. Su reconocimiento en las distintas declaraciones de derechos humanos

Casi todos los instrumentos internacionales que se refieren al derecho de libertad religiosa suelen mencionarlo junto con la libertad de pensamiento y de conciencia.

El primer texto internacional que recoge la libertad religiosa es la Declaración americana de los derechos y deberes del hombre que fue aprobada el 2 de mayo de 1948 en Bogotá que en su artículo 3 recoge lo siguiente: «*Toda persona tiene el derecho de profesar libremente una creencia religiosa y de manifestarla y practicarla en público y en privado*». Esta declaración, a pesar de que no es Universal, tiene la gran importancia de haber sido el primer texto de este tipo adoptado en el Mundo. Es pues, un documento de un valor histórico eminente, que se sitúa en el inicio del proceso hacia el reconocimiento y protección internacional de los derechos humanos. En el caso de la libertad religiosa además de reconocerla, la dota de un contenido garantizando la práctica de la libertad religiosa tanto en público como en privado.

La posterior Declaración Universal de los Derechos Humanos, es un documento que marca un hito en la historia de los derechos humanos. Elaborada por representantes de todas las regiones del mundo con diferentes antecedentes jurídicos y culturales, la Declaración fue proclamada por la Asamblea General de las Naciones Unidas en París, el 10 de diciembre de 1948, es más explícita en su contenido en relación con la libertad religiosa que la de Bogotá. En su art. 2 establece el principio de no discriminación por causas religiosas cuando establece que: «*Toda persona tiene todos los derechos y libertades proclamados en esta Declaración, sin distinción alguna de raza, color, sexo, idioma, religión, opinión política o de cualquier otra* índole...». Ahora bien, el precepto más importante en relación con la libertad es el art. 18 que hace una referencia concreta a la libertad religiosa: «*Toda persona tiene derecho a la libertad de pensamiento, de conciencia y de religión; este derecho incluye la libertad de cambiar de religión o de creencia, así como la libertad de manifestar su religión o su creencia, individual y colectivamente, tanto en público como en privado, por la enseñanza, la práctica, el culto y la observancia*». Como se puede observar se reconoce junto con la libertad de pensamiento y de conciencia el de libertad de religión. Incluye el propio artículo que dentro de este derecho esta la libertad de cambiar de religión, creencia, así como el poder manifestarlas tanto en público como en privado, incluyendo la enseñanza y la observancia. Se observa por tanto que la noción de la libertad religiosa no es individualista, pues hay que resaltar la dimensión colectiva que se da a su ejercicio.

El tercer convenio es el Pacto Internacional de Derechos Civiles y Políticos de la ONU de 19 de diciembre de 1966[131] en donde en su art. 18 estable que: 1 «*Toda persona tiene derecho a la libertad de pensamiento, de conciencia y de religión; este derecho incluye la libertad de tener o adoptar la religión o las creencias de su elección, así como la libertad de manifestar su religión o sus creencias, individual o colectivamente, tanto en público como en privado, mediante el culto, la celebración de los ritos, las prácticas y la enseñanza. 2Nadie será objeto de medidas coercitivas que puedan menoscabar su libertad de tener o de adoptar la religión o las creencias de su elección. 3 La libertad de manifestar la propia religión o las propias creencias estará sujeta únicamente a las limitaciones prescritas por la ley que sean necesarias para proteger la seguridad, el orden, la salud o la moral públicos, o los derechos y libertades fundamentales de los demás. 3Los Estados Partes en el presente Pacto se comprometen a respetar la libertad de los padres y, en su caso, de los tutores legales, para garantizar*

131 Publicado en el BOE el 30 de abril de 1977.

que los hijos reciban la educación religiosa y moral que esté de acuerdo con sus propias convicciones». Este pacto además de reconocer la libertad religiosa aporta dos novedades con respecto a las anteriores declaraciones, en el apartado 3, establece los límites de este derecho, que serán los prescritos por la Ley que sean necesarios para proteger la seguridad, orden, salud o la moral pública[132]. La segunda novedad que conoce es el punto 4 cuando reconoce el derecho de los padres y tutores que sus hijos o tutelados reciban la educación moral y religiosa según sus propias convicciones.

No hay que olvidar en este reconocimiento de la libertad religiosa la importancia de la Declaración *Dignitatis humanae* del Concilio Vaticano II en el año 1967, algunos autores han señalado que con este documento la libertad religiosa parece haber pasado a ser algo definitivamente pacífico, al menos en el mundo occidental[133]. La libertad religiosa, como la define el Concilio Vaticano II, parte del deber que tienen los hombres de buscar la verdad en materia religiosa. Según declara este Concilio, una vez que consideran que han encontrado la verdad, tienen el derecho de adherirse a ella sin coacción del Estado. Ciertamente los Estados han de ser neutrales en las cuestiones religiosas, pues sería una intromisión ilegítima que una autoridad civil tomara decisiones en asuntos religiosos. Del mismo modo los poderes públicos han de respetar la decisión que en esta materia tomen los ciudadanos, y ello a sabiendas de que para estos es un asunto de su propia conciencia. La Declaración *Dignitatis Humanae* lo que expone es que el Estado ha de proteger esta obligación de sus ciudadanos: de ese modo, la libertad religiosa se constituye en un verdadero derecho a la inmunidad de coacción, de tal manera que en materia religiosa ni se obligue a nadie a obrar en contra de su conciencia ni que se le impida que actúe conforme a ella, tal y como recoge el n.2 « *todos los hombres han de estar inmunes de coacción, tanto por parte de individuos como de grupos sociales y de cualquier potestad humana, y esto de tal manera que, en materia religiosa, ni se obligue a nadie a obrar contra su conciencia, ni se le impida*

132 Estos límites después los veremos en la LOLR.

133 Como por ejemplo C. Soler, *La libertad religiosa en la declaración conciliar «Dignitatis humanae»*, en *Ius Canonicum*, 33 (1993), *p. 13-14*.

que actúe conforme a ella en privado y en público, sólo o asociado con otros, dentro de los límites debidos».

El quinto convenio, hace referencia a Europa, es el Convenio para la Protección de los Derecho y Libertades Fundamentales o Convenio Europeo de Derecho Humanos firmado en Roma el 4 de noviembre de 1950[134]. Este convenio tiene como principal objetivo de dotar de eficacia a la Declaración Universal de Derechos Humanos en el ámbito europeo. En su art. 9 consagra la libertad de pensamiento, de conciencia y de religión[135] cuando establece que: «*1. Toda persona tiene derecho a la libertad de pensamiento, de conciencia y de religión; este derecho implica la libertad de cambiar de religión o de convicciones, así como la libertad de manifestar su religión o sus convicciones individual o colectivamente, en público o en privado, por medio del culto, la enseñanza, las prácticas y la observancia de los ritos. 2. La libertad de manifestar su religión o sus convicciones no puede ser objeto de más restricciones que las que, previstas por la ley, constituyen medidas necesarias, en una sociedad democrática, para la seguridad pública, la protección del orden, de la salud o de la moral públicas, o la protección de los derechos o las libertades de los demás*». El mayor aporte de este convenio es el procedimiento establecido para la tutela de estos derechos, que serán ante el Tribunal Europeo de Derechos Humanos, quien es competente para conocer asuntos entre los Estados, pero también de demandas individuales de los ciudadanos de los Estados miembros, resolviendo los conflictos aplicando su propio derecho y no el de los Estados miembros que sean parte del conflicto[136].

El sexto convenio hace referencia a la Declaración sobre la eliminación de todas las formas de intolerancia y discriminación fundadas en la religión o las convicciones, aprobada por la Asamblea General de Naciones Unidas el 25 de noviembre

134 También conocido como Convenio de Roma

135 En términos casi idénticos que el art. 18 Declaración Universal de Derechos Humanos

136 Desde el comienzo del proceso de integración europea hasta la aprobación de la Carta de Derechos Fundamentales de la UE el Tribunal de Luxemburgo únicamente tuvo que ocuparse en una ocasión —de manera indirecta— del derecho de libertad religiosa. Se trata del Caso Prais c. Consejo (C-130/75), resuelto por Sentencia de 27 de octubre de 1976.

de 1981, en su art, 1 apartado 3.º se señalan los límites al ejercicio de la libertad religiosa en términos similares al el Pacto Internacional de Derechos Civiles y Políticos estableciendo que: «La libertad de manifestar la propia religión o las propias convicciones estará sujeta únicamente a las limitaciones que prescriba la ley y que sean necesarias para proteger la seguridad, el orden, la salud o la moral públicos o los derechos y libertades fundamentales de los demás» mientras que en su art. 6 hace una descripción de las libertades que comprende este derecho, entre las que se encuentran el practicar el culto, la enseñanza de la religión, observar los días de descanso, etc. Cuando establece que:

> «... el derecho a la libertad de pensamiento, de conciencia, de religión o de convicciones comprenderá, en particular, las libertades siguientes:
>
> a) La de practicar el culto o de celebrar reuniones en relación con la religión o las convicciones, y de fundar y mantener lugares para esos fines; b) La de fundar y mantener instituciones de beneficencia o humanitarias adecuadas; c) La de confeccionar, adquirir y utilizar en cantidad suficiente los artículos y materiales necesarios para los ritos o costumbres de una religión o convicción; d) La de escribir, publicar y difundir publicaciones pertinentes en esas esferas; e) La de enseñar la religión o las convicciones en lugares aptos para esos fines; f) La de solicitar y recibir contribuciones voluntarias financieras y de otro tipo de particulares e instituciones; g) La de capacitar, nombrar, elegir y designar por sucesión los dirigentes que correspondan según las necesidades y normas de cualquier religión o convicción; h) La de observar días de descanso y de celebrar festividades y ceremonias de conformidad con los preceptos de una religión o convicción; i) La de establecer y mantener comunicaciones con individuos y comunidades acerca de cuestiones de religión o convicciones en el ámbito nacional y en el internacional».

Por último, es importante mencionar que en Europa prosperó la idea de adoptar un catálogo propio de derechos y libertades lo que se tradujo en la Carta de Derechos Fundamentales de la Unión Europea aprobada en Niza el 7 de diciembre de 2000, carta que paso a ser jurídicamente vinculante en virtud del Tratado de Lisboa de 13 de diciembre de 2007[137]. Esta carta reconoce entre otros derechos la libertad de pensamiento, de conciencia y de religión así como el derecho de los padres a garantizar la educación y enseñanza de sus hijos conforme a sus convicciones, tal y como establece el art. 10 y 14: «*Toda persona tiene derecho a la libertad de pensamiento, de conciencia y de religión. Este derecho implica la libertad de cambiar de religión o de convicciones, así como la libertad de manifestar su religión o sus convicciones individual o colectivamente, en público o en privado, a través del culto, la enseñanza, las prácticas y la observancia de los ritos*». El art. 14 «*Toda persona tiene derecho a la educación y al acceso a la formación profesional y permanente. Este derecho incluye la facultad de recibir gratuitamente la enseñanza obligatoria. Se respetan, de acuerdo con las leyes nacionales que regulen su ejercicio, la libertad de creación de centros docentes dentro del respeto de los principios democráticos, así como el derecho de los padres a garantizar la educación y la enseñanza de sus hijos conforme a sus convicciones religiosas, filosóficas y pedagógicas*». También recoge la prohibición de discriminación por razones religiosas o en las convicciones según el art. 21: «*Se prohíbe toda discriminación, y en particular la ejercida por razón de sexo, raza, color, orígenes étnicos o sociales, características genéticas, lengua, religión o convicciones, opiniones políticas o de cualquier otro tipo...*».

Desde la entrada en vigor del Tratado de Lisboa ha crecido notablemente el número de casos en los que el Tribunal de Justicia de la Unión Europea debe decidir sobre temas relacionados con los derechos fundamentales[138]. La actividad jurisdiccional en materia de derechos fundamentales no se extiende únicamente a los relacionados con las libertades

137 El Tratado de Lisboa provoca que el Tratado constitutivo de la Comunidad Europea pasa a denominarse Tratado de Funcionamiento de la Unión Europea (TFUE) y el término Comunidad se sustituye por «Unión» en todo el texto. La Carta de los Derechos Fundamentales de la Unión Europea no se ha incorporado directamente al Tratado de Lisboa, pero el artículo 6, apartado 1, del TUE le atribuye carácter jurídicamente vinculante, con lo que le confiere el mismo valor jurídico que los Tratados.

138 G. de Burca, «After the EU Charter of Fundamental Rights: the Court of Justice as a Human Rights adjudicator?», *Maastricht Journal of European and Comparative Law*, Vol. 20/2 (2013): 168-184, especialmente, p. 170.

económicas, sino que está alcanzando derechos clásicos, como la libertad religiosa.

II. Concepto y regulación legal

Tal y como indicamos en el punto anterior la libertad religiosa suele regularse de manera conjunta con otros derechos como la libertad ideológica o de conciencia, por lo que creemos que antes de entrar a explicar la libertad religiosa es importante distinguirlo de estos derechos.

La libertad ideológica o de pensamiento, puede entenderse como el derecho individual a tener unas determinadas ideas, creencias o convicciones, no puede concebirse, en cuanto a su practicidad, sin que comprenda necesariamente el derecho a comunicar a los demás esas ideas, creencias o convicciones, tal y como recoge STC 120/1990 en su FJ10 se reitera que «*ciertamente la libertad ideológica (....) no se agota en una dimensión interna del derecho a adoptar una determinada posición intelectual ante la vida y cuanto le concierne y a representar o enjuiciar la realidad según personales convicciones. Comprende, además, una dimensión externa de "agere licere" con arreglo a las propias ideas sin sufrir por ello sanción o demérito ni padecer la compulsión o la injerencia de los poderes públicos*». En relación al objeto de la libertad ideológica, el Tribunal Constitucional ha adoptado un criterio muy amplio. Así, considera como tal objeto «*las ideas, criterios y sentimientos*»[139], a «*las personales convicciones sobre la realidad*»[140] o, incluso, a «*todas las opiniones que suscita la vida personal y social*»[141].

La libertad de conciencia, aunque será objeto de desarrollo posterior, se entiende como la libertad para actuar de conformidad con el dictamen de la propia conciencia en el ámbito religioso o no religioso.

Por último, la libertad religiosa, es la libertad para profesar una religión y actuar conforme a sus dogmas.

---

139 STC 20/1990 FJ5.

140 STC 129/1990 FJ10.

141 STC 292/1993 FJ5.

Ya entrando en la explicación de la libertad religiosa aparece recogida en el art. 16.1 de la Constitución española, este artículo se sitúa en la Sección titulada *De los Derechos Fundamentales y de las Libertades Públicas,* que corresponde al Capítulo II (Derechos y Libertades) del Título Primero (De los derechos y deberes fundamentales) estableciendo que: «*La libertad ideológica, religiosa y de culto de los individuos y las comunidades*». En el derecho español está configurada por tanto como un derecho fundamental, tanto de titularidad individual como colectiva.

La categoría de derecho fundamental, es una categoría técnica que significa la tipificación de tal derecho como público y subjetivo. Ello significa que cualquier lesión que se produzca de cualquier derecho podrá ser reparado mediante la intervención del órgano jurisdiccional competente, es decir, se trata de un derecho subjetivo que tiene especiales mecanismos de protección que más adelante se estudiarán. En cuanto a que es un derecho subjetivo según el Tribunal Constitucional, tiene una doble dimensión: interna y externa. Con la primera se «*garantiza la existencia de un claustro íntimo de creencias y, por tanto, un espacio de autodeterminación intelectual ante el fenómeno religioso, vinculado a la propia personalidad y dignidad individual*»; Con la segunda dimensión externa, *de agere licere*[142], se «*faculta a los ciudadanos para actuar con arreglo a sus propias convicciones y mantenerlas frente a terceros*» y se complementa con su vertiente negativa que se refuerza o complementa con el mandato del artículo 16. 2 CE, según el cual, «*nadie podrá ser obligado a declarar sobre su ideología, religión o creencias*»[143]. En el ejercicio de su derecho de libertad religiosa, cuentan con un derecho «*a actuar en este campo con plena inmunidad de actuación del Estado*» (STC 24/1982 Fundamento Jurídico 1.°, cuya neutralidad en materia religiosa se convierte de este modo en presupuesto para la convivencia pacífica entre las distintas convicciones religiosas existentes en una sociedad plural y democrática (art. 1.1 CE).

También según el Tribunal Constitucional la libertad religiosa goza de una dimensión objetiva la libertad religiosa

142 STC 177/1996 FJ 9 que a su vez cita las SSTC 19/1985 fundamento jurídico 2.°;120/1990, fundamento jurídico 10 y 137/1990 fundamento jurídico 8.°.

143 STC 177/1996 FJ9.

comporta una doble exigencia en base en el art. 16.3 CE: la primera es la neutralidad de los poderes públicos, que deriva de la no confesionalidad del Estado, o como establece la Constitución: «*ninguna confesión tendrá carácter estatal*» que es como decir que existe separación entre el Estado y las Iglesias o religiones; una segunda consiste en el mantenimiento de relaciones de cooperación de los poderes públicos con las diversas iglesias[144].

En definitiva, según el Tribunal Constitucional, lo que hace la Constitución es reconocer el derecho a la libertad religiosa, no crearlo, lo cual significa, que hay derechos que nacen con la persona humana, que son inherentes a ella y que la Constitución en este caso tienen la obligación de reconocerlos y de garantizarlos. Este reconocimiento y garantía se pone de relieve tanto en la Constitución como en la jurisprudencia del Tribunal Constitucional[145].

Además de la regulación que hace la Constitución, la libertad religiosa cuenta con una legislación propia, la Ley Orgánica 7/1980, de 7 de julio de Libertad Religiosa y su normativa de desarrollo. Se trata de una ley importante desde el punto de vista social y político, ya que, puso fin al enfrentamiento de los españoles durante más de un siglo de la denominada cuestión religiosa como se puede observar en capítulos anteriores. Ha gozado de un indiscutible reconocimiento jurídico en el ámbito nacional e internacional. Su reconocimiento en el ámbito nacional responde a tres motivos, en primer lugar, al amplio consenso en el momento de su aprobación fue aprobada con 294 votos a favor, sin ningún voto en contra y con únicamente 5 abstenciones[146]. En segundo lugar, trata de la primera ley de libertad religiosa puesto que la dictada en 1967 se trataba de una ley de tolerancia. Se concibe como desarrollo del art. 16 de la CE en relación con el art. 14 de la CE. Regula el derecho a la libertad religiosa y establece,

144 STC 34/2011 de 28 de marzo

145 Un ejemplo pueden ser las sentencias del Tribunal Constitucional 46/2001, de 15 de febrero, 101/2004, de 2 de junio, y las que en ellas se citan.

146 Sobre los detalles de la tramitación parlamentaria de la LO 7/1980, de Libertad Religiosa, puede observarse en profundidad en M.J. CIÁURRIZ, *La Libertad Religiosa en el Derecho Español. La Ley Orgánica de Libertad Religiosa,* Madrid, 1984, pp. 31-91.

entre sus disposiciones, las bases para el régimen legal de las confesiones y sus entidades. Esta ley pretende regular la dimensión social de lo religioso exclusivamente considerado, otorga un régimen jurídico de derecho especial a las confesiones religiosas, ya que son la manifestación de la dimensión colectiva de la libertad religiosa, y ante el Estado son sujetos de titulares de este derecho. En tercer lugar, el acierto por parte del legislador de elaborar una ley abierta que ha permitido su adaptación a las distintas épocas sociales de cada momento y que en la práctica se ha traducido en una aplicación pacífica lo largo de estos años, resolviendo de manera eficiente los problemas esenciales de la libertad religiosa en nuestro ordenamiento. En lo que se refiere al reconocimiento internacional, la Ley Orgánica de Libertad Religiosa, ha tenido una influencia directa sobre los modelos de relación entre el Estado y las confesiones religiosas en Latinoamérica[147].

La estructura de esta ley es sencilla, al tratarse de una ley breve. Consta de 8 artículos, dos disposiciones transitorias, una derogatoria y una disposición final.

ESQUEMA DE LA LEY ORGÁNICA DE LIBERTAD RELIGIOSA		
ART.	MATERIA REGULADA	CONTENIDO
1	Principios informadores	Libertad religiosa; igualdad; laicidad
2	Dimensión individual y colectiva	Asistencia religiosa, enseñanza, matrimonio y lugares de culto
3	Límites de la libertad religiosa	Derechos de los demás, seguridad pública, salud pública y moral pública
4	Protección de la libertad religiosa	Protección ordinaria y constitucional

147 W.C. Durham, «La importancia de la experiencia española en las relaciones Iglesia-Estado para los países en transición», en AA.VV., *Estado y Religión en la Constitución española y en la Constitución Europea* (J. Martínez-Torrón), Comares, Granada, 2006, pp. 43-68.

5	Reconocimiento civil de las confesiones	Inscripción en el RER
6	Régimen jurídico de las confesiones	Autonomía para organizarse
7	Acuerdos de cooperación	Requisitos y notorio arraigo
8	Comisión Asesora de libertad religiosa	Tres tercios: confesiones, Administración, especialistas

Para finalizar, es importante dejar claro que la LOLR sigue siendo una norma válida y capaz de dar respuesta a muchos de los retos que demanda el pluralismo religioso emergente en nuestra sociedad.

III. Contenido

Las disposiciones legales que se establecen en la Ley Orgánica de Libertad Religiosa, y su legislación complementaria[148], hacen que el reconocimiento y la cobertura del derecho fundamental a la Libertad Religiosa es claro y suficiente en nuestro ordenamiento jurídico. A tenor de la jurisprudencia del Tribunal Constitucional, la inmunidad de coacción que exige el derecho a la Libertad Religiosa, se entiende que se da, tanto por parte del Estado, como de cualquier otro grupo social y supone no solo la ausencia de violencia, sino también de actos que perturben o impidan la profesión de la fe religiosa, sea individualmente o colectivamente[149].

El contenido se establece en el art.2 LOLR que recoge un buen número de derechos que están contenidos en la libertad religiosa, protegida por nuestro ordenamiento, en el que se distinguen los derechos individuales y de las entidades:

1.º- *Profesión y manifestación,* se recoge en el art. 2.1 apartado a. Consistente en a) Profesar las creencias religiosas

148 La libertad religiosa se regula en la LOLR a su vez desarrollada por el Real Decreto 594/2015, de 3 de julio , por el que se regula el Registro de Entidades Religiosas y el Real Decreto 932/2013, de 29 de noviembre por el que se regula la Comisión Asesora de Libertad Religiosa.

149 STC 19/1985 de 13 de febrero o más reciente la 38/2007, de 15 de febrero.

que libremente elija o no profesar ninguna; b) cambiar de confesión o abandonar la que tenía; c) manifestar libremente sus propias creencias religiosas o la ausencia de las mismas; d) o abstenerse de declarar la religión que se profese.

2.º- *Culto y práctica*, se recoge en el art.2.1 apartado B. Estableciéndose que se puede a) Practicar los actos de culto y recibir asistencia religiosa de su propia confesión; b) conmemorar sus festividades, c) celebrar sus ritos matrimoniales; d) recibir sepultura digna, sin discriminación por motivos religiosos, y no ser obligado a practicar actos de culto o a recibir asistencia religiosa contraria a sus convicciones personales.

3º.- *Educación religiosa,* se recoge en el art.2.1 apartado C. que recoge el derecho a: a) recibir e impartir enseñanza e información religiosa de toda índole, ya sea oralmente, por escrito o por cualquier otro procedimiento; b) elegir para sí, y para los menores no emancipados e incapacitados, bajo su dependencia, dentro y fuera del ámbito escolar, la educación religiosa y moral que esté de acuerdo con sus propias convicciones.

4º.- *Reunión y asociación*, el art. 2.1. apartado C recoge que toda persona puede a) reunirse o manifestarse públicamente con fines religiosos y b) asociarse para desarrollar comunitariamente sus actividades religiosas de conformidad con el ordenamiento jurídico general y lo establecido en la presente Ley Orgánica.

Por su parte, desde el punto de vista de las Entidades Religiosas en base en el art.2.2 se tienen los siguientes derechos:

a) Establecer lugares de culto o de reunión con fines religiosos. En lo que se refiere a los lugares de culto deberemos acudir a otras disposiciones para encontrar un trato específico por tener esta condición[150].

b) A designar y formar a sus ministros. Lo que les singulariza es el *status* personal que adquieren por tal condición.

---

150 Fundamentalmente tienen tres peculiaridades, exención de impuestos (art IV-A-1 Asuntos Económicos; arts. 11-3-A-a, AE A.Isr y A. Isl.); garantías para proteger su demolición y expropiación (art I-5AJ; arts. 2-3 y 4 AE u A. Isr.; art 2-2.ª. Isl.); por último la inviolabilidad de los mismo (art I-5.ª; art 2-2 AE, A. Isr. Y A. Isl.).

c) A divulgar y propagar su propio credo. Consiste en una libertad de expresar y divulgar libremente los pensamientos idead y opiniones[151]

d) A mantener relaciones con sus propias organizaciones o con otras confesiones religiosas, sea en territorio nacional o en el extranjero.

IV. Límites al ejercicio de la libertad religiosa

Tanto la Constitución española como la Ley Orgánica de Libertad Religiosa establecen límites al ejercicio de la libertad religiosa de un modo expreso. En el caso de la Constitución, se recoge en el art. 16.1 «*...sin más limitación, en sus manifestaciones, que la necesaria para el mantenimiento del orden público protegido por la ley*».; mientras que en la LOLR se establece en su art. 3.1 que: «*El ejercicio de los derechos dimanantes de la libertad religiosa y de culto tiene como* único *límite la protección del derecho de los demás al ejercicio de sus libertades públicas y derechos fundamentales, así como la salvaguardia de la seguridad, de la salud y de la moralidad pública, elementos constitutivos del orden público protegido por la Ley en el* ámbito *de una sociedad democrática*». Lo primero que hay que indicar es que estos límites no hacen referencia a los aspectos más íntimos de la libertad religiosa (profesar una determinada confesión), sino a su exteriorización.

Aunque parezca una contradicción entre ambos artículos, del estudio conjunto de las dos normas, provoca que el único límite sea el orden público, que está compuesto por la seguridad pública, la salud, la moral pública y los derechos y libertades fundamentales del resto de personas. Como no puede ser de otro modo, la realidad, es que son los tribunales quienes establecen si debe actuar o no el orden público como límite. Hay que tener en cuenta pues que el Tribunal Constitucional establece que «*destacar la máxima amplitud con que la libertad ideológica está reconocida en el art. 16.1 de la Constitución*»[152], por lo que hace una interpretación restrictiva del orden público como límite. Pero también encontramos sentencias del propio Tribunal Constitucional que

151 Que ya reconoce la CE en el art. 20.1.

152 STC de 15 de febrero de 1990.

no han respetado la decisión del paciente alegando razones religiosas porque *«el derecho a la libertad religiosa... tiene como límite la salud»*[153]. Esto significa que aunque intentaremos fijar el concepto de orden público a continuación, es en realidad una tarea reservada a los tribunales de justicia.

Como indicábamos al comienzo de este punto, el art. 3.1 de la LOLR establece los límites de la libertad religiosa, hay que partir que ningún derecho humano es absoluto o ilimitado, por ellos es importante conocer la interpretación que ha hecho el Tribunal Constitucional:

1.- Los derechos fundamentales y libertades públicas de los demás, respecto a ello, es relevante la STC 141/2000, de 29 de mayo, que en su fundamento jurídico 4.º declara que: *«el derecho que asiste al creyente de creer y conducirse personalmente conforme a sus convicciones no está sometido a más límites que los que le imponen el respeto a los derechos fundamentales ajenos y otros bienes jurídicos protegidos constitucionalmente»*.

2.- Salvaguardia de la seguridad, partiendo de los artículos 104.1 y 149.1.29 de la CE, el Tribunal ha establecido que el concepto de seguridad pública *«se centra en la actividad dirigida a la protección de personas y bienes [...] y el mantenimiento de la tranquilidad u orden ciudadano»*[154]. Como límite, el propio tribunal señala que *«no toda seguridad de personas y bienes, ni toda normativa encaminada a conseguirla... puede englobarse en el título competencial de 'seguridad pública', pues si así fuera la práctica totalidad de las normas del ordenamiento serían normas de seguridad pública..., cuando es claro que se trata de un concepto más estricto, en el que hay que situar de modo predominante las organizaciones y los medios instrumentales, en especial los Cuerpos de Seguridad del artículo 104 de la Constitución»*[155]. Incluye por tanto, también, la protección que realizan las Fuerzas y Cuerpos de Seguridad del Estado para mantener esa tranquilidad necesaria para la convivencia y el ejercicio de los derechos y libertades[156]. La actuación de estos cuerpos debe ser siempre

---

153 Auto de 20 de junio de 1984 en el supuesto de que un paciente se negaba a recibir una de sangre.

154 STC 18/1981 de 8 de junio.

155 STC 59/1985 de 6 de mayo.

156 STC 104/1989 de 8 de junio, STC 154/2005 FJ5.

con posterioridad, ni basarse en meras sospechas que puedan limitar el derecho a la libertad religiosa[157].

3.- Salvaguardia de la salud, en la actualidad no plantea especiales problemas de interpretación, pero hasta los años 90 se consideró que la protección de la salud y de la vida del individuo podrían requerir una limitación de su libertad religiosa[158]. El Tribunal Constitucional ha declarado que la libertad religiosa tiene como límite *la salud de las personas*[159]. Se trata de una visión integral de la salud humana, que incluye por tanto la salud física como la psicológica, que tiene preeminencia sobre los demás derechos[160]. Es importante como forma de actuar la Circular 1/2012 de la Fiscalía General del Estado[161], ante el rechazo de un tratamiento que implique grave riesgo para la salud de la persona implicada, en los que se distingue entre dos casos el mayor de edad y el menor (maduro e inmaduro). En el primero. el caso del

---

157 ATC 46/2001, de 27 de febrero.

158 Se ha afirmado que el derecho a la integridad física y moral resultará afectado cuando se imponga a una persona asistencia médica en contra de su voluntad, a no ser que ello se haga al amparo de una justificación constitucional (SSTC 120/1990, de 27 de junio, 137/1990, de 19 de julio, y 37/2001 de 28 de abril. Por su parte, el Tribunal Supremo en SSTS 3/2001 de 12 de enero y 447/2001 de 11 de mayo, ambas de la Sala Primera, ha manifestado que «...*el consentimiento informado constituye un derecho humano fundamental, precisamente una de las últimas aportaciones realizadas en la teoría de los derechos humanos, consecuencia necesaria o explicación de los clásicos derechos a la vida, a la integridad física y a la libertad de conciencia. Derecho a la libertad personal, a decidir por sí mismo en lo atinente a la propia persona y a la propia vida y consecuencia de la autodisposición sobre el propio cuerpo*». Pero obviamente no se trata de un derecho ilimitado. Los límites se reconocen en el mismo instrumento que consagra a nivel internacional éste y otros derechos en el ámbito sanitario, el Convenio suscrito en Oviedo el 4 de abril de 1997, relativo a *los Derechos Humanos y a la Biomedicina* (ratificado por España en 1999 y en vigor desde el 1 de enero de 2000).

159 Auto 369/1984.

160 STS de 27 de marzo de 1990.

161 Circular 1/2012 sobre el Tratamiento sustantivo y procesal de los conflictos ante transfusiones de sangre y otras intervenciones médicas sobre menores de edad en caso de riesgo grave.

mayor de edad no incapacitado, que rechaza un tratamiento, este no practicará, salvo riesgo para la salud pública. En el segundo caso, el menor maduro (de 16 o 17 años que no tenga su capacidad judicialmente completada, el menor emancipado, o el menor de 16 cuando a juicio del facultativo tenga suficiente madurez), si rechaza el tratamiento, pero los representantes legales son favorables a que se le practique, el facultativo que corresponda podrá aplicarlo sin necesidad de acudir al juez, aunque, si la situación no es de urgencia, lo recomendable es que se deje planteado el conflicto ante el juez. En definitiva, la salud, en cuanto a límite al ejercicio de la libertad religiosa es la salud pública o la de terceros.

4.- Salvaguardia de la moral pública, el concepto moral pública encuentra su precedente en la llamada Ley de Libertad Religiosa de 1967 aprobada por las Cortes franquistas, pero solo hacían referencia a una moral en particular, la católica. Ya con la Constitución actual el significado de moral pública se ha desvinculado de cualquier moral religiosa concreta[162]. Dentro de nuestro sistema constitucional es un concepto jurídico indeterminado, por lo que resulta difícil establecer una definición concreta y su aplicación a los casos concretos[163], el Tribunal Constitucional la define como un «*elemento* ético *común en la vida social*»[164].

La limitación del orden público como límite a la libertad religiosa tiene dos funciones. En primer lugar, que se pueda utilizar el derecho a libertad religiosa para atentar contra el ordenamiento jurídico. Y en segundo lugar, es una garantía de la propia libertad religiosa impidiendo que únicamente se pueda limitar por causas distintas que las fijadas por el ordenamiento jurídico, el propio Tribunal Constitucional se ha pronunciado que los límites a los derechos fundamentales deben interpretarse de la manera restrictiva como indicábamos al principio del epígrafe, es decir, de la forma más

162 Algunos autores han llegado sugerir la posible inconstitucionalidad del límite de la moral pública en la ley que desarrolla ese derecho en J. BANACLOCHE *La libertad personal y sus limitaciones. Detenciones y retenciones en el Derecho español*, Madrid, 1996, p. 196.

163 A. LÓPEZ CASTILLO; *La Libertad Religiosa en la Jurisprudencia Constitucional;* Cuadernos Aranzadi del Tribunal Constitución, N.° 9; Aranzadi Editorial; Navarra; 2002; pp 68-82.

164 STC 62/1982 de 15 de octubre.

favorable a los mismos como recoge la STC 159/1986 manifestando que: «*la fuerza expansiva de todo derecho fundamental restringe el alcance de las normas limitadoras del mismo. De ahí la exigencia de que los límites de los derechos fundamentales hayan de ser interpretados en el sentido más favorable a la eficacia y a la esencia de tales derechos*». Además, el propio TC en su sentencia 20/1990 declara que este criterio toma aún más relevancia cuando se trate de la libertad religiosa.

V. Protección de la libertad religiosa

Como hemos señalado con anterioridad, la libertad religiosa se recoge en nuestras normas como un derecho fundamental, por lo que goza en nuestro ordenamiento de una protección especial[165]. Nuestro ordenamiento jurídico no se limita a dar un tratamiento específico a los derechos fundamentales sobre posibles violaciones de los mismos, sino que ya en fase legislativa perciben un trato específico o diferente, un ejemplo de ello es la reserva de la ley orgánica que la Constitución española en su art.81 establece para su regulación. Es decir, al tratarse de un derecho fundamental su regulación solo puede realizarse a través de un tipo de leyes que son las orgánicas[166]. Nosotros vamos a distinguir entre tres protecciones:

1.- *Protección Jurisdiccional*, en lo referido a la protección jurisdiccional en sentido estricto, es decir, a la posibilidad de plantear acciones ante los tribunales de justicia para lograr su actuación en defensa del derecho que se entiende violado, existen dos ámbitos: los tribunales ordinarios y el Tribunal Constitucional. Al estar el derecho a la libertad religiosa

---

165 En términos generales la protección de la libertad religiosa goza de la misma protección que el resto de derechos fundamentales, salvo el tratamiento específico en relación con la protección penal.

166 Art. 81 CE: «*Son leyes orgánicas las relativas al desarrollo de los derechos fundamentales y de las libertades públicas, las que aprueben los Estatutos de Autonomía y el régimen electoral general y las demás previstas en la Constitución*». Algunos autores como García Garáte establecen que es un tipo de protección en García Gárate, A., en *Derecho y Religión.*. ob. cit. p. 205.

uno de los contenidos en el Capítulo II del Título I de nuestra Constitución, goza de la protección jurisdiccional reforzada que contempla el art. 53.2 de la CE[167], en virtud del mismo se puede recurrir a los Juzgados y Tribunales determinados por las leyes, en los diferentes ámbitos jurisdiccionales como cualquier otro derecho, pero con la particularidad de que el procedimiento debe ser preferente y sumario. El procedimiento genéricamente enunciado en la Constitución fue desarrollado por la ley 62/1978, de 26 de diciembre, de Protección Jurisdiccional de los Derechos Fundamentales[168], ley que ha dejado de estar vigente al incorporar las distintas leyes procesales como la penal; civil, laboral y contencioso-administrativo, han incorporado el correspondiente proceso.

Una vez agotada la vía anterior que podemos denominar ordinaria, se podrá interponer recurso de amparo al Tribunal Constitucional[169], al que pueden acudir cualquier persona física o jurídica con un interés legítimo que entienda vulnerado este derecho. Por último, también se podría plantear un recurso de inconstitucionalidad contra una ley o una disposición normativa con fuerza de ley[170].

2.- Protección penal, el derecho penal ostenta una gran importancia en cualquier ordenamiento jurídico, ya que, sus normas constituyen la última defensa de aquellos valores que la sociedad considera importante proteger. Por ello, es importante destacar la especial protección que recibe la libertad religiosa desde la óptica del derecho penal. Mientras España fue un país confesional, el Código penal recogía únicamente delitos contra la religión oficial, la católica, por lo que no se protegía la libertad del hecho religioso, sino a la Iglesia católica. Desde los comienzos de la codificación penal

167 Art. 53.2 «*Cualquier ciudadano podrá recabar la tutela de las libertades y derechos reconocidos en el artículo 14 y la Sección primera del Capítulo segundo ante los Tribunales ordinarios por un procedimiento basado en los principios de preferencia y sumariedad y, en su caso, a través del recurso de amparo ante el Tribunal Constitucional...*»

168 Publicada en el Boletín Oficial de Estado el 3 de enero de 1979.

169 Con lo que uno de los objetivos es reparar cuanto antes la posible violación en este caso de la libertad religiosa como derecho fundamental que es.

170 Si bien como es sabido la legitimidad para su interposición es reducida en base en los arts. 161 y 162 CE).

española se ha venido otorgando una protección especial al factor religioso. Entre los delitos que han ido integrando esta tutela específica ha sido una constante la inclusión de tipos como la blasfemia, la profanación y el escarnio[171].

En la actualidad el denominado Código Penal de la democracia[172] tutela la libertad religiosa desde la óptica del Estado laico y de los Derechos Fundamentales[173]. Recoge los delitos de odio por cuestiones religiosas en el art. 510[174], y los delitos contra la libertad religiosa en los art. 522 al 526 ambos inclusive encuadrados en la *Sección 2.ª De los delitos contra la libertad de conciencia, los sentimientos religiosos y el respeto a los difuntos*. En él se sancionan las siguientes conductas:

- El impedir practicar actos de culto, como el forzar a practicarlos175.

171 La religión y el Derecho penal siempre han estado muy unidos, durante una gran parte de la historia como hemos visto al principio de este libro la diferencia entre pecado y delito era inxesitente.

172 Aprobado el 8 de noviembre de 1995.

173 La promulgación de la Constitución de 1978 supuso una ruptura con los precedentes más próximos. Del estado confesional franquista, se pasa a declarar la laicidad del Estado (artículo 16.3 de la Constitución), que exige la neutralidad de los poderes públicos en materia religiosa en un marco constitucional en el que se reconoce el derecho de libertad ideológica y religiosa y se promueve su ejercicio en condiciones de igualdad para toda la ciudadanía en I. Minteguia Arregui, , «La protección penal de los sentimientos religiosos, a debate», *Cuestiones de Pluralismo, Vol. 1, n.º1* (primer semestre de 2021).

174 El art. 510 del CP establece que: *«Serán castigados con una pena de prisión de uno a cuatro años y multa de seis a doce meses: a) Quienes públicamente fomenten, promuevan o inciten directa o indirectamente al odio, hostilidad, discriminación o violencia contra un grupo, una parte del mismo o contra una persona determinada por razón de su pertenencia a aquel, por motivos racistas, antisemitas, antigitanos u otros referentes a la ideología, religión o creencias...»*.

175 Art. 522 CP establece que: *«Incurrirán en la pena de multa de cuatro a diez meses:1.º Los que por medio de violencia, intimidación, fuerza o cualquier otro apremio ilegítimo impidan a un miembro o miembros de una confesión religiosa practicar los actos propios de las creencias que profesen, o asistir a los*

- El perturbar la celebración de los actos de culto de las confesiones inscritas[176].
- Ofensa o profanación de los templos o lugar destinado al culto[177].
- La ofensa de los sentimientos de los miembros de una confesión, conocido como escarnio[178].
- Violación o profanación de sepulturas y cadáveres[179].

Al margen de esta sección específica, en otros artículos del Código Penal aparecen referencias a la religión o a la libertad religiosa[180].

---

mismos.2.º Los que por iguales medios fuercen a otro u otros a practicar o concurrir a actos de culto o ritos, o a realizar actos reveladores de profesar o no profesar una religión, o a mudar la que profesen».

176 Art. 523 CP: *«El que con violencia, amenaza, tumulto o vías de hecho, impidiere, interrumpiere o perturbare los actos, funciones, ceremonias o manifestaciones de las confesiones religiosas inscritas en el correspondiente registro público del Ministerio de Justicia e Interior, será castigado con la pena de prisión de seis meses a seis años, si el hecho se ha cometido en lugar destinado al culto, y con la de multa de cuatro a diez meses si se realiza en cualquier otro lugar».*

177 Art. 524 CP: *«El que en templo, lugar destinado al culto o en ceremonias religiosas ejecutare actos de profanación en ofensa de los sentimientos religiosos legalmente tutelados será castigado con la pena de prisión de seis meses a un año o multa de 12 a 24 meses».*

178 Art. 525 CP: *«Incurrirán en la pena de multa de ocho a doce meses los que, para ofender los sentimientos de los miembros de una confesión religiosa, hagan públicamente, de palabra, por escrito o mediante cualquier tipo de documento, escarnio de sus dogmas, creencias, ritos o ceremonias, o vejen, también públicamente, a quienes los profesan o practican.2. En las mismas penas incurrirán los que hagan públicamente escarnio, de palabra o por escrito, de quienes no profesan religión o creencia alguna».*

179 Art. 526 CP: *«El que, faltando al respeto debido a la memoria de los muertos, violare los sepulcros o sepulturas, profanare un cadáver o sus cenizas o, con ánimo de ultraje, destruyere, alterare o dañare las urnas funerarias, panteones, lápidas o nichos será castigado con la pena de prisión de tres a cinco meses o multa de seis a 10 meses».*

180 Un ejemplo lo encontramos en el art. 22. 4 que establece que:

3.- Protección internacional, la libertad religiosa recibe también una protección desde el ámbito internacional mediante tres vías. En primer lugar, a través del Comité de Derechos Humanos de Naciones Unidas, al que pueden acudir tanto los Estados como los particulares ante posibles vulneraciones de los derechos contenidos en el Pacto Internacional de Derechos Civiles y Políticos de 1966. En segundo lugar, en virtud, del Convenio Europeo para la defensa de los derechos y libertades[181], posibilita el interponer un recurso ante el Tribunal Europeo de Derechos Humanos, con sede en Estrasburgo[182]. Para ello primero se debe haber agotado todas las instancias judiciales en el país donde se hayan vulnerado el derecho[183]. En tercer lugar, Tribunal de Justicia de las Comunidades Europeas, con sede en Luxemburgo, que extiende su competencia a cualquier cuestión relacionada con la interpretación o aplicación del Tratado de la Unión, con la incorporación al Tratado de la Unión de la Carta de los derechos fundamentales ha provocado que en los últimos años, este Tribunal haya conocido numerosos asuntos relacionados con la religión y las creencias. Con ello se han visto superadas las antiguas referencias consolidadas sobre este tema acerca del papel del derecho fundamental de libertad religiosa, o de la religión en general, en el ordenamiento de la Unión Europea.

VI. Comisión asesora de libertad religiosa

La Ley Orgánica 7/1980, de 5 de julio, de Libertad Religiosa, dispone en su artículo 8 la creación en el seno del

«Cometer el delito por motivos racistas, antisemitas u otra clase de discriminación referente a la ideología, religión o creencias de la víctima, la etnia, raza o nación a la que pertenezca, su sexo, orientación o identidad sexual, razones de género, la enfermedad que padezca o su discapacidad» entre otros. O el art. 607 que hace referencia a los delitos de genocidio o art. 607 bis de lesa humanidad, cometidos contra grupos religiosos.

181 Creado en 1950 como se explica en epígrafes anteriores.

182 Este Tribunal es un órgano del Consejo de Europa.

183 Este Tribunal puede actuar mediante Comités (3 jueces); Salas (7 jueces) y las Gran Sala (17 Jueces) según la importancia del asunto y según sea un particular o un Estado el demandante. La gran Sala actúa como una segunda instancia dentro del mismo tribunal.

Ministerio de Justicia de la Comisión Asesora de Libertad Religiosa, autorizando al Gobierno, en su disposición final, a dictar las disposiciones reglamentarias que sean necesarias para su desarrollo. En cumplimiento de lo anterior, se publicó el Real Decreto 1890/1981, de 19 de junio, por el que se constituye la Comisión Asesora de Libertad Religiosa y la Orden del Ministerio de Justicia de 31 de octubre de 1983, sobre organización y competencias de la Comisión Asesora de Libertad Religiosa. Con posterioridad, fueron modificadas por el Real Decreto 1159/2001, de 26 de octubre, por el que se regula la Comisión Asesora de Libertad Religiosa, y la Orden JUS/1375/2002, de 31 de mayo, sobre organización y competencias de la Comisión Asesora de Libertad Religiosa. Por último, tenemos el Real Decreto 932/2013, de 29 de noviembre, por el que se regula la Comisión Asesora de Libertad Religiosa con varios objetivos, el primero, asignar a la Comisión nuevas funciones que le permitiese mejorar su actuación dentro del marco legal existente y la asunción de nuevas obligaciones.

El segundo de los objetivos es articular mejor la composición de la Comisión Asesora de Libertad Religiosa y hacer posible que formen parte de la misma los representantes de las iglesias, confesiones, comunidades religiosas o federaciones de las mismas que puedan alcanzar la declaración de notorio arraigo en España, sin que ello exija una nueva modificación legal. Desde el año 2001 hasta la actualidad, la Comisión Asesora de Libertad Religiosa ha informado el notorio arraigo de la Iglesia de Jesucristo de los Santos de los Últimos Días (2003), de la Iglesia de los Testigos de Jehová (2006), del Budismo (2007) y de la Iglesia Ortodoxa (2010).

La incorporación de nuevas Iglesias, confesiones, comunidades religiosas o federaciones de las mismas con notorio arraigo no podía llevar a multiplicar exponencialmente la composición de la Comisión. Se dotó a este órgano asesor de una nueva composición tripartita y paritaria, en consonancia con la estructura prevista en el artículo 8.1 de la Ley Orgánica 7/1980, de 5 de julio. Para su adaptación a las circunstancias actuales y una mayor eficiencia en el cumplimento de sus fines, se rompe con la paridad entendida en igualdad de número de personas, para llegar a la paridad en número de votos de cada uno de los tres sectores presentes en la Comisión, representantes de la Administración, representantes de iglesias, confesiones, comunidades religiosas o federaciones de las mismas y las personas de reconocida competencia.

El tercero de los objetivos es mejorar el funcionamiento de la Comisión Asesora de Libertad Religiosa que actuará en Pleno, Comisión Permanente y Grupos de Trabajo. La novedad reside en la posibilidad de crear grupos de trabajo, con carácter temporal y a propuesta del Presidente o de sus vocales.

Corresponde a esta Comisión las funciones de estudio, informe y propuesta de todas las circunstancias relativas a la aplicación de esta ley y la preparación de los Acuerdos o Convenios de cooperación con las Iglesias, Confesiones y Comunidades.

VII. Otros derechos relacionados con la libertad religiosa

En ocasiones el derecho a la libertad religiosa puede entrar en colisión con otros derechos, en este apartado únicamente vamos a hacer referencia a tres, la libertad de expresión, la no discriminación y la protección de datos.

7.1. Libertad religiosa y libertad de expresión

La libertad de expresión, según se recoge en el art. 20 de la Constitución, protege el derecho a expresar y difundir libremente los pensamientos, ideas y opiniones mediante la palabra, el escrito o cualquier otro medio de reproducción. También se recoge en el Convenio europeo para la Protección de los derechos Humanos, que dispone en su art. 10 que «*toda persona tiene derecho a la libertad de expresión*». Por lo tanto, observamos como la libertad de expresión constituye uno de los fundamentos esenciales de toda sociedad democrática, por lo que resulta necesario buscar un equilibrio entre la libertad de expresión y la libertad religiosa ya que en ocasiones pueden colisionar. La libertad de expresión ampara, tanto las informaciones o ideas que son favorables, como aquellas que son contrarias, que pueden inquietar o incluso ofender. En una sociedad democrática como es el caso de España, los grupos religiosos deben tolerar las críticas públicas y el debate sobre sus actividades, creencias o enseñanzas, siempre que tales críticas no supongan insultos intencionados, o discursos de odio, que puedan constituir una incitación a la violencia. Es importante por tanto determinar en caso de conflicto entre ambos derechos fundamentales poder determinar cuándo debe prevalecer uno u otro derecho.

Como criterio general, el TEDH, especialmente a partir de su sentencia de 7 diciembre 1976, caso Handyside contra Reino Unido[184], ha venido recordando que, dentro de los principios propios de las sociedades democráticas, ocupa un papel fundamental la libertad de expresión. dicha libertad «*constituye uno de los fundamentos esenciales de tal sociedad, una de las condiciones primordiales para su progreso y para el desarrollo de los hombres*». Como hemos indicado con anterioridad no ampara únicamente las opiniones favorables sino también «*sino también para aquellas que chocan, inquietan u ofenden al estado o a una fracción cualquiera de la población. Tales son las demandas del pluralismo, la tolerancia y el espíritu de apertura, sin las cuales no existen una sociedad democrática*». Por lo tanto, podemos deducir que la protección a la libertad religiosa o los sentimientos religiosos, no se encuentra expresamente recogida entre los límites a la libertad de expresión, pero en determinados casos, a juicio del TEDH, «*puede juzgarse necesario, en ciertas sociedades democráticas, sancionar, a fin de prevenir, los ataques injuriosos contra los objetos de veneración religiosa*».

Será necesario por tanto, que la expresión del ataque a estos sentimientos supere la frontera que separa la crítica legítima del menosprecio o vejaciones. Para poder justificar la restricción de la libertad de expresión habrá de reali-

184 El Tribunal Europeo de Derechos Humanos sostuvo que la confiscación de un libro que estaba destinado a lectores adolescentes y que contenía capítulos sobre sexo, con subsecciones sobre temas como masturbación, anticonceptivos, menstruación, pornografía, homosexualidad y aborto, y direcciones para obtener ayuda y consejos sobre temas sexuales, no violó el derecho a la libertad de expresión. Este fue uno de los primeros casos de libertad de expresión que se consideraron por el Tribunal y sentó un precedente fuerte para el examen de estos casos que se aplica incluso hoy día.

zarse un juicio de proporcionalidad[185]. Un claro ejemplo que se supera la frontera de la crítica legítima es en el caso de los discursos de odio. Lo podemos definir como es la acción comunicativa que tiene como objetivo promover y alimentar una opinión dogmática y destructiva hacia un grupo de individuos históricamente discriminado o perseguido por motivos étnicos, religiosos, de origen nacional, etc[186].El primer pronunciamiento del Tribunal Constitucional donde ha sido utilizada la expresión *discurso de odio* ha sido en la STC 235/2007[187] que designó la Recomendación N.º (97) 20 del Comité de Ministros del Consejo de Europa, de 30 de octubre de 1997[188]. Mas recientes encontramos sentencias que también han desarrollado la doctrina sobre el discurso del odio[189], se remiten a la jurisprudencia del TEDH sobre la materia citando, entre otras, la sentencia *Feret*[190], que contiene una afirmación especialmente problemática desde la perspectiva del estándar internacional del discurso del odio, a saber, «*la incitación al odio no requiere necesariamente el*

185 Siguiendo la misma línea que otros casos, como por ejemplo relativos la simbología religiosa en el Caso Lautsi vs Italia.

186 A. Kaufman *Odium dicta. Libertad de expresión y protección de grupos discrimanos en internet* . México, D.F., 2015, pp. 159-160.

187 Que declaró inconstitucional la sanción penal de la difusión de ideas y doctrinas que nieguen el genocidio, FJ 5.

188 Define el discurso de odio como «El término "discurso de odio" debe ser entendido abarcando toda forma de expresión que propague, incite, promueva o justifique el odio racial, la xenofobia, el antisemitismo u otras formas de odio basadas en la intolerancia, incluyendo la intolerancia expresada por el nacionalismo agresivo y etnocentrismo, la discriminación y la hostilidad contra las minorías, los inmigrantes y las personas de origen inmigrante».

189 STC 177/2015, de 22 de julio, FJ 2 y 5, con el voto particular de A. Asúa Batarrita, apdos. 1 y 4, y la STC 112/2016, FJ. 4 y 6. Para saber más en G. Rollnert Liern, . El discurso del odio: una lectura crítica de la regulación internacional. *Revista Española de Derecho Constitucional*, 2019, 115, pp. 81-109.

190 Féret c. Bélgica, de 16 de julio de 2009, hace referencia a la presencia en las Cámaras representativas de los ciudadanos de partidos políticos que ofrecen un discurso nacionalista excluyente con respecto de los nuevos ciudadanos que han ido asentándose progresivamente en Europa.

llamamiento a tal o cual acto de violencia ni a otro acto delictivo». Lo definitorio a juicio del TEDH reiteradas ocasiones como elemento decisivo que, en un cierto contexto, unas declaraciones puedan ser vistas como «capaces de incitar a más violencia [...]. Ciertamente, el mensaje que se comunica [...] es que el recurso a la violencia es una medida necesaria y justificada de autodefensa frente al agresor[191].

En definitiva, como indicábamos al principio el Tribunal de Estrasburgo equipara al discurso del odio la glorificación y justificación de la violencia y diversas formas de incitación indirecta como los ataques injuriosos.

7.2. Libertad religiosa y no discriminación

Como hemos visto en apartados anteriores ambos derechos son fundamentales, reconocidos por diversos ordenamientos constitucionales y por tratados internacionales sobre los Derechos Humanos y como tal deben gozar del máximo respeto[192]. La libertad religiosa goza de un estatus e importancia para la vida social e individual que ignorarla o menospreciarla redunda necesariamente en la vulneración de quienes las profesan.

No obstante lo anterior, teniendo en cuenta la no discriminación, esta visión de la religión puede presentar ciertos inconvenientes. Lo más evidente es que su especialidad no explica por qué *solo* la religión podría obtener alguna protección especial, en materia de discriminación. Desde una perspectiva de igualdad constitucional, otro tipo de convicciones podrían también recibir dicha protección[193].

---

191 SSTEDH de 8 de julio de 1999 c. Turquía: Sürek (n.º 1), apdo. 62, y Sürek (n.º. 3), apdo. 40.

192 E. Brems, *Objetions to Antidiscrimination in the Name of Conscience or Religion: A Conflicting Rights Approach*. En S. Mancini, y M. Rosenfeld, (eds.), *The Conscience Wars: Rethinking the Balance between Religion Identity, and Equality*. Cambridge: Cambridge University Press, 2018 pp. 277-282.

193 M. Perry, *On the Constitutionality and Political Morality of Granting Conscience-Protecting Exemptions Only to Religious Believers*. En K. Vallier, y M. Weber, (eds.), *Religious Exemptions*. Oxford, Oxford University Press, 2018, pp. 21-36.

Trataremos de explicarlo a través del Caso Ewieda y otros v. Reino Unido, sentencia de 15 de enero de 2013. Esta sentencia trató cuatro casos distintos, dos de los cuales evidencian el fenómeno aquí comentado. El que interesa aquí trata sobre la prohibición impuesta por British Airways a N. Eweida por llevar una cruz al cuello, este hecho contravenía su política de vestimenta neutral. Uno de los puntos discutidos en este caso, particularmente en la primera instancia doméstica, fue precisamente cuál era la relevancia del uso de una cruz para los cristianos[194]. En las reglas del uniforme que debía llevar se establecía que «cualquier accesorio o prenda de vestir que el empleado, por motivos religiosos, esté obligado a llevar, debe estar cubierto en todo momento por el uniforme. Si esto es imposible dada la naturaleza del objeto y la formación en que debe ser usado, entonces requerirá su aprobación». Entre las prendas de vestir consideradas por la aerolínea como obligatorias en algunas religiones que no podían ser ocultadas bajo el uniforme, se dio autorización a los hombres sijs para llevar turbante blanco o azul oscuro y mostrar la pulsera sij en verano si obtenían autorización para usar una camisa de manga corta. Las mujeres musulmanas del personal de tierra fueron autorizadas a llevar velo. La señora Eweida llevaba una cruz a la vista, como signo de su compromiso con su fe. Se le ofreció un trabajo administrativo sin contacto con el público que no requería uniforma, rechazando dicha propuesta. Ante esta situación fue enviada a casa sin sueldo. La Compañía poco tiempo después aprobó una nueva política permitiendo ahora si el uso de la cruz pero se negó a indemnizarla por los ingresos indebidos por lo que acudió a los tribunales.

Es importante desde la perspectiva de la no discriminación, que cuando entendemos a la religión desde la no discriminación por creencias religiosas suele recurrirse al marco teórico de la igualdad de derechos. Esta se concibe como el igual acceso, goce o disfrute de otro derecho distinto a la igualdad en este caso, la libertad religiosa[195]. En consecuencia, determinar si una diferencia de trato es lo suficien-

194 El Tribunal Laboral declaró que «el uso visible de una cruz no era un mandamiento obligatorio de la fe cristiana, sino una opción personal de la señora Eweida» n.° 14.

195 Ch, McCrudden, y S. Prechal, *The Concepts of Equality and Non-Discrimination in Europe: A Practical Approach*, 2009.

temente relevante como para constituir una discriminación, es resuelta desde la perspectiva de la afectación de la libertad religiosa y la determinación del nivel escrutinio que se aplica a las desviaciones de la igualdad, también es posible que dependa de la relevancia otorgada a la libertad religiosa en un determinado ordenamiento jurídico, es decir, a mayor importancia de este derecho, mayor escrutinio a los tratos desiguales que lo afectan.

7.3. Libertad religiosa y protección de datos personales

La conexión existente entre religión y la relevancia social que implica, que debe ser objeto de regulación y de atención por cualquier comunidad política. Relegar los hechos religiosos a la esfera meramente privada no es conveniente ni viable desde el punto de vista de la gestión pública. Por ello, en la era de internet, donde las personas comparten cada vez en mayor medida su información personal en línea, los Estados deben regular la protección de datos de los ciudadanos en todas las esferas incluida la religiosa, si bien dadas las peculiaridades que tiene el hecho religioso debe hacerse con una especial sensibilidad, ya que no estamos tratando con una empresa.

El desarrollo normativo de la protección de datos de carácter personal es un fenómeno relativamente reciente en nuestro ordenamiento. La iniciativa legislativa en esta materia no surge del legislador español, sino que este ha seguido la senda establecida desde la normativa de la Unión Europea[196].

La legislación española de protección de datos encuentra su fundamento en el art. 18.1 de la Constitución española que establece «*Se garantiza el derecho al honor, a la intimidad personal y familiar y a la propia imagen*». Por lo que siguiendo este artículo queda garantizado el derecho al honor y a la intimidad personal y familiar de los ciudadanos[197].

---

196 Principalmente la Directiva 1995/46/CE de 24 de octubre de la que más adelante hablaremos.

197 Es importante a este respecto la STC 292/2000, de 30 de noviembre (RTC 2000, 292) ha puesto esto último de manifiesto, que la privacidad además de tener naturaleza jurídica propia y rango de derecho fundamental distinto del de la inti-

Para garantizar esto, y adaptar nuestro ordenamiento jurídico a la establecido en la Directiva 95/46/CE del Parlamento Europeo y del Consejo de 24 de octubre de 1995[198], relativa a la protección de las personas físicas en lo que respecta al tratamiento de datos personales y a la libre circulación de los mismos, se aprobó la Ley Orgánica 15/1999, de 13 de diciembre de Protección de Datos de carácter personal[199]. De esta ley sorprendió la redacción del art.1 por el uso semántico que hizo de la palabra «objeto» que, si bien debería considerarse, en un principio, como relativa del ámbito que regula la ley, no se utilizó con ese significado, sino que con el término objeto se hacía referencia a la finalidad que perseguía la ley, al resultado que se esperaba conseguir con su aprobación: garantizar la intimidad limitando el uso de la informática. Hacía referencia, por tanto, al objetivo de la ley, no a su objeto[200].

Con posterioridad se aprobaron diferentes reglamentos que desarrollaban dicha Ley.

El Real Decreto 428/1993, de 26 de marzo, por el que se aprobó Estatuto de la Agencia de Protección de Datos[201].

---

midad. FJ5 *«en sí mismo «un derecho o libertad fundamental, el derecho a la libertad frente a potenciales agresiones a la dignidad y a la libertad de la persona provenientes de un uso ilegítimo del tratamiento mecanizado de datos, lo que la Constitución llama 'la informática', lo que se ha dado en llamar libertad informática».*

198 La Directiva, a su vez, se propone precisar y ampliar los contenidos del Convenio de 28 de enero de 1981 del Consejo de Europa para la protección de las personas en lo que respecta al tratamiento automatizado de los datos personales

199 Ley Orgánica 15/1999, de 13 de diciembre. Protección de datos de carácter personal. Normas reguladoras (BOE del 14, núm. 298). Deroga la que fue la primera norma legislativa promulgada en España sobre la materia: Ley 5/1992, de 29 de octubre. Tratamiento de los datos de carácter personal. Norma reguladores (BOE del 31).

200 La presente Ley Orgánica tenía por objeto garantizar y proteger, en lo que concierne al tratamiento de los datos personales, las libertades públicas y los derechos fundamentales de las personas físicas, y especialmente de su honor e intimidad personal y familiar.

201 El título VI de la Ley Orgánica 5/ 1992, de 29 de octubre, sobre la Regulación del Tratamiento Automatizado de los Datos de

- El Real Decreto 1332/1994, de 20 de junio, por el que se desarrollan determinados aspectos de la Ley Orgánica 5/1992, de 26 de octubre, de Regulación del tratamiento automatizado de los datos de carácter personal.
- El Real Decreto 994/1999, de 11 de junio, por el que se aprueba el Reglamento de Medidas de seguridad de los ficheros automatizados que contengan datos de carácter personal.

El 19 de enero de 2008 fue publicado en el BOE el Real Decreto 1720/2007202, por el que se aprobó el Reglamento que desarrollaba la Ley Orgánica 15/2007, ya antes mencionada. Este reglamento tenía dos objetivos: por un lado, abarcar el ámbito tutelado por los Reales Decretos 1332/1994 y 994/1999. Y por otro lado, desarrollar los procedimientos para la potestad sancionadora de la Agencia de Protección de Datos[203].

Ya en la actualidad cobra relevancia el Reglamento (UE) 2016/679 del Parlamento Europeo y del Consejo de 27 de abril de 2016 relativo a la protección de las personas físicas en lo que respecta al tratamiento de datos personales y a la libre circulación de estos datos y por el que se deroga la Directiva 95/46/CE (Reglamento general de protección de datos). Este reglamento es aplicable en toda la Unión Europea desde el pasado 25 de mayo de 2008, afecta a todas

Carácter Personal (LORTAD), configuró la Agencia de Protección de Datos como el ente independiente que debe garantizar el cumplimiento de las previsiones y mandatos en ella establecidos.

202 Publicado en el BOE núm. 17 de 19 de enero de 2009, entrando en vigor desde el 18 de abril de 2008.

203 Tal y como establecía la Introducción del RD 1720/2007: *«El reglamento viene a abarcar el ámbito tutelado anteriormente por los reales decretos 1332/1994, de 20 de junio, y 994/1999, de 11 de junio, teniendo en cuenta la necesidad de fijar criterios aplicables a los ficheros y tratamientos de datos personales no automatizados. Por otra parte, la atribución de funciones a la Agencia Española de Protección de Datos por la Ley 34/2002, de 11 de julio, de Servicios de la sociedad de la información y de comercio electrónico y la Ley 32/2003, de 3 de noviembre, General de Telecomunicaciones obliga a desarrollar también los procedimientos para el ejercicio de la potestad sancionadora por la Agencia».*

las personas jurídicas, incluidas las entidades religiosas. El Reglamento General de Protección de Datos supone una profunda modificación del régimen vigente en materia de protección de datos personales, no sólo desde el punto de vista sustantivo y de cumplimiento por los sujetos obligados, sino particularmente en lo que afecta a la actividad de supervisión por parte de las autoridades de control que el mismo regula.

Es importante, el Real Decreto-Ley 5/2018, de 27 de julio[204], de medidas urgentes para la adaptación del Derecho español a la normativa de la Unión Europea en materia de protección de datos. Este reglamento surge ante la necesidad de adaptar el marco normativo interno del Estado español al Reglamento General de Protección de datos[205]. El Real Decreto-ley comprende catorce artículos estructurados en tres capítulos, dos disposiciones adicionales, dos transitorias, una derogatoria y una final. Su contenido afecta únicamente a cuestiones cuya inmediata incorporación al Derecho interno resulta imprescindible para la adecuada aplicación en España del Reglamento General de Protección de Datos y que no están excluidas del ámbito del legislador de urgencia por el artículo 86 de la Constitución Española.

Entre las novedades que presenta el RGPD es que se trata de un importante cambio normativo, sustancial y complejo, en la regulación de la protección de datos en España y en la Unión Europea. Unos de los aspectos más importantes de la nueva regulación es que obliga a ser proactivos en materia de protección de datos. Como ya hemos dicho con anterioridad afecta a la Iglesia Católica en la UE y a la normativa interna de ésta en lo concerniente al tratamiento de datos personales.

La Ley Orgánica 3/2018, de 5 de diciembre, de Protección de Datos Personales y garantía de los derechos digitales[206]. Esta ley orgánica consta de noventa y siete artículos estructurados en diez títulos, veintidós disposiciones adicionales, seis disposiciones transitorias, una disposición derogatoria y dieciséis disposiciones finales. el objeto de la ley orgá-

---

204 Publicado en el BOE núm. 183 de 30 de julio de 2018

205 Esto supuso la aprobación por parte del Consejo de Ministros en su sesión de 10 de noviembre de 2017 de un proyecto de ley orgánica, remitido a las Cortes Generales.

206 Publicada en el BOE núm. 294, de 6 de diciembre de 2018.

nica, que es, conforme a lo que se ha indicado, doble. Así, en primer lugar, se pretende lograr la adaptación del ordenamiento jurídico español al Reglamento (UE) 2016/679 del Parlamento Europeo y el Consejo, de 27 de abril de 2016, Reglamento general de protección de datos, y completar sus disposiciones. A su vez, establece que el derecho fundamental de las personas físicas a la protección de datos personales, amparado por el artículo 18.4 de la Constitución, se ejercerá con arreglo a lo establecido en el Reglamento (UE) 2016/679 y en esta ley orgánica[207]. La característica más destacable de esta nueva regulación estatal es su remisión constante al RGPD, que se constituye en la norma troncal, siendo aquélla completamente necesaria, o en la mayoría de las ocasiones, precisando sus contenidos. A ello se añade la obligación por parte de la normativa estatal de depurar los mandatos jurídicos nacionales que dificulten o imposibiliten la plena aplicación de la normativa europea. Por lo tanto, esta Ley[208] se convierte en una norma de carácter complementario o incluso de desarrollo del RGPD.

Al ser una norma reciente la LO 3/2018 necesitará de interpretaciones judiciales que aclaren o concreten muchos de sus contenidos, más si cabe en el ámbito religioso debido a la especialidad del tema, tarea pues que corresponde como

207 Es importante señalar tal y como estableció el Tribunal Constitucional en su Sentencia de 94/1998, de 4 de mayo, que nos encontramos ante un derecho fundamental a la protección de datos por el que se garantiza a la persona el control sobre sus datos, cualesquiera datos personales, y sobre su uso y destino, para evitar el tráfico ilícito de los mismos o lesivo para la dignidad y los derechos de los afectados; de esta forma, el derecho a la protección de datos se configura como una facultad del ciudadano para oponerse a que determinados datos personales sean usados para fines distintos a aquel que justificó su obtención. Por su parte, la ya mencionada Sentencia 292/2000, de 30 de noviembre, lo considera como un derecho autónomo e independiente que consiste en un poder de disposición y de control sobre los datos personales que faculta a la persona para decidir cuáles de esos datos proporcionar a un tercero, sea el Estado o un particular, o cuáles puede este tercero recabar, y que también permite al individuo saber quién posee esos datos personales y para qué, pudiendo oponerse a esa posesión o uso.

208 Se hace referencia a la LO 3/2008

no puede ser de otro modo al Tribunal Constitucional y al Tribunal de Justicia de la Unión Europea.

En la actualidad, debido a las solicitudes de cancelación y rectificación de datos contenidos en los libros de bautismo de las parroquias pertenecientes a la Iglesia Católica por parte de ciudadanos que querían apostatar, algunos autores reivindicaron la aplicación en estos supuestos, no de la Ley Orgánica de Protección de Datos de 1999, sino las disposiciones contenidas en el Código de Derecho Canónico[209]

Como hemos comentado con anterioridad, las confesiones religiosas en general y la Iglesia católica en particular no se encuentra excluida de la aplicación de la normativa relativa a la protección de datos. Esto se puede observar si acudimos a la Agencia de Protección de Datos donde existen ficheros inscritos por parte de entidades católicas[210].

El Tribunal Supremo en su sentencia de 26 de febrero de 2009, tuvo la oportunidad de pronunciarse respecto a los datos de carácter personal que constan en los libros parroquiales de las parroquias católicas en España, es decir, en los libros de bautismo, matrimonio, etc. El supuesto de hecho se produjo cuando la Archidiócesis de Valencia denegó la solicitud de una persona que quería ejercer la apostasía de la Iglesia católica pidiendo además su cancelación de los datos de bautismo en el Libro de Bautismo de su parroquia. La Audiencia Nacional no accedió a su petición, pero si impuso al Arzobispado de Valencia la obligación de anotar con nota marginal en el Libro de Bautismo la solicitud de cancelación de aquella inscripción en base a la LO 15/99[211]. Esta sentencia fue recurrida ante el TS que anuló la misma porque los libros de bautismo no constituyen ficheros a efectos de la

209 Un ejemplo lo encontramos en F. Pérez-Madrid, «La autonomía de las confesiones y entidades religiosas en materia de protección de datos», en la obra colectiva *Comentarios a la Ley Orgánica de Protección de Datos de Carácter Persona*, A. Troncoso Reigada, , Ed. Civitas, 2010 pp. 597 a 608 y J. OTADUY ,» La Iglesia Católica y la Ley española de protección de datos: falsos conflictos», en *Ius Canonicum,* núm. 95, 2008 pp. 117 a 140.

210 Un ejemplo de ellos serían ficheros donde constan los párrocos, sacerdotes, ficheros del personal contratado, etc.

211 En ella se entendía que los libros de bautismo son ficheros que contenían datos de carácter personal

legislación de protección de datos por no ser un conjunto organizado como exigía el art. 3.b de la LO 15/99. Y, además, alegó que en los libros de bautismo no cabe apreciar ninguna inexactitud de datos, en cuanto en los mismos se recoge un dato histórico cierto, salvo que se acredite la falsedad, cual es referente al bautismo de la persona misma[212]. El Tribunal Supremo por tanto no está valorando si las entidades religiosas están o no sometidas a la normativa de la protección de datos, que como hemos dicho desde un primer momento lo están. Lo que intenta determinar es que algunos libros de la Iglesia católica que contienen datos personales no pueden considerarse ficheros y por ello no se puede ejercer contra los datos que contiene el derecho de cancelación. El propio Tribunal Supremo acude a la LOPD para resolver sobre una cuestión relacionada con la aplicación de la misma a una confesión religiosa. Y al negar la consideración de fichero a los Libros de bautismo (lo que implica la inaplicación de la legislación de la protección de datos). Está reconociendo implícitamente, la aplicación de la LOPD a aquellos supuestos en los que la Iglesia Católica sí tenga ficheros en el sentido técnico del término[213].

Por último, es importante determinar las obligaciones que en materia de protección de datos tienen todas las entidades religiosas.

Las Iglesias, en la medida en la que acceden y tratan datos de carácter personal son consideradas responsables del tratamiento. Por responsable del tratamiento entendemos aquella persona física o jurídica, que decide sobre la finalidad del tratamiento.

---

212 Frente a esta resolución dictada por el Tribunal Supremo, la Agencia Española de Protección de Datos, formuló un Recurso de amparo ante el Tribunal Constitucional que dictó Auto (núm. 20/2011), por el que rechazó de pleno el Recurso contra la sentencia del Tribunal Supremo,

213 A. Corral Sastre , «El Reglamento General de Protección de Datos de la Unión Europea y los Datos de las Iglesias, Confesiones y Asociaciones Religiosas» *en Reglamento General de Protección de Datos: hacia un nuevo modelo europeo de privacidad* / coord. por M. Gomez Caro ; M. Recio ; Jm. Piñar *(dir.), 2016* p.654.

CAPÍTULO V

EL DERECHO Y LOS GRUPOS RELIGIOSOS (I): SU RECONOCIMIENTO

I. Confesiones, entidades y federaciones religiosas en el derecho español

Una de las características del derecho a la libertad religiosa es importancia que tiene el fenómeno asociativo del mismo o si se prefiere su dimensión colectiva hasta el punto de que es difícil pensar en este derecho sin las distintas confesiones y comunidades religiosas[214]. No existe una definición legal de Confesión religiosa[215]. Las Confesiones religiosas a las que hace referencia la Constitución española en el art. 16.3[216] son denominadas por la Ley Orgánica de Libertad Religiosa como «*Iglesias, Confesiones y Comunidades religiosas*». Por lo que son formas diferentes para referirse al asociacionismo religioso en un sentido amplio. Por ello, creemos importante diferenciar los sujetos colectivos confesionales en el ámbito del derecho eclesiástico en España en dos grandes grupos:

---

214 Según indica A. García Gárate en *Derecho y Religión.* ob. cit. p. 214.

215 Esto es debido a la amplia tipología de entidades eclesiásticas, la variedad de credos y creencias, impide un único término tanto en la doctrina como en la legislación y la jurisprudencia

216 Se reconoce de este modo la posibilidad de un titularidad colectiva de la libertad religiosa.

1.- Grupos religiosos, que será cualquier grupo social, organizado con fines religiosos y que goza de un reconocimiento por parte de nuestro ordenamiento jurídico. Estos grupos pueden elegir su propio estatuto jurídico en base en tres opciones:

a) Elegir no inscribirse en ningún Registro y funcionar como un grupo de hecho.

b) Elegir constituirse como una asociación civil, por lo que deben inscribirse en el Registro General de Asociaciones del Ministerio del Interior.

c) Elegir inscribirse en el Registro de Entidades Religiosas que más adelantes explicaremos, en este caso se acogerán al derecho previsto para ellas.

2.- Confesiones religiosas (entidades mayores y menores), la doctrina ha asumido generalmente la distinción entre entidades religiosas mayores (iglesias, comunidades, confesiones y sus federaciones) y entidades religiosas menores, es decir, los entes creados por las anteriores para la realización de sus fines. Como hemos indicado al principio de este epígrafe no existe ni en la Ley Orgánica de Libertad Religiosa ni en la Constitución española una definición concreta, aunque si permiten construir un concepto de la misma. Ambas reúnen las notas de capitalidad y globalidad, con una organización autónoma e independiente con propios fines religiosos que le permiten diferenciarse de cualquier otra. Por lo que siguiendo a García Gárate por confesión religiosa debe entenderse «Cualquier entidad o grupo social cuya unión vaya dirigida a compartir un conjunto de verdades transcendentes relacionadas con la divinidad»[217], por lo que destacamos dos elementos primordiales: en primer lugar, la naturaleza sociológica o comunitaria, es decir, la entidad religiosa ha de ser ante todo un grupo, debe existir una pluralidad de miembros o fieles que expresen comunitariamente la dimensión colectiva de libertad religiosa; y en segundo lugar, que la entidad tenga naturaleza religiosa. Para ello se tienen que dar cuatro elementos:

1. Creencia en la existencia de un ser superior, de carácter trascendente.

2. Creencia en una serie de verdades provenientes

217 En A. García Gárate en *Derecho y Religión..* ob. cit. p. 214.

de ese ser superior, que integran el dogma. El dogma o conjunto de verdades reveladas han de conformar un credo propio y diferenciado, en relación a otros grupos religiosos.

3. Un conjunto de normas que adecuen las conductas de los fieles a los preceptos religiosos, contenidos en el credo, y que constituyen la moral;

4. Un culto específico que debe estar integrado por un conjunto de prácticas, ritos, etc. Que le permitirán también diferenciarse de otras confesiones.

II. Formas de personificación jurídica de confesiones, entidades y federaciones: el registro de entidades religiosas. Sus efectos jurídicos

En el ordenamiento jurídico español, la adquisición de la personalidad jurídica por parte de las confesiones religiosas y de las entidades creadas a su vez por ellas es a través de su inscripción en el Registro de Entidades Religiosas en este sentido la LOLR en su art. 5.1 recoge que: «*Las Iglesias, Confesiones y Comunidades religiosas y sus Federaciones gozarán de personalidad jurídica una vez inscritas en el correspondiente Registro público, que se crea, a tal efecto, en el Ministerio de Justicia*». El RER[218] cuenta a su vez con un Reglamento que entró en vigor mediante el RD 149/1981 de 9 de enero este Real Decreto, ha sido sustituido debido a varios motivos, a la STC 46/2001 de 17 de febrero; a las directrices europeas, como consecuencia ha sido sustituido por el Real Decreto 594/2015 de 3 de julio, que entró en vigor el 1 de noviembre de 2015 por el que actualmente se regula el RER.

El Registro consta de tres Secciones:

- Sección Especial: en la que se inscriben las Iglesias, Confesiones y Comunidades religiosas que hayan firmado,

218 El Registro de Entidades Religiosas (RER) es un registro público, único para toda España, que se ubica en la Subsecretaria de la Presidencia, Relaciones con las Cortes y Memoria Democrática y cuya gestión corresponde a la Subdirección General de Libertad Religiosa. La inscripción en el RER es un derecho para las entidades que quieran gozar de personalidad jurídica civil y acceder al régimen especial previsto en Ley Orgánica 7/1980, de 5 de julio, de Libertad Religiosa (LOLR).

o a las que sea de aplicación, un Acuerdo de cooperación con el Estado, así como el resto de Entidades creadas por las mismas.

- Sección General: en la que se inscriben las demás Iglesias, Confesiones y Comunidades religiosas, así como el resto de Entidades creadas por las mismas.
- Sección especial de Fundaciones: en la que se inscriben las Fundaciones canónicas[219].

Son entidades susceptibles de inscripción en el RER:

1. Las Iglesias, Confesiones y Comunidades religiosas, así como sus Federaciones.

2. Los siguientes tipos de entidades religiosas, siempre que hayan sido erigidas, creadas o instituidas por una Iglesia, Confesión o Comunidad religiosa o Federaciones de las mismas inscritas en el Registro.

a) Sus circunscripciones territoriales.

b) Sus congregaciones, secciones o comunidades locales.

c) Las entidades de carácter institucional que formen parte de su estructura.

d) Las asociaciones con fines religiosos que creen o erijan, así como sus federaciones.

e) Los seminarios o centros de formación de sus ministros de culto.

f) Los centros superiores de enseñanza que impartan con exclusividad enseñanzas teológicas o religiosas propias de la Iglesia, Confesión o Comunidad religiosa inscrita.

g) Las comunidades monásticas o religiosas y las órdenes o federaciones en que se integren.

h) Los institutos de vida consagrada y sociedades de vida apostólica, sus provincias y casas, así como sus federaciones.

---

219 Sección creada por el artículo 5 del Real Decreto 589/1984, de 8 de febrero, sobre Fundaciones religiosas de la Iglesia Católica.

i) Cualesquiera otras entidades que sean susceptibles de inscripción de conformidad con los Acuerdos entre el Estado español y las confesiones religiosas.

Serán objeto de inscripción los siguientes actos:

- La constitución o establecimiento en España de la Entidad religiosa.
- Las modificaciones estatutarias.
- La identidad de titulares del órgano de representación de la Entidad.
- La incorporación y separación de las Entidades a una Federación.
- La disolución de la Entidad.
- La anotación de lugares de culto de las Entidades que lo soliciten.

La inscripción en el RER es suficiente para que las entidades religiosas gocen de plena capacidad de obrar lo que les permite actuar en el tráfico jurídico, realizando actos y negocios jurídicos como comprar, vender o arrendar, personarse ante los tribunales, etc.

Con carácter general, para la inscripción de las Iglesias, Confesiones y Comunidades religiosas a la solicitud deberá acompañarse el documento elevado a escritura pública en el consten los siguientes datos:

1.- Denominación.

2.- Domicilio.

3.- Ámbito territorial de actuación.

4.- Expresión de sus fines religiosos y de cuantos datos se consideren necesarios para acreditar su naturaleza religiosa.

5.- Régimen de funcionamiento, órganos representativos y de gobierno, con expresión de sus facultades y de los requisitos para su válida designación.

6.- Relación nominal de los representantes legales, En el caso de que éstos fueran extranjeros, deberán acreditar su residencia legal en España en los términos establecidos por la legislación vigente. La redacción del reglamento del RER dispone que la inscripción de los representantes legales es potestativa para la Entidad, pero añade que «la certificación registral será prueba suficiente para acreditar dicha cualidad», por lo que es habitual que se solicite la anotación de los representantes legales.

Será necesario además presentar el acta de fundación o establecimiento en España en documento elevado a público.

La inscripción solo podrá denegarse cuando no se reúnan los requisitos establecidos en la LOLR o en el presente Decreto es importante aquí la sentencia antes mencionada STC 41/2001 que resolvió el recurso de amparo interpuesto por la Iglesia de la Unificación contra la denegación de su inscripción y que define la naturaleza y el alcance de la labor registral que estableció que «*Habida cuenta de lo expuesto, la articulación de un Registro ordenado a dicha finalidad no habilita al Estado para realizar una actividad de control de la legitimidad de las creencias religiosas de las entidades o comunidades religiosas, o sobre las distintas modalidades de expresión de las mismas, sino tan solo la de comprobar, emanando a tal efecto un acto de mera constatación que no de calificación, que la entidad solicitante no es alguna de las excluidas por el Art. 3.2 LOLR, y que las actividades o conductas que se desarrollan para su práctica no atentan al derecho de los demás al ejercicio de sus libertades y derechos fundamentales, ni son contrarias a la seguridad, salud o moralidad públicas, como elementos en que se concreta el orden público protegido por la ley en una sociedad democrática, al que se refiere el Art. 16.1 CE. En consecuencia, atendidos el contexto constitucional en que se inserta el Registro de Entidades Religiosas, y los efectos jurídicos que para las comunidades o grupos religiosos comporta la inscripción, hemos de concluir que, mediante dicha actividad de constatación, la Administración responsable de dicho instrumento no se mueve en un ámbito de discrecionalidad que le apodere con un cierto margen de apreciación para acordar o no la inscripción solicitada, sino que su actuación en este extremo no puede sino calificarse como reglada, y así viene a corroborarlo el Art. 4.2 del Reglamento que regula la organización y funcionamiento del Registro (Real Decreto 142/1981, de 9 de enero), al disponer que «la inscripción sólo podrá denegarse cuando no se acrediten debidamente los requisitos a que se refiere el artículo 3», tales como denominación, domicilio, régimen de funcionamiento y organismos representativos, así como fines religiosos. (FJ 8)*».

Derivada de su personalidad jurídica a las Confesiones inscritas se les reconoce plena autonomía, que garantiza el

Estado y que comprende su propia organización, sus normas de funcionamiento y el derecho a la libre prestación de servicios.

Por último, otro de los efectos jurídicos derivado de la inscripción es la posibilidad de llegar a acuerdos con el Estado, que será objeto de explicación en el siguiente epígrafe, pero deja claro que otorga a las Confesiones un estatus jurídico propio a las que carecen de él.

III. Requisitos y procedimiento para llegar a acuerdos con el Estado

Resulta obvio que no todas las confesiones religiosas tienen la mismas situación e implantación social en España y que no todas pueden celebrar acuerdos con el Estado. El art. 7 de la Ley Orgánica de la Libertad Religiosa recoge la posibilidad de firmar acuerdos de cooperación entre las confesiones religiosas y el Estado, para ello se han establecido dos requisitos. El primero que la confesión religiosa este inscrita en el RER, requisito lógico como vimos en el apartado anterior, al ser la inscripción constitutiva de la personalidad jurídica (art. 5 LOLR). El segundo que aquellas confesiones que por su ámbito y número de creyentes hubieran alcanzado el notorio arraigo[220].

Resulta difícil determinar en qué es el notorio arraigo, ya que estamos ante un concepto jurídico indeterminado, aunque la propia norma establece que su determinación debe basarse en dos elementos, el ámbito territorial y su número de creyentes. Para resolver este problema en el año 2015 el Real Decreto 593/2015 de 3 de julio desarrolla el concepto de notorio arraigo que regula tanto los requisitos necesarios para la declaración del notorio arraigo como el procedimiento para su obtención y también su perdida.

---

220 Art. 7.1 LOLR: El Estado, teniendo en cuenta las creencias religiosas existentes en la sociedad española, establecerá, en su caso, Acuerdos o Convenios de cooperación con las Iglesias, Confesiones y Comunidades religiosas inscritas en el Registro que por su ámbito y número de creyentes hayan alcanzado notorio arraigo en España.

En relación con los requisitos que las iglesias confesiones o comunidades religiosas deben cumplir, se recogen en el art.3 y son los siguientes:

a) Llevar inscritas en el Registro de Entidades Religiosas treinta años, salvo que la entidad acredite un reconocimiento en el extranjero de, al menos, sesenta años de antigüedad y lleve inscrita en el citado Registro durante un periodo de quince años.
b) Acreditar su presencia en, al menos, diez comunidades autónomas y/o ciudades de Ceuta y Melilla.
c) Tener 100 inscripciones o anotaciones en el Registro de Entidades Religiosas, entre entes inscribibles y lugares de culto, o un número inferior cuando se trate de entidades o lugares de culto de especial relevancia por su actividad y número de miembros.
d) Contar con una estructura y representación adecuada y suficiente para su organización a los efectos de la declaración de notorio arraigo.
e) Acreditar su presencia y participación activa en la sociedad española.

Por su parte el procedimiento para la adquisición del notorio arraigo se regula en los arts. 4 y 5 del RD. El procedimiento se iniciará mediante solicitud de la entidad interesada dirigida al titular de la Subdirección General de Relaciones con las Confesiones, en la que deberán constar los siguientes datos:

a) Identificación de la entidad solicitante con indicación de su número de inscripción en el Registro de Entidades Religiosas.
b) Identificación de los representantes legales de la entidad.
c) Memoria explicativa que acredite el cumplimiento de los requisitos mencionados en el artículo anterior.
d) Domicilio a efectos de notificaciones.

El encargado de la instrucción del procedimiento podrá requerir a la entidad solicitante para que aporte la información o la documentación complementaria que considere necesaria para acreditar el cumplimiento de los requisitos establecidos con anterioridad.

A efectos de la resolución del procedimiento, y de conformidad con lo previsto en el artículo 3.e) del Real Decreto 932/2013, de 29 de noviembre, por el que se regula la Comisión Asesora de Libertad Religiosa, se solicitará a esta Comisión Asesora que emita informe, que tendrá carácter de preceptivo y no vinculante. Instruido el procedimiento, e inmediatamente antes de redactar la propuesta de resolución, se pondrá de manifiesto a la entidad solicitante para que, en un plazo no inferior a diez días ni superior a quince, pueda alegar y presentar los documentos y justificaciones que estime pertinentes. Si antes del vencimiento del plazo la entidad solicitante manifiesta su decisión de no efectuar alegaciones ni aportar nuevos documentos o justificaciones, se tendrá por realizado el trámite.

La resolución corresponde Ministro de Justicia, mediante Orden ministerial. En ésta se expresará si se acuerda conforme con el informe de la Comisión Asesora de Libertad Religiosa o si se aparta de él. En el primer caso, se usará la fórmula «de acuerdo con la Comisión Asesora de Libertad Religiosa»; en el segundo, la de «oída la Comisión Asesora de Libertad Religiosa».

La resolución puede ser positiva de dos formas. La primera, mediante resolución en la que se declare el notorio arraigo de la confesión religiosa en España se publicará en el Boletín Oficial del Estado, sin perjuicio de que toda resolución que ponga fin al procedimiento sea debidamente notificada a la entidad solicitante. La segunda mediante silencio administrativo, ttranscurrido el plazo de seis meses, a partir de la fecha en que la solicitud haya tenido entrada en cualquiera de los Registros del Ministerio de Justicia, si no se hubiese dictado y notificado la resolución, se entenderá estimada.

En el caso de que la resolución sea negativa, existen dos opciones de recurso. El primero, al poner la resolución fin a la vía administrativa, podrá interponerse recurso potestativo de reposición ante el Ministro de Justicia. La segunda, ser impugnada directamente ante el orden jurisdiccional contencioso-administrativo.

Como indicábamos con anterioridad una de las novedades de este real decreto es la regulación del procedimiento del notorio arraigo que se regula en los art. 7 a 10 . La pérdida de la condición de notorio arraigo en España se produce por la modificación sustancial de alguna de las circunstancias requeridas para la obtención de la misma previstas en los apartados b), c), d) y e) del art. 3.

El procedimiento para la pérdida de notorio arraigo se iniciará de oficio por acuerdo del titular de la Dirección General de Cooperación Jurídica Internacional y Relaciones con las Confesiones. Con anterioridad al acuerdo de iniciación del procedimiento, se podrá abrir un período de información previa con audiencia al interesado, con el objeto de determinar las circunstancias concretas, su alcance y la conveniencia o no de iniciar el procedimiento. A la vista de lo actuado, el titular de la Dirección General de Cooperación Jurídica Internacional y Relaciones con las Confesiones podrá acordar la iniciación del procedimiento para la pérdida de la condición de notorio arraigo en España, que seguirá las mismas reglas que para la declaración.

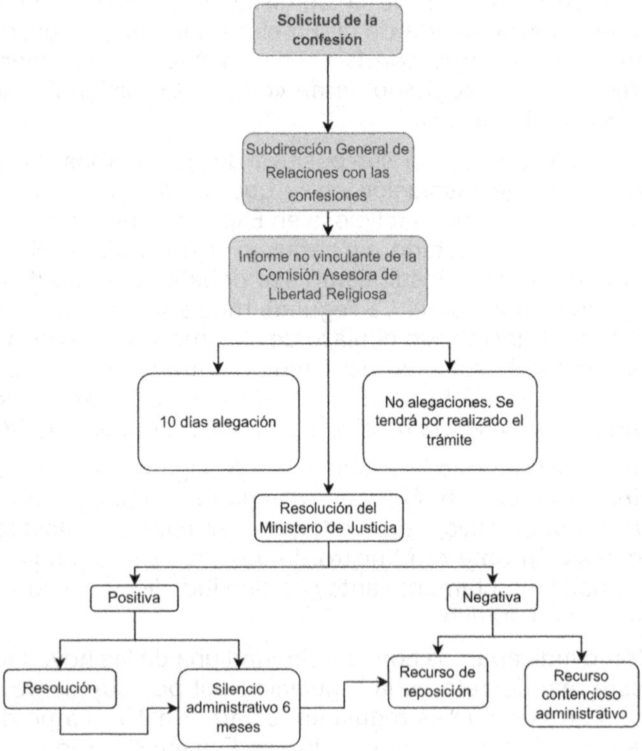

CAPÍTULO VI

EL DERECHO Y LOS GRUPOS RELIGIOSOS (II): ECONOMÍA Y PATRIMONIO

I. Lugares de culto

1.1. Concepto

Una de las características que tiene la libertad religiosa ausente en otros derechos, es el ejercicio del culto. Las ceremonias y actos de culto suelen ser realizados por personas dedicadas precisamente a eso, denominadas con carácter general como ministros de culto. El lugar donde se celebrar ese culto de forma genérica se denomina lugar de culto la propia Ley Orgánica de Libertad Religiosa en su artículo 2.2 lo reconoce como un derecho del que gozan las confesiones religiosas.

No existe en nuestro ordenamiento jurídico una norma que defina lo que es un lugar de culto. En nuestra opinión, el concepto de lugar de culto hace referencia a dos ideas diferentes: la primera, al espacio de reunión de una comunidad religiosa dedicado a la celebración del culto, ceremonias, conmemoraciones, ritos, etc. La segunda, a la implantación local de una entidad o confesión religiosa. Solo las autoridades confesionales están legitimadas para determinar qué es un lugar de culto de su propia confesión. Es un concepto muy general, cada una de las confesiones religiosas las denominan de forma diferente, iglesia; sinagoga, mezquita, etc. Incluso dentro de una misma confesión tienen distintos nombres según determinadas características como puede ser el tamaño, un ejemplo son las diferentes distinciones que hace la Iglesia católica que distingue entre catedral; iglesia, basílica, ermita, etc. Puede ser también un edificio entero o formar parte de un colegio, hospital o aeropuerto.

El Derecho Eclesiástico del Estado, con este término pretende identificar aquellos lugares en los que las confesiones celebran habitualmente sus cultos o ceremonias religiosas. Este uso y finalidad es muy relevante, ya que va a determinar el tratamiento jurídico y protecciones especiales del que gozan estos lugares y de las manifestaciones que allí se celebran, que como hemos visto en apartados anteriores se trata de un espacio sagrado protegido.

Mención aparte son los cementerios, aunque la doctrina no es uniforme, estos suelen equipararse a los lugares de culto por tratarse también de espacios sagrados.

Así el Acuerdo con la FCI en su Art. 2.6: «*Los cementerios judíos gozarán de los beneficios legales que este artículo establece para los lugares de culto...*» en el mismo sentido, el acuerdo con la CIE dispone: Art. 2.5: «*Los cementerios islámicos gozarán de los beneficios legales que el Artículo 5 establece para los lugares de culto*».

En resumen, como indicábamos al principio de este epígrafe podemos concluir que el concepto de lugar de culto no es único sino polisémico. Presenta una tipología general a la que se añaden otras características específicas determinadas por cada confesión al ser éstas las únicas que están autorizadas para otorgarles tal calificación.

1.2. Régimen jurídico

Todos los lugares de culto gozan de inviolabilidad. El Tribunal Supremo ha señalado qué debe entenderse por la expresión jurídica inviolabilidad de un lugar de culto. En este sentido, la Sentencia del Tribunal Supremo, 1279/2019, de 30 de septiembre en su F.J. 6.º: señaló que: «*A juicio de la Sala, la inviolabilidad reconocida por el acuerdo internacional suscrito con la Santa Sede no excluye la vigencia y aplicabilidad de las leyes en el interior de la Basílica. Esa inviolabilidad, dice el artículo 1.5) del Acuerdo de 3 de enero de 1979, es «con arreglo a las Leyes» y esas «Leyes» no pueden ser otras que las españolas. De otro lado, es preciso señalar de nuevo que la Basílica, el conjunto del Valle de los Caídos, es un bien de titularidad pública estatal integrado en el Patrimonio Nacional, aunque se haya confiado su administración a la Comunidad Benedictina. Parece claro que la inviolabilidad en este contexto no puede ir en contra de la aplicación de las «Leyes» cuando en ellas no haya nada que afrente, coarte o impida el pleno ejercicio de la libertad religiosa. Y no la afrenta la actuación recurrida pues no está movida por ningún propósito antirreligioso sino por la significación extrarreligiosa del monumento de titularidad estatal en que yacen los restos a exhumar y por la que, inevitablemente, acompaña a estos últimos».* Con lo que todavía se ha complicado más determinar la explicación de inviolabilidad, ya que, interpretación jurídica de la palabra «inviolabilidad» hay que sumar, «con arreglo a las leyes».

Por su parte hay autores que defienden que deben tener la misma protección otorgada al domicilio en el art. 18.2 CE.

Algunos aspectos concretos de la inviolabilidad contemplados en los acuerdos establecen que los edificios o locales no podrán ser demolidos si no son privados antes de su carácter sagrado así el AJ de 3 de enero Art. I.5: «*... No podrán ser demolidos sin ser previamente privados de su carácter sagrado. En caso de su expropiación forzosa, será antes oída la autoridad eclesiástica competente.*». Respecto a los Acuerdos firmados con otras las confesiones religiosas no católicas mediante Leyes 24, 25 y 26, de 10 de noviembre de 1992 con la FEREDE, la Comunidad Judía de España y la Comisión Islámica de España respectivamente en sus artículos segundo establecen casi de forma idéntica lo mismo: «*Los lugares de culto no podrán ser demolidos sin ser previamente privados de su carácter religioso, con excepción de los casos previstos en las Leyes, por razones de urgencia o peligro*». Se entiende que la autoridad competente para revocar el carácter sagrado es la misma que lo fue para otorgárselo.

Un aspecto muy relevante y que esta aunque no es nuevo de plena actualidad jurídica y social, es el régimen fiscal que afecta a los lugares de culto, así tanto la Iglesia católica como las Confesiones minoritarias con Acuerdo de cooperación están exentos del Impuesto de sobre Bienes Inmuebles. Así en el AAE de 1979, cuyo artículo IV, apartado 1.º, letra A), establece en relación con la Santa Sede, la Conferencia

Episcopal, las diócesis, las parroquias y otras circunscripciones territoriales, las Órdenes y Congregaciones religiosas, y los Institutos de vida consagrada y sus provincias y casas, la *exención total y permanente* de la Contribución Territorial Urbana, (I.B.I.), de:

1) Los templos y capillas destinados al culto y, asimismo, sus dependencias o edificios y locales anejos destinados a la actividad pastoral. Respecto a los Acuerdos firmados con otras las confesiones religiosas no católicas mediante Leyes 24, 25 y 26, de 10 de noviembre de 1992 con la FEREDE, la Comunidad Judía de España y la Comisión Islámica de España respectivamente establecen casi de forma idéntica lo mismo en su art. 11 regulando que las Iglesias pertenecientes a la estarán exentas: «*A) Del Impuesto sobre Bienes Inmuebles y de las contribuciones especiales que, en su caso, correspondan por los siguientes bienes inmuebles de su propiedad: a) Los lugares de culto y sus dependencias o edificios y locales anejos, destinados al culto o a la asistencia religiosa y a la residencia...*».

II. Religión y financiación

2.1. Fundamento

Las confesiones religiosas precisan como es lógico financiación para hacer frente a los compromisos económicos necesarios para poder desarrollar sus propios fines. Con independencia de que puedan existir diversas razones para justificar la financiación de las entidades religiosas por parte del Estado, desde el punto de vista jurídico, es el mismo en todos casos, se basa en un concepto positivo de laicidad, manifestado en el principio de cooperación[221], pero sin que aquellas puedan esgrimir frente al Estado un derecho a recibir financiación pública[222]. Hoy en España, la coopera-

221 A. García Gárate, *Derecho y religión..* ob.cit. p. 218.

222 En sentido contrario, otros países comoF rancia, en donde, según expone Llamazares, «La aplicación del artículo 2 de la Ley de Separación, de 1905, siempre ha conducido a la negación de todo tipo de ayuda económica del Estado, tanto

ción económica estatal respecto de las confesiones religiosas tiene lugar a través de dos vías, la llamada financiación directa por una parte, del que sólo la Iglesia Católica disfruta, a través de un método de asignación tributaria, se complementa por el sistema de dotación presupuestaria[223]. Por otra parte, un sistema de financiación indirecta o de beneficios fiscales, aplicados tanto a la Iglesia Católica como al resto de confesiones acatólicas con los que España ha firmado Acuerdos de cooperación.

2.2. Financiación directa

En la actualidad sólo existe financiación directa para la Iglesia Católica, dentro de este tipo de financiación se pueden distinguir dos tipos. En primer lugar, la llamada dotación presupuestaria, mediante la cual el Estado contribuye con una partida en los Presupuestos Generales del Estado para los gastos, denominada tradicionalmente como *culto y clero,* este tipo de financiación es el propio de los Estados confesionales, en el caso de España se implantó tras el proceso desamortizador del siglo XIX el primer ejemplo lo encontramos en la Constitución de 1837 en su art.11. El segundo sistema es la llamada Asignación tributaria, mediante el cual el Estado permite que los contribuyentes decidan que una parte de su IRPF vaya al sostenimiento de las confesiones religiosas y es el propio de los Estados no confesionales.

Ya centrándonos en la época actual con la firma del Acuerdo sobre Asuntos Económicos de 1979 se revisó el tradicional sistema de aportación económica del Estado español a la Iglesia Católica. En el propio preámbulo se hace referencia a que el nuevo sistema no tiene su fundamento en el pasado «*el Estado no puede ni desconocer ni prolongar indefinidamente obligaciones jurídicas contraídas en el pasado*».

directa como indirecta, a las confesiones religiosas. Sólo una excepción: las donaciones para la construcción de templos están exentas del impuesto correspondiente» en D. LLAMAZARES FERNÁNDEZ, en *Derecho Eclesiástico del Estado. Derecho de la Libertad de Conciencia,* Madrid, 1989, p. 746.

223 M. CEBRÍA GARCÍA, , *La autofinanciación de la Iglesia Católica en España. Límites y posibilidades,* Plaza Universitaria Ediciones , Salamanca, 1998, p. 99.

En el nuevo modelo de colaboración económica tiene como finalidad la autofinanciación de la Iglesia católica como queda claro en el art. II.5 «*La Iglesia Católica declara su propósito de lograr por sí misma los recursos suficientes para la atención de sus necesidades*». Este se pretende realizar de manera gradual por un sistema de fases y de plazos que no se han cumplido.

La primera fase se continuaba con el sistema de dotación presupuestaria global y único que duraría los tres ejercicios siguientes a la firma del Acuerdo. La Iglesia debía remitir al Gobierno una memoria sobre la utilización del dinero recibido. La dotación se actualizaba año a año.

La segunda fase, consistente en un sistema de dotación presupuestaria mixto, es decir, dotación presupuestaria y asignación tributaria. Fue introducido por la ley 33/1987 de 23 de diciembre para los Presupuesto Generales del Estado del año 1988. La idea era que la Iglesia pudiera recaudar por esta vía una cantidad similar a la que obtenía en la fase anterior a través de la dotación presupuestaria. Este sistema debía convivir con el de dotación presupuestaria por un período de tres años, es decir de 1988 a 1990 incluidos, de tal manera que después de ese ejercicio económico el sistema de dotación presupuestaria fuese ya eliminado y pasarse a la siguiente fase.

La tercera fase, fue establecida mediante la disposición adicional décimo octava de la Ley 42/2006 de 28 de diciembre para los Presupuestos Generales del Estado del año 2007. En compensación por asumir la Iglesia impuestos como el IVA en los términos de la normativa comunitaria[224], se elevó el porcentaje de la asignación tributaria hasta el 0,7%[225]. Poniendo fin al sistema de complementos a cargo de los Presupuestos Generales del Estado. De ahora en adelante, la Iglesia católica solo recibe lo que libremente deciden los contribuyentes

La cuarta y última fase, hace referencia a la autofinanciación, como hemos indicado al principio de este punto, la Iglesia católica formulaba su intención de lograr la autofinanciación. La fórmula utilizada no indica un compromiso jurídico concreto, sino que es más bien una declaración de intencio-

224 Hasta ese momento gozaba de una exención del IVA.

225 Hasta ese momento era de 0,5%.

nes, si bien a diferencia de las otras fases no existe un plazo para lograrla. El acuerdo recoge que una vez se haya conseguido tanto el Estado como la Iglesia católica se pondrán de acuerdo para establecer nuevas formas de colaboración económicas. Es difícil establecer cuáles serían estos campos en los que continuará la colaboración financiera cuando la Iglesia católica alcance su autofinanciación. Algún autor ha apuntado la idea de que la Iglesia debería autofinanciarse en sus actividades estrictamente religiosas, mientras que la colaboración financiera del Estado tendría por objeto las funciones asistenciales y sociales desarrolladas por la Iglesia[226].

Es importante remarcar que este sistema no tiene en sí mismo carácter impositivo, como si ocurre en otros países[227], ni tampoco como una carga más para el contribuyente, por dos motivos, en primer lugar el carácter voluntario (por lo que respeta el principio de laicidad), sino porque además en el caso de marcar la casilla en favor de la Iglesia católica el contribuyente no verá afectada la cantidad a ingresar o a devolver. Por último, mencionar que este sistema, que se propuso a las Confesiones no católicas, pero que éstas no aceptaron por diferentes motivos.

En relación con la financiación de las confesiones minoritarias, la Ley de Presupuestos Generales del Estado 2/2004 de 27 de diciembre recogió en su Disposición Adicional 13.ª, una partida para financiar proyectos que tuviesen una finalidad de integración social y cultural de minorías religiosas no católicas para las confesiones con notorio arraigo aunque no tuviesen Acuerdo, que se repetirá anualmente hasta que las confesiones religiosas lleguen a la autofinanciación. Esta

---

226 L. M. Cazorla Prieto, «La asignación tributaria en favor de la Iglesia católica en el marco de las relaciones económicas entre el Estado español y la Santa Sede» en AA. VV., *La asignación tributaria para fines religiosos.* Madrid. 1989, p.25.

227 Como es el caso de Alemania donde las leyes federales establecen la cuantía del impuesto eclesiástico en Alemania. En Berlín esta ley se llama Kirchensteuergesetz (KiStG). El importe es el 9% del impuesto sobre los ingresos por el trabajo (Lohnsteuer o que se establecen en la declaración de la renta en caso de personas autónomas. Para saber más en J. Isensee, «La financiación de la misión de las Iglesias en la República Federal de Alemania», en AA. VV *Constitución y relaciones Iglesia-Estado en la actualidad,* 94 y ss.

partida es gestionada por la fundación estatal denominada Fundación Pluralismo y Convivencia adscrita al Ministerio de la Presidencia, Relaciones con las Cortes y Memoria Democrática, tienen como objetivo incentivar el reconocimiento y el acomodo de la diversidad religiosa como elementos básicos para la garantía del ejercicio efectivo de la libertad religiosa y la construcción de un adecuado marco de convivencia. De acuerdo con sus estatutos aprobado por el RD 45/2021 de 26 de enero, sus fines se recogen en el art. 7 «*Son fines de la Fundación contribuir a la ejecución de programas y proyectos de carácter cultural, educativo, social, y de promoción de las condiciones necesarias para el ejercicio efectivo del derecho de libertad religiosa en los términos previstos en el artículo 1 de estos estatutos, por parte de las confesiones no católicas con acuerdo de cooperación con el Estado español o con notorio arraigo en España, así como la ejecución y promoción de actividades relacionadas con la investigación, la sensibilización y el asesoramiento en la gestión de la diversidad religiosa*».

En consecuencia como indicábamos con anterioridad, únicamente pueden ser financiadas actividades de carácter cultural, y educativo e integración social de las confesiones con notorio arraigo excluyendo de esta financiación, como sería lógico incluir, las actividades de culto que son propiamente religiosas. Por otro lado, sería más acorde a la exigencia de neutralidad por parte de la Administración pública un sistema de reparto que no lo decidiese un ente público, sino que fuesen los propios ciudadanos similar a lo que ocurre con las Asignación tributaria de la Iglesia y se ajustaría más a la laicidad del Estado.

2.3. Financiación indirecta

La práctica totalidad de los países europeos como también en Estados Unidos, ayudan a las confesiones religiosas a través de beneficios fiscales. La financiación indirecta, consiste en que el Estado, teniendo en cuenta las actividades no lucrativas y sociales que llevan a cabo las confesiones religiosas establece un régimen fiscal y tributario más favorable. Aunque en España debido al tradicional modelo confesional solo la Iglesia católica gozaba de un régimen fiscal privilegiado con la entrada en vigor de la ya mencionada Ley de Libertad Religiosa 1967 estas ventajas fiscales también se aplicaron a las confesiones minoritarias inscritas en el Registro del Ministerio de Justicia.

El ordenamiento jurídico español establece el principio de equiparación, a efectos fiscales, de las confesiones religiosas que tienen acuerdos con el Estado y de sus entidades, a las entidades privadas sin fines lucrativos[228]. Esta equiparación deriva de una disposición unilateral del Estado y no de una exigencia contenida en la Ley Orgánica de Libertad Religiosa. Lo que significa que la cooperación económica con las Confesiones religiosas es potestativa y no obligatoria para el Estado, y puede instrumentarse, a través de un Acuerdo o mediante la Legislación tributaria, de forma unilateral como ocurre en este caso.

Como indicábamos al principio de este punto, esta forma de financiación consiste en el establecimiento dentro del sistema tributario de supuestos de no sujeción, exenciones y otros beneficios fiscales (deducciones, bonificaciones y desgravaciones)[229]. En este sentido es importante el acuerdo al que llegaron el 29 de marzo de 2023 la Santa Sede y el Gobierno español, mediante el cual la Iglesia católica ha renunciado al derecho sobre las exenciones de los impuestos sobre la Construcciones Instalaciones y Obras (ICIO) y

228 Artículo 7.2 de la Ley Orgánica7/1980, de 5 de julio, de Libertad Religiosa: «*En los Acuerdos, o Convenios, y respetando siempre el principio de igualdad, se podrá extender a dichas Iglesias, Confesiones y Comunidades los beneficios fiscales previstos en el ordenamiento jurídico general para las Entidades sin fin de lucro y demás de carácter benéfico*» y también Disposición adicional 9.a, apartado 3, de la Ley 49/2002, de 23 de diciembre, de régimen fiscal de las entidades sin fines lucrativos y de los incentivos fiscales al mecenazgo: «*Las entidades de la Iglesia católica contempladas en los artículos IV y V del Acuerdo sobre Asuntos Económicos entre el Estado español y la Santa Sede, y las igualmente existentes en los acuerdos de cooperación del Estado español con otras iglesias, confesiones y comunidades religiosas, serán consideradas entidades beneficiarias del mecenazgo a los efectos previstos en los artículos 16 a 25, ambos inclusive, de esta Ley*».

229 E. González, «Régimen fiscal y subvenciones a las instituciones de la Iglesia católica» *Constitución y Acuerdos Iglesia-Estado. Actas del II Simposio Hispano-Alemán*. UPCM, Madrid, 1988, p. 294.

los que afectan a las Contribuciones Especiales que estaban contemplados en los Acuerdos con la Santa Sede[230].

Para atender a los supuestos concretos de exención o no sujeción por parte de las confesiones religiosas y sus entidades hay que remitirse a los art. III; IV; V del Acuerdo sobre Asuntos Económicos de 3 de enero de 1979 en el caso de la Iglesia católica y al art. 11 de los Acuerdos firmados con las confesiones minoritarias. En el caso del primero, de la exención se refieren a aquellos actos que reúnen todos los requisitos para ser gravados, pero que, por razones especiales, la Ley los excluye de tributación. En el caso del segundo, la no sujeción, sirve como técnica para completar la definición de los hechos imponibles, aclarando que «quedan fuera de ellos supuestos que, en rigor, no cumplen todos los requisitos legales para ser gravados, pero que, por presentar semejanzas con otros hechos imponibles, en la práctica, pueden dar lugar a dudas sobre si se encuentran o no sometidos a tributación»[231].

Respecto a la no sujeción no están sujetas a tributo alguno las colectas públicas y recogidas de limosnas; la entrega gratuita de publicaciones de boletines o instrucciones de carácter religioso o la enseñanza en seminarios o centros de formación de ministros de culto.

Es importante destacar en relación con el IVA que exime a todas las confesiones religiosas inscritas (no únicamente a

---

230 De esta manera el Gobierno español derogará la orden ministerial de 5 de junio de 2001 del Ministerio de Economía y Hacienda donde se regulaba la inclusión de este impuesto en el Acuerdo entre el Estado Español y la Santa Sede sobre Asuntos Económicos. Esta modificación ha tenido su origen en la Sentencia del Tribunal de Justicia de la Unión Europea. Asunto C-74/16 (Congregación de Escuelas Pías Provincia Betania/Ayuntamiento de Getafe) de 27 de junio de 2017, que tiene por objeto una petición de decisión prejudicial planteada, con arreglo al artículo 267 TFUE, por el Juzgado de lo Contencioso-Administrativo n..° 4 de Madrid, mediante auto de 26 de enero de 2016, recibido en el Tribunal de Justicia el 10 de febrero de 2016, en el procedimiento entre Congregación de Escuelas Pías Provincia Betania y Ayuntamiento de Getafe, cuyo impuestos de reforma reclamo el consistorio municipal.

231 F. De Luis Díaz-Monasterio, «El régimen tributario de la Iglesia católica en España», *en XIX Semana de Derecho Canónico, Salamanca,* 1985, p. 323.

las que tienen Acuerdo) de su pago en relación a unas actividades en concreto. Pero la Iglesia católica gozaba de una regulación especial con respecto a este impuesto que como hemos visto en el punto anterior en el año 2006 renunció a cambio del aumento del sistema de asignación tributaria del 0,5 % al 0,7 %.

Acerca del IBI el art. IV del Acuerdo con la Iglesia regula la exención de este impuesto en general a los templos y lugares de culto, vivienda de los clérigos que los atienden, ... Otro ejemplo sería el impuesto de sociedades que hasta el año 1978 la Iglesia católica no estaba sujeta al mismo, en ese año se incluyó junto con las demás Confesiones declarándolas exentas en algunos supuestos.

III. Patrimonio cultural

El art. 46 de la Constitución española recoge que «*los poderes públicos garantizarán la conservación y promoverán el enriquecimiento del patrimonio histórico, cultural y artístico de los pueblos de España y de los bienes que lo integran, cualquiera que sea su régimen y titularidad*». Lo que significa que todos los bienes que integran este patrimonio constituyen una categoría única de bienes, cuya conservación y enriquecimiento debe ser obligatoriamente garantizada por el Estado español.

Los Acuerdos entre la Santa Sede y el Estado de 1979 incluyen en referencias concretas a los bienes culturales. Así el art.1.6 AJ establece la inviolabilidad de los archivos, registros y demás documentos pertenecientes a las entidades eclesiásticas. También ya de una manera más precisa el Acuerdos sobre Enseñanza y Asuntos Culturales en su preámbulo hay una primera mención en la que se justifica una colaboración para su conservación «*Finalmente, el patrimonio histórico, artístico y documental de la Iglesia sigue siendo parte importantísima del acervo cultural de la Nación, por lo que la puesta de tal patrimonio al servicio y goce de la sociedad entera, su conservación y su incremento justifican la colaboración de Iglesia y Estado*». La segunda mención la encontramos en el art. XV que establece que «*La Iglesia reitera su voluntad de continuar poniendo al servicio de la sociedad su patrimonio histórico, artístico y documental y concertará con el Estado las bases para hacer efectivos el interés común y la colaboración de ambas partes, con el fin de preservar, dar a conocer y catalogar este patrimonio cultural en posesión de la Iglesia, de facilitar su contemplación y estudio, de lograr su mejor conservación e impedir cualquier clase de pérdidas en el marco del artículo 46 de la Constitución. A estos efectos, y a cualesquiera otros relacionados con dicho patrimonio, se creará una Comisión Mixta en el plazo máximo de un año a partir de la fecha de entrada en vigor en España del presente Acuerdo*». Como podemos observar se expresa el compromiso mutuo por ambas partes de cooperar y dar cumplimiento al mencionado art. 46 de la CE.

La actual configuración autonómica del Estado ha tenido una gran incidencia en la organización territorial de la tutela del patrimonio cultural de la Iglesia. Las Comunidades Autónomas han asumido importantes competencias en esta materia en virtud de la Constitución (art. 148.1.16.ª y 149.1.28.ª[232]), teniendo además capacidad ejecutiva en materia de acuerdos internacionales que afecten a su competencia y, por consiguiente, para la ejecución de los acuerdos con la Santa Sede y las normas concordatarias complementarias sobre patrimonio cultural.

Por su parte los Acuerdos de cooperación del Estado español con la Federación de Comunidades Israelitas y con la Comisión Islámica de España aprobados el de 10 de noviembre de 1992, se refieren en su art. 13 al patrimonio histórico, artístico y cultural de las respectivas comunidades. La cuestión, sin embargo, no aparece contemplada en el Acuerdo con la Federación de Entidades Religiosas Evangélicas de España de la misma fecha, el motivo es la casi inexistencia de patrimonio histórico o artístico de las iglesias evangélicas en España.

232 Establece que Las Comunidades Autónomas podrán asumir competencias en las siguientes materias: Patrimonio monumental de interés de la Comunidad Autónoma art. 148. 16.ª y el art. 149.1.28.ª El Estado tiene competencia exclusiva sobre las siguientes materias: Defensa del patrimonio cultural, artístico y monumental español contra la exportación y la expoliación; museos, bibliotecas y archivos de titularidad estatal, sin perjuicio de su gestión por parte de las Comunidades Autónomas.

CAPÍTULO VII
ASISTENCIA RELIGIOSA Y MINISTROS DE CULTO

I. Asistencia religiosa

Resulta complicado definir la asistencia religiosa debido a los variados modelos de asistencia religiosa existentes en el territorio español, para a partir de ellos dar con un concepto que encaje perfectamente con todas las variantes. Para entender el concepto debemos tener en cuenta dos ideas principales: el carácter público de los centros en que resulta de aplicación y la titularidad del derecho a la asistencia religiosa[233].

Por lo que se refiere a la titularidad del derecho a la asistencia religiosa, pueden ser dos, de un lado si lo que se trata es de promocionar el hecho religioso será la confesión, de otro lado, si lo que se pretende es proteger la libertad religiosa es el sujeto titular del mismo, ya que será él, la persona que podrá reclamar al Estado que facilite los medios para que la asistencia sea efectiva, lo que exigirá como no puede ser de otro modo la colaboración de la confesión respectiva. Por lo tanto, concurren tres sujetos distintos:

- El ciudadano, que está en una situación de sujeción especial con respecto al Estado y que es titular del derecho a recibir asistencia religiosa.

233 Aunque también existe alguna referencia a los centros privados, un ejemplo es el art. IV del Acuerdo sobre Asuntos Jurídico *«El Estado reconoce y garantiza el ejercicio del derecho a la asistencia religiosa de los ciudadanos internados en establecimientos penitenciarios, hospitales, sanatorios, orfanatos y centros similares, tanto privados como públicos»*.

- Las Confesiones religiosas, que son las instituciones legitimadas para satisfacer el derecho del ciudadano prestando los servicios religiosos.
- El Estado, que coloca al ciudadano en la situación de sujeción especial y que debe procurarle el real y efectivo ejercicio de su derecho eliminando los impedimentos que dificultan su realización.

La asistencia religiosa por tanto se puede definir como la posibilidad de recibir servicios religiosos por parte de la religión que se profese a petición del interesado en situaciones especiales y que exigen una cooperación por parte del Estado para que dicha asistencia pueda llevarse a término. El fundamento jurídico de la asistencia religiosa es que forma parte del derecho de libertad religiosa y de culto, que es un Derecho fundamental, conforme al art. 16.1 Constitución española ya mencionado, también recoge que corresponde a los poderes públicos promover las condiciones necesarias para que ese Derecho sea real y efectivo y remover los obstáculos que impiden o dificultan su plenitud, tal y como establece el art. 9.2 de la CE, así como el art. 2.1.b de la LOLR que recoge el derecho a recibir asistencia religiosa de su propia confesión.

Estas situaciones especiales se identifican con base en el art.2.3 de la LOLR en el ámbito de las Fuerzas Armadas, sistema hospitalario público y centros penitenciarios a los que pueden añadirse otros (como centros de menores, residencias para personas de la tercera edad o cualquier otro bajo dependencia del Estado)[234].

1.1. Asistencia religiosa en la Fuerzas Armadas

La ley 17/1999 de 18 de mayo del Régimen del Personal de las Fuerzas Armadas atribuye a sus miembros los derechos y libertades establecidos en la Constitución y en las Reales

234 Art. 2.3 LOLR establece que: «los poderes públicos adoptarán las medidas necesarias para facilitar la asistencia religiosa en los establecimientos públicos, militares, hospitalarios, asistenciales, penitenciarios y otros bajo su dependencia, así como la formación religiosa en centros docentes públicos».

Ordenanzas para las Fuerzas Armadas (Art. 150. 1.º)[235]. Estas Reales Ordenanzas Reales Ordenanzas de los tres Ejércitos reconocen el derecho de libertad religiosa de los miembros de las Fuerzas Armadas, así como su facultad de no declarar sobre su ideología, religión o creencias, pero también recogen la posibilidad de que sean preguntados a fin de poder organizar la asistencia religiosa, pudiendo abstenerse de contestar si lo desean. Además, los mandos militares están obligados a otorgar el tiempo necesario para asistir a los actos de culto, proporcionar lugares y medios adecuados para el desarrollo de actividades religiosas, etc.[236].

Esta asistencia religiosa hace referencia a tres supuestos diferentes:

- Iglesia católica, mediante el Acuerdo de 3 de Enero de l979 sobre Asistencia Religiosa católica a los miembros de las Fuerzas Armadas . La organización de la asistencia religiosa en el ámbito militar cambia con la Ley 17/ l989 de 9 de Julio reguladora del Régimen del Personal Militar Profesional, norma que ha sido derogada por la ley 17/1999 de 18 de Mayo del Régimen del Personal de las Fuerzas Armadas que en su Disposición Final cuarta mantiene el régimen de asistencia previsto en la norma que deroga.
- Asistencia religiosa de las Confesiones con Acuerdo, La Ley 17/1999 recoge el derecho de los militares evangélicos, judíos y musulmanes a recibir asistencia religiosa de su Confesión, en los términos previstos en los respectivos Acuerdos (Disposición Final cuarta, Ap. 5.º). Los pactos con la FEREDE. FCI, y CIE prevén la asistencia religiosa a las Fuerzas Armadas en condiciones equiparables a las de la Iglesia Católica (Art. 8).

235 Art. 150.1° establece que: «*El régimen de derechos, libertades y deberes de los militares profesionales es el establecido en la Constitución, en las disposiciones de desarrollo de la misma y, según lo previsto en la Ley Orgánica por la que se regulan los criterios básicos de la defensa nacional y la organización militar, en las Reales Ordenanzas para las Fuerzas Armadas*».

236 RD 2945/1983 de 9 de Noviembre por el que se aprueban las R.O. del Ejército de Tierra; R.D. 494/1984 de 22 de Febrero, por el que se aprueban las R.O. del Ejército del Aire; R.D. 1024/1984 de 23 de Mayo, por el que se aprueban las R.O. de la Armada.

- Asistencia religiosa de otras confesiones, Está prevista en el Ap. 6o de la Disposición Final Cuarta de la ley 17/1999 del Régimen del Personal de las Fuerzas Armadas cuando establece que los militares profesionales podrán recibir, si lo desean, asistencia religiosa de ministros de culto pertenecientes a Confesiones o Comunidades inscritas en el Registro de Entidades Religiosas en los términos previstos en el Ordenamiento.

1.2. Instituciones Penitenciarias

La Ley Orgánica 1/1979, de 26 de septiembre, General Penitenciaria, establece, en su artículo 54, que la Administración garantizará la libertad religiosa de los internos y facilitará los medios para que dicha libertad pueda ejercitarse.

Por su parte, la Ley Orgánica 7/1980, de 5 de julio, de Libertad Religiosa, establece, en su artículo 2.3, que los poderes públicos adoptarán las medidas necesarias para facilitar la asistencia religiosa, entre otros centros, en los establecimientos públicos penitenciarios bajo su dependencia.

Mediante las leyes 24, 25 y 26/1992, todas ellas de 10 de noviembre, se aprobaron los Acuerdos de Cooperación del Estado, respectivamente, con la Federación de Entidades Religiosas Evangélicas de España, con la Federación de Comunidades Israelitas (en la actualidad, Judías) y con la Comisión Islámica de España. En el art. 9 de dichos Acuerdos se garantiza el ejercicio del derecho a la asistencia religiosa de los fieles de dichas confesiones internados en establecimientos penitenciarios proporcionada por los ministros de culto designados por las iglesias o comunidades respectivas, debidamente autorizados por los organismos administrativos correspondientes.

Posteriormente, el Real Decreto 190/1996, de 9 de febrero, por el que se aprueba el Reglamento Penitenciario, dedicaba el capítulo III del título IX a la Asistencia religiosa, estableciendo el sometimiento en materia de asistencia religiosa, de los internos pertenecientes a confesiones que cuenten con Acuerdo de Cooperación con el Estado, a lo dispuesto en estos últimos.

Este Real Decreto ha sido modificado por Real Decreto 710/2006, de 9 de junio, de desarrollo de los Acuerdos de

Cooperación firmados por el Estado con la Federación de Entidades Religiosas Evangélicas de España, la Federación de Comunidades Judías de España y la Comisión Islámica de España, en el ámbito de la asistencia religiosa penitenciaria que tiene un carácter de norma básica y es de aplicación directa en todo el territorio del Estado, que en su art. 2 recoge el contenido de la asistencia religiosa en este ámbito «*Se considerarán funciones de asistencia religiosa las dirigidas al ejercicio del culto, la prestación de servicios rituales, la instrucción y el asesoramiento moral y religioso así como, en su caso, las honras fúnebres en el correspondiente rito*».

La intervención estatal en estos centros tiene su fundamento en el principio de compensación: el Estado priva al ciudadano de su derecho de libre circulación, pero considera que no debe privarle por ello de su derecho de libertad religiosa[237].

Es importante destacar, que en el año 2007, los ministros de culto de Justicia e Interior firmaron un Convenio con los Secretarios Generales del CIE por el que el Estado se hace cargo de los gastos ocasionados por la asistencia religiosa islámica cuando lo soliciten al menos 10 reclusos, Convenio que se renueva todos los años. Este privilegio no lo ostentan el resto de confesiones.

1.3. Asistencia hospitalaria

La presencia de la Iglesia católica en el sistema sanitario español es muy evidente y de notable importancia, ya que, numerosos centros sanitarios son propiedad de órdenes religiosas y son por ellas gestionados, pero, además, tanto en centros públicos como privados, en ocasiones encontramos a numerosos religiosos católicos realizando asistencia sanitaria. Esto nada tiene que ver con la asistencia religiosa, igual que ocurre con las órdenes religiosas que desempeñan labores docentes.

En el caso de la asistencia hospitalaria, es la enfermedad la que impide la posibilidad de los individuos de satisfacer sus necesidades religiosas, lo que justifica la ayuda estatal, que consiste, sobre todo, en facilitar la asistencia espiritual de

237 I.C Iban, Asistencia Religiosa, *Curso de Derecho Eclesiástico*, Madrid 1991, pp. 474-475.

los ministros de culto en el interior de los recintos hospitalarios[238]. El tratamiento es distinto según se trate de asistencia católica, cuya prestación se realiza de manera estable y es financiada por el Estado, y asistencia de otras Confesiones, para las que se ha previsto el sistema de libre acceso.

En el caso de la Iglesia católica el art. 4 del AJ. y referida al ámbito hospitalario público, se reconoce el derecho de las personas internadas en hospitales a recibir asistencia religiosa e indica, además cómo se puede hacer posible el ejercicio efectivo de ese derecho: a través del común acuerdo entre las autoridades eclesiásticas y las estatales. Por eso, el régimen jurídico de la asistencia católica hospitalaria es un régimen pactado entre órganos eclesiásticos y estatales[239].

En los tres Acuerdos firmados con las Confesiones se establece que, previa autorización de la autoridad sanitaria correspondiente, aquellos que vayan a desarrollar tal tipo de asistencia tendrán libre acceso y sin limitación de horarios a los centros hospitalarios. En relación con la financiación se establece de una manera clara que corresponderá a las propias confesiones salvo en la Comisión Islámica, en caso de acuerdo entre representantes de la CIE y la dirección del hospital se prevé una posible financiación pública de los mismo.

II. Ministros de culto

2.1. Concepto

Al igual que en el caso de los lugares de culto, tampoco en nuestro ordenamiento se define qué es un ministro de culto. El concepto de ministro de culto constituye un presupuesto para el ordenamiento jurídico español. El ostentar la condición de ministro de culto determinará determinadas consecuencias jurídicas. La Ley Orgánica de Libertad Religiosa reconoce esto al establecer en el art.2.2 que la libertad

238 A. Motilla, Asistencia religiosa, *Manual de Derecho Eclesiástico*, Madrid 2004, p. 284.

239 M. Moreno Antón, La asistencia religiosa en el ámbito hospitalario público español, *Revista Española de Derecho Canónico* vol. 49, no 133, 1992, pp. 661 y ss.

religiosa comprende «*el derecho de las Iglesias, Confesiones y Comunidades religiosas... a designar y formar a sus ministros*». Esto no significa que cuando una confesión designa a sus ministros de culto y estos tengan acceso a los eventuales tratos específicos que les reserve el ordenamiento. Cuando de manera expresa se incluye a unos determinados ministros de culto en una norma específica, son ellos y no el resto los que reciben el trato previsto en la misma.

Aunque como hemos indicado al principio de este epígrafe que nuestro ordenamiento ni si quiera pretende dar una definición de ministro de culto, en el caso de la Iglesia católica su notoriedad manifiesta es tal que no hace necesario que el Estado haya adoptado ninguna definición sin mayores precisiones. Sin embargo, si hay intentos de definición de lo que sea un ministro de culto de cada confesión que ha suscrito acuerdos con el Estado. Se refiere a la persona que dirige la liturgia o el servicio religioso propio de cada confesión religiosa.

Según el artículo 3 del Acuerdo de cooperación del Estado español con la FEREDE:

«*A efectos legales, son ministros de culto de las Comunidades pertenecientes a la FEREDE las personas físicas que estén dedicadas, con carácter estable, a las funciones de culto o asistencia religiosa y acrediten el cumplimiento de estos requisitos, mediante certificación expedida por la Iglesia respectiva, con el visado de la Comisión Permanente de la FEREDE.*» Según el artículo 3 del Acuerdo de cooperación del Estado español con la FCJ «*A efectos legales, son ministros de culto de las Comunidades pertenecientes a la FCJE las personas físicas que, hallándose en posesión de titulación de Rabino, desempeñan funciones religiosas con carácter estable y permanente y acrediten el cumplimiento de estos requisitos mediante certificación expedida por la Comunidad a la que pertenezcan, con el visado de la Secretaria General de la FCJE*». Aunque sin utilizar el término Ministro de Culto, los mismos efectos legales están contemplados en el artículo 3 del Acuerdo de cooperación del Estado español con la Comisión Islámica de España para los dirigentes religiosos musulmanes e imames.

Podemos observar que dos son los parámetros utilizados por el art. 3 de los Acuerdos para identificar a los ministros de culto. En primer lugar, la dedicación personal al ministerio litúrgico y de formación religiosa. En segundo lugar, la estabilidad en dicho oficio. Es relevante que ambos requisitos son certificados por la propia confesión.

2.2. El secreto ministerial

Hay determinadas profesiones como puede ser la abogacía o la medicina, en las que se puede tener conocimiento de algunos datos que pertenecen a la esfera más íntima del individuo, ya que el conocer ciertos datos de carácter personal es fundamental para la actuación del profesional de turno. Hay que tener en cuenta que nuestro ordenamiento jurídico prescribe la obligación de todo ciudadano de colaborar con la justicia. Teniendo en cuanta ambas cosas se ha establecido una exención de esta obligación para aquellos que ejerzan tales profesiones en relación con sus clientes. Es un tema de plena actualidad, ya que, algunos países como por ejemplo Australia esta eliminando el denominado secreto de confesión[240].

240 Destacamos, por su actualidad y relevancia, los siguientes trabajos: R. Palomino, «Sigilo de confesión y abuso de menores», *Ius canonicum,* vol. 59, 2019. 767-809 La pretensión principal de su trabajo se resume en dilucidar si la normativa estatal que obliga a los sacerdotes a quebrantar el sigilo de confesión infringe el derecho de libertad religiosa, argumentando la protección secular del sigilo de confesión; J. Salinas Mengual, , «La tutela del secreto de confesión en el contexto del Derecho comparado y de la Nota de la penitenciaría Apostólica sobre el fuero interno y la inviolabilidad del sigilo sacramental», *Revista General de Derecho Canónico y Derecho Eclesiástico del Estado,* 51, octubre, 2019, pp. 1-36 el autor analiza exhaustivamente la Nota de la penitenciaría Apostólica, la que considera justifica la inviolabilidad absoluta del sigilo aplicando los conceptos de una relación jurídica —no exclusivamente en criterios de fe—, y analiza el por qué el sigilo sacramental forma parte esencial del derecho de libertad religiosa; y T. Osuala Mbadiwe, «Sigilo sacramental y denuncia obligatoria del abuso de menores. Una mirada global», *Revista española de Derecho canónico,* 76, 2019, pp. 215-239 (analiza el estado de la cuestión de la protección civil y canónica del sigilo sacramental y se reflexiona sobre el secreto confesional y la política de protección de menores; especialmente relevante resulta el apartado crítico sobre la respuesta eclesiástica a la obligación de denuncia obligatoria, en el que resalta importantes incohe-

El secreto de confesión se recoge de manera expresa en el art. II del Acuerdo con la Santa Sede de 1976 explicado ya en epígrafes anteriores, establece que: «*En ningún caso los clérigos y los religiosos podrán ser requeridas por los jueces y otras Autoridades para dar información sobre personas o materias de que hayan tenido conocimiento por razón de su materia*». Mientras que en el art. 3 de los Acuerdos de cooperación con las confesiones minoritarias, de manera muy similar se hace referencia a la exención de declarar en los siguientes términos: «*Los ministros de culto... no estarán obligados a declarar sobre hechos que les hayan sido revelados en el ejercicio de sus funciones de culto o de asistencia religiosa*». La única peculiaridad la encontramos en el Acuerdo con la Comisión Islámica en el que se especifica que este secreto se reconoce «*en los términos legalmente establecidos para el secreto profesional*», esto quiere decir que para las personas musulmanas, este secreto a diferencia de lo que ocurre con católicos, judíos y evangélicos, no tienen naturaleza religiosa.

También la Ley de Enjuiciamiento Criminal establece que «*no podrán ser obligados a declarar, como testigos, los eclesiásticos o ministros de culto disidentes, sobre los hechos que les fueran revelados en el ejercicio de las funciones de su ministerio*» (arts. 417.1 LECrim). Por su parte, también en el orden procesal civil se contempla la previsión sobre el secreto religioso. No obstante, se comprueba que su tratamiento se aleja de manera significativa del hasta ahora expuesto, en el que el secreto ministerial se percibe como límite para el correcto y pleno funcionamiento de la prueba testifical y contrapeso al deber legal de declarar y/o denunciar, configurándose como causa de exención[241]. Así la LEC en el art. 371 establece que: «*Cuando, por su estado o profesión, el testigo tenga el deber de guardar secreto respecto de hechos por los que se le interrogue, lo manifestará razonadamente y el tribunal, considerando el fundamento de la negativa a declarar, resolverá, mediante providencia, lo que proceda en Derecho*».

---

rencias y la existencia de jurisdicciones eclesiásticas con una política de protección de menores sin protección alguna al sigilo sacramental.

241 En M. Salido, «Discusiones en torno al elemento subjetivo del Secreto Confesional» en *Anuario de Derecho Eclesiástico del Estado*, vol. XXXVII 2021, p. 608.

Por lo que no están eximidos de la obligación de declarar, pero pueden ser liberados de la obligación de la misma.

2.3. Régimen laboral y Seguridad Social

La inclusión de los ministros de culto en el Sistema de Seguridad Social, no se debe ni a un privilegio, ni como exigencia de la libertad religiosa ni al deber de promoción del hecho religioso por parte del Estado. Sino más bien a la vocación expansiva de la Seguridad Social que tiende a recoger en el ámbito de su acción protectora el aseguramiento de todos los riesgos sociales que afectan a los distintos grupos o colectivos de personas; en consonancia, con todo ello, pareció el momento oportuno para extender la cobertura de la Seguridad Social a los Ministros de la Iglesia Católica y demás Iglesias y Confesiones Religiosas, en los que concurren, básicamente, las condiciones para su efectiva integración en el ámbito de nuestra Seguridad Social

Así las cosas, el art. 1.1 del Real Decreto 2398/1977 de 27 de agosto por el que se regulaba la Seguridad Social del Clero estableció que: «*Los Clérigos de la Iglesia Católica y damas Ministros de otras Iglesias y Confesiones Religiosas debidamente inscritas en el correspondiente Registro del Ministerio de Justicia que darán incluidos en el* ámbito *de aplicación del Régimen General de la Seguridad Social, en las condiciones que reglamentariamente se determinen*». Puede parecer al leer el texto que incluye a todos los ministros de confesiones inscritas estaban incluidos en dicho régimen; sin embargo, no es así, ya que únicamente estaban los católicos por indicación expresa de la propia norma y los de las tres confesiones con acuerdo, pues en los respectivos acuerdos en el art. 5 se produce una remisión a la misma. Las condiciones que impone el art. 7 de la LGSS del Real Decreto Legislativo 1/1994, de 20 de junio, por el que se aprueba el Texto Refundido de la Ley General de la Seguridad Social para estar comprendidos en el sistema de la Seguridad Social, presentan aspectos que los asimilan a los sujetos que sí lo están. Este es el caso de los ministros de culto de distintas Iglesias y confesiones religiosas, y de los religiosos y religiosas de la Iglesia Católica.

Los clérigos de la Iglesia Católica y de las demás Iglesias y confesiones religiosas con acuerdo han quedado integrados en el Régimen General de la Seguridad Social como asimilados, dentro de determinadas condiciones, a trabajadores por cuenta ajena, al entender que su actividad pastoral al servicio de la confesión religiosa reunía las características necesarias para ello. Esta asimilación en ningún caso responde a una supuesta naturaleza laboral de la relación jurídica que los une con la Iglesia o confesión religiosa, que, al contrario, no podrá calificarse de tal mientras se limite a la labor de asistencia religiosa y de culto o a cualesquiera otras inherentes a sus compromisos religiosos[242].

Un caso particular lo constituye el de los religiosos que prestan servicios docentes en un Centro dependiente de la Congregación u Orden religiosa. La Dirección de Régimen Jurídico de la Seguridad Social dictó una resolución de fecha 26 de diciembre de 1988 en la que se concluye que «*el alta en el Régimen General de la Seguridad Social de los religiosos que presten servicios docentes en un Centro correspondiente a su Congregación u Orden religiosa, como trabajadores por cuenta ajena sólo procederá cuando los interesados acrediten fehacientemente la existencia de relación laboral*»[243]. Lo que va a determinar la relación laboral va a ser la nota de retribución. Pero en este caso ya no se hablaría propiamente de una inclusión por asimilación en el Régimen General como indicábamos al principio del epígrafe, sino del encuadramiento por cumplirse, sin salvedades, los requisitos del art. 7.1.a) de la LGSS[244].

242 Esto se desprende de la STS de 14 de mayo de 2001 (sobre esta sentencia y, en general, sobre la relación que une al ministro de culto con su confesión religiosa *vid.* M. Rodríguez Blanco, «La relación entre el ministro de culto y su propia confesión. Paralelismos y diferencias entre la jurisprudencia española y la jurisprudencia inglesa», en *Anuario de Derecho Eclesiástico del Estado*, 19, 2003, pp. 347-390.

243 En este mismo sentido, en una Resolución de 29 de abril de 1988 la Dirección General de Régimen Jurídico de la Seguridad Social concluyó: «*en tanto en cuanto la Congregación aparezca como titular y gestora de los Centros de enseñanza y geriátricos, cabe admitir la posibilidad de que aquélla suscriba contratos de trabajo con sus miembros para la realización de las actividades propias de tales centros empresariales, con la consiguiente inclusión en el Régimen General de la Seguridad Social*».

244 A. Piñeyroa De La Fuente, «Campo de aplicación del sistema

Por tanto, se dispone que a los ministros de culto les corresponde la satisfacción de las cuotas debidas al trabajador y la confesión es la encargada de asumir las obligaciones propias del empresario.

Por último, en lo referido a las posibles prestaciones indicar que la ausencia de ingresos, como consecuencia, en la mayor parte de los casos, del voto de pobreza que hacen los religiosos ha planteado la posibilidad de que éstos puedan acceder a las prestaciones no contributivas de jubilación o, en su caso, incapacidad, que regula la LGSS (arts. 144 a 149 y 167 a 170). Sobre este particular ha habido doctrina de tribunales contradictorias, ya que, en algún supuesto se ha admitido y en otros se ha rechazado que la comunidad religiosa pudiera considerarse una unidad de convivencia[245]. Sin embargo, en los últimos años y de forma mayoritaria se viene manteniendo que el concepto de unidad económica no se agota en la convivencia entre personas con lazos de parentesco; y que la situación de necesidad vital, imprescindible para que proceda el reconocimiento de las pensiones no contributivas, no parece compatible ni debe tener por destinatario a quien se encuentra integrado en una orden religiosa, que le cubre las necesidades básicas de sustento, cuyos miembros viven en régimen de comunidad[246].

---

de Seguridad Social», en J. F. BLASCO LAHOZ - J. LÓPEZ GANDÍA (directores), *Seguridad Social práctica* Tirant lo Blanch, 2000, p. 77. Recuérdese que según el art. 7.1.a) de la LGSS están comprendidos en el Sistema de la Seguridad Social, a efectos de las prestaciones de modalidad contributiva, los españoles que residan en España y los extranjeros que residan o se encuentren legalmente en España, siempre que, en ambos supuestos, ejerzan su actividad en territorio nacional y sean trabajadores por cuenta ajena que presten sus servicios en las condiciones establecidas por el art. 1.1 del Estatuto de los Trabajadores.

245 Un ejemplo es ejemplo STSJ de Asturias, 15 de abril de 1994 (AS 1546), declaró procedente reconocer una pensión de incapacidad no contributiva al no constituir la Comunidad religiosa una unidad económica.

246 STSJ de Galicia de 10 de julio de 1997.

CAPÍTULO VIII

LAS OBJECIONES DE CONCIENCIA

I. Concepto

El Derecho a la objeción de conciencia o a las objeciones de conciencia en los últimos años ha cobrado especial importancia, pero lo cierto es que la historia está llena de ejemplos de esta naturaleza, desde Nerón hasta Diocleciano miles de cristianos perdieron su vida por no respetar el ordenamiento y ello por razones de conciencia. La objeción de conciencia consiste en la negativa de los sujetos obligados a cumplir una determinada norma o mandato legal por razones de conciencia.

Las dificultades para comprender la figura surgen precisamente en el momento en que el ordenamiento jurídico decide integrar al sujeto objetor en el sistema, es decir, cuando se legaliza. En este caso ya no estamos ante una desobediencia pues el propio Derecho admite esa desobediencia. Podemos distinguir dos tipos de objeción de conciencia:

Contra legem, consiste en la negativa a cumplir una ley por motivos de conciencia exponiéndose a sufrir las consecuencias legales de ese incumplimiento.

Secundum legem, se produce cuando ha sido admitida por la ley, es decir, en este caso se trata de una opción legal. Frente a lo dispuesto con carácter general se prevé que por motivos de conciencia se pueda actuar diversamente. En su lugar habrá que realizar una prestación social sustitutoria.

En ocasiones la objeción de conciencia podrá deberse a una cuestión religiosa, en otras a cuestiones políticas. En algunos casos lo que se busca es que no se aplique la sanción prevista en el ordenamiento por incumplir un mandato legal. En otros casos se buscará una notoriedad para la difusión de un mensaje como medida de presión para que se modifique el ordenamiento jurídico (en este caso estaremos ante una desobediencia civil)[247].

II. Tratamiento jurídico

Una regulación de la objeción de conciencia con carácter unitario se plantea como una cuestión muy difícil de resolver, supone un reto al ordenamiento jurídico que suele sancionarlo (salvo que sea *secundum legem*). Tradicionalmente se regula de forma conjunta una serie de libertades personalísimas que tienen como objetivo el aspecto más íntimo de la libertad personal del individuo. La doctrina francesa, los engloba en la llamada libertad de pensamiento, son las de conciencia, pensamiento, ideología y religión.

La libertad de conciencia comprende dos aspectos distintos, pero complementarios: en primer lugar, el derecho que tiene cualquier persona a formar libremente su propia conciencia y en segundo lugar, el derecho que tiene esa persona a obrar conforme a ella[248].

Aunque la libertad de conciencia no figura entre las libertades del art. 16.1 de la Constitución la jurisprudencia del Tribunal Constitucional establece que es una mera concreción de la libertad ideológica[249].

Por tanto, se reconoce y protege tanto la libertad religiosa, como la libertad de conciencia. Prescindiendo de la exacta diferencia, o coincidencia substancial de ambas expresiones.

---

247 Suele confundirse con la objeción de conciencia.

248 SSTC 15/1982 de 23 de abril y 35/1985 de 7 de marzo entre otras.

249 STC 19/1985 de 13 de febrero afirma en FJ 2 que: «*el derecho fundamental recogido en el art. 16 de la Constitución comprende, junto a las modalidades de la libertad de conciencia y la de pensamiento, íntimas y también exteriorizadas, una libertad de acción respecto de las cuales el art. 16.2 establece un acotamiento negativo en cuanto dispone que «nadie podrá ser obligado a declarar sobre su conciencia, religión o creencias»*».

La objeción de conciencia, parece que esta ciertamente en conexión con estas dos libertades y estos dos derechos fundamentales. El problema radica en ver si el reconocimiento y protección jurídica de esas libertades, alcanza por igual a todas las manifestaciones de la objeción de conciencia.

La Constitución en su art. 30.2 solo menciona la objeción de conciencia en relación con el servicio militar cuando establece que: «*La ley fijará las obligaciones militares de los españoles y regulará, con las debidas garantías, la objeción de conciencia, así como las demás causas de exención del servicio militar obligatorio, pudiendo imponer, en su caso, una prestación social sustitutoria*». Por lo tanto, podemos observar que lo hace no en la sección de los derechos fundamentales y libertades públicas, sino en la que se dedica a los derechos y deberes de los ciudadanos, como excepción de la obligación al servicio militar. Con la derogación de la obligatoriedad del servicio militar mediante la Ley 17/1999 y Real Decreto 247/2001 y la profesionalización de las Fuerzas Armadas por la LO del Servicio Militar de 28 de agosto de 1998, en España desapareció esta objeción de conciencia dado que la obligatoriedad al servicio militar ya no existe.

La doctrina del Tribunal Constitucional es de cierta manera contradictoria, ya que, unas veces ha entendido que el derecho a la objeción de conciencia es un derecho general, independientemente de que el legislador haya regulado un determinado tipo de objeción, y otras esa generalidad iría en contra de la misma idea de un Estado de derecho en este sentido encontramos la STC 161/1987 que establece que «*la objeción de conciencia con carácter general, es decir, el derecho a ser eximido del cumplimiento contrario a las propias convicciones, no está reconocido ni cabe imaginar que lo estuviera en nuestro Derecho o en Derecho alguno, pues significaría la negación misma de la idea de Estado. Lo que puede ocurrir es que sea admitida excepcionalmente respecto a un deber concreto*». En definitiva, duda si calificar la objeción de conciencia como un derecho fundamental, o bien, como un derecho autónomo[250], este sentido encontramos la sentencia del TC 160/1987 que define la objeción de con-

250 A. ALFONSO, *El Tribunal Constitucional y la Objeción de Conciencia,* Revista Jurídica de Cataluña, 82 (1983) pp. 209-215. R. RODRIGUEZ CHACON, *El factor religioso ante el TC,* Univ. Complutense, Madrid 1992, pp. 103-126.

ciencia como «*un derecho constitucional autónomo pero no fundamental*».

En nuestra opinión, la objeción de conciencia, aunque encuentre su apoyo y razón de ser en la libertad de conciencia, no puede ser considerada como un derecho fundamental., ya que lo que se pretende es no cumplir una ley o un mandato legal, lo que debe ser excepcional en un Estado de derecho.

III. Objeción de conciencia y vida humana

3.1. Objeción de conciencia al aborto

La regulación de la objeción de conciencia en la práctica del aborto ha sufrido numerosos cambios legislativos en los últimos años. Así la última reforma producida ha sido el 16 de febrero de 2023[251] fecha en la que se aprobó la polémica Ley de Salud Sexual y Reproductiva y de la Interrupción Voluntaria del Embarazo[252],una reforma del aborto que incorpora, entre otras, el derecho de las mujeres de 16 años y hasta la mayoría de edad a abortar sin el permiso paterno. La norma, que es una ley orgánica por la que se modifica la Ley 2/2010 de 3 de marzo[253], dicha norma en su artículo 19.1 —sobre las

251 A la fecha de la redacción del presente manual todavía no se ha publicado en el BOE, si se dispone del Anteproyecto de Ley Orgánica por la que se modifica la Ley Orgánica 2/2010, de 3 de marzo, de salud sexual y reproductiva y de la interrupción voluntaria del embarazo que puede consultarse en https://www.igualdad.gob.es/servicios/participacion/audienciapublica/PublishingImages/Paginas/anteproyecto-lo-salud-sexual-reproductiva-interrup/APLO%20modificación%20LO%202-2010%20audiencia%20pública.pdf

252 El proyecto de ley salió adelante en la Cámara alta con el voto a favor del PSOE, Unidas Podemos, Esquerra Republicana, Junts, PNV, Más Madrid, Més per Mallorca; el voto en contra del PP, VOX, Ciudadanos, UPN; la abstención de Geroa Bai, Compromís, Teruel Existe y PRC. En total contó con 146 votos a favor, 110 en contra y seis abstenciones.

253 Con anterioridad a la misma, desde 1985, solo se podía abortar en tres supuestos: violación, riesgo para la salud física o

medidas para garantizar su prestación por los servicios de salud— se reconocía el derecho a la objeción de conciencia del personal sanitario directamente implicado en la interrupción voluntaria del embarazo sin que «*el acceso y la calidad asistencial de la prestación puedan resultar menoscabadas por el ejercicio de la objeción de conciencia*». La ley reconocía este derecho de los sanitarios como una «decisión siempre individual» y que «debe manifestarse anticipadamente y por escrito».

Una de las principales novedades de la actual la ley aprobada en el 2023 es referente a los comités clínicos de médicos encargados de dirimir la interrupción del embarazo a partir de las 22 semanas de gestación, con la nueva ley los objetores de conciencia que formen parte del Registro de objetores de la interrupción voluntaria del embarazo —o hayan formado parte en los últimos 3 años— no podrán formar parte de estos comités.

Asimismo los profesionales sanitarios implicados en esta práctica y que rechacen interrumpir un embarazo por razones de conciencia tendrán que manifestar su decisión con antelación y por escrito con el inciso de que «*no pueda menoscabar el derecho humano a la vida, la salud y la libertad de las mujeres que decidan interrumpir el embarazo*» recoge el documento de la norma.

Como podemos observar de lo mencionado con anterioridad, se creará un Registro de objetores de conciencia, con respecto a ello el TC en su sentencia 151/2014 de 25 de septiembre que se interpuso contra la Ley Foral de Navarra 16/2010 de 8 de noviembre por la que se creaba el registro de profesionales en relación con la interrupción voluntaria del embarazo recogió que:

> «*la creación de un registro no se contradice con la doctrina constitucional dictada hasta la fecha en materia de objeción de conciencia, concretamente en relación con el derecho a la objeción de conciencia como exención al servicio militar obligatorio, se-*

psíquica de la gestante, y malformación del feto. Pero la aprobación de la ley del aborto en 2010 permitió la interrupción del embarazo a voluntad propia en las primeras 14 semanas (y bajo determinadas circunstancias médicas a partir de esa semana).

gún la cual el ejercicio de este derecho no puede, por definición, permanecer en la esfera íntima *del sujeto, pues trae causa en la exención del cumplimiento de un deber y, en consecuencia, el objetor* «ha *de prestar la necesaria colaboración si quiere que su derecho sea efectivo para facilitar la tarea de los poderes públicos en ese sentido (art. 9.2 CE), colaboración que ya comienza, en principio, por la renuncia del titular del derecho a mantenerlo —frente a la coacción externa— en la intimidad personal, en cuando nadie está obligado a declarar sobre su ideología, religión o creencias (art. 16.2 CE)» (STC 160/1987, de 27 de octubre, FJ 4).*

La creación de un registro autonómico de profesionales en relación con la interrupción voluntaria del embarazo con la finalidad de que la Administración autonómica conozca, a efectos organizativos y para una adecuada gestión de dicha prestación sanitaria, quienes en ejercicio de su derecho a la objeción de conciencia rechazan realizar tal práctica, no está sometida a reserva de ley orgánica, no invade las bases estatales en materia de sanidad, no afecta a las condiciones básicas que han de garantizar la igualdad de todos los españoles en el ejercicio de sus derechos, y su existencia no implica, per se, un límite al ejercicio del derecho a la objeción de conciencia recogido en el art. 19.2 de la Ley Orgánica 2/2010, ni un sacrificio desproporcionado e injustificado de los derechos a la libertad ideológica e intimidad».

En nuestra opinión la creación de este Registro supone una vulneración del art. al artículo 16.2 CE en cuanto dispone que nadie podrá ser obligado a declarar sobre su ideología, religión o creencias. Por ello parece importante recordar un voto particular del magistrado Andrés Ollero, en la sentencia 160/1987 de 27 de octubre que cita la ya comentada STC 151/ 2014 que precisamente se pregunta si la objeción de conciencia es un derecho fundamental o no. Porque si es un derecho fundamental, la idea misma de registro como concepto sería disuasoria del ejercicio del derecho y esto no podría ser, pues también es doctrina del alto Tribunal la inconstitucionalidad de cualquier medida que genere un «efecto desalentador» o «disuasorio» del ejercicio de derechos constitucionales. La objeción de conciencia al aborto, ofrece una doble conexión constitucional el art.16 (como hemos visto derecho a la libertad religiosa y de conciencia) y el art.15 (derecho a la vida). De forma que puede decirse que quien objeta al aborto está a favor de la Constitución.

3.2. Objeción de conciencia a tratamientos médicos

Aunque no son muy frecuentes, sin duda aparecen en los más llamativos, aquellos supuestos de objeción de conciencia en los que se pone en peligro la vida de la persona objetora. Un ejemplo son los Testigos de Jehová que son quienes lo plantean un mayor número de veces, al negarse a recibir transfusiones de sangre, aunque ello ponga en peligro su vida, los fieles de Chistian Science, que no admiten ningún tratamiento o sistema curativo que no sea la oración[254], o musulmanes que se niegan a utilizar medicinas que contengan derivados del cerdo[255].

El punto de partida debe ser que no se debe imponer un determinado tratamiento médico a un adulto capaz en contra de su opinión. Por tanto, lo que se persigue es configurar la salud como un derecho, pero configurarla como una obligación iría en contra del respeto al individuo. Lo importante es determinar cuál es el derecho preferente, es decir, la libertad religiosa que invoca el paciente; o el derecho del médico a actuar conforme a sus normas, que le obligan a imponer dicho tratamiento.

Un primer supuesto, en el que las cosas son relativamente claras, sería el caso de que un menor de edad sus padres niegan la posibilidad de que se le practique una transfusión sanguínea, el Tribunal Supremo cuando ha tenido que enjuiciar un caso de similar naturaleza ha optado por considerar legítima la actuación del juez que autorizó una transfusión en tales circunstancias[256]. Mucho más discutible es el mismo caso, pero si se tratase de un mayor de edad, decisión que

254 Si bien algunos admiten analgésicos para mitigar el dolor.

255 Como por ejemplo la insulina.

256 Auto de 26 de septiembre de 1978.

adoptó un juez que tanto el Tribunal Supremo[257] como el Tribunal Constitucional consideraron ajustada a derecho argumentando el TC que «*existe una autorización legítima derivada de los art. 3 y 5 de la LOLR para la actuación judicial, ya que, el derecho garantizado... por el art. 16.1 de la Constitución tiene como límite la salud de las personas*»[258].

No hay que olvidar que la jurisprudencia en España ha tratado este tema casi en exclusiva desde el punto de vista penal. De la interpretación que se dé a las normas se puede incurrir en la comisión de un delito, tanto por parte del juez, como del médico, al actuar contra el derecho a la vida o contra el derecho a la libertad religiosa. Es importante aquí un matiz, la responsabilidad penal del juez surgiría del auxilio omisivo al suicidio, es decir, cuando pudiendo hacerlo no impide la muerte. Aquí hay una diferencia esencial entre la persona que quiere suicidarse y el caso de la persona que es objetora y se niega a recibir un tratamiento médico por motivos religiosos, quien rechaza un tratamiento médico no lo hace por deseo de acabar con su vida, sino porque considera que no vale la pena conservar la vida a costa de perder la salvación eterna, o bien porque cree que los medios naturales son más adecuados para obtener su curación[259].

En el caso de mayores con plena capacidad entendemos que hay que respetar su decisión, la legislación sanitaria española prevé y autoriza de que el enfermo rechace un tratamiento médico si su consentimiento es informado, en base en el 2.4 de la Ley 41/2002 de 14 de noviembre Reguladora de la Autonomía del Paciente[260]. La jurisprudencia española ha cambiado de criterio en relación con las sentencias anteriormente mencionadas, cuando la Sentencia del Tribunal Supremo estableció que: «*el adulto capaz puede enfrentar*

257 Auto 22 de diciembre de 1983.

258 Auto 20 de junio de 1984.

259 R. Navarro-Valls, J. Martínez-Torrón, y M.A. Jusado, *Objeción de conciencia a tratamientos médicos: Derecho comparado y Derecho español.* Madrid, 1988., p. 242.

260 Que recoge lo siguiente: «*Toda actuación en el ámbito de la sanidad requiere, con carácter general, el previo consentimiento de los pacientes o usuarios. El consentimiento, que debe obtenerse después de que el paciente reciba una información adecuada, se hará por escrito en los supuestos previstos en la Ley*».

su objeción de conciencia al tratamiento médico, debiéndose respetar su decisión, salvo que con ello se ponga en peligro derechos o intereses ajenos, lesione la salud pública u otros bienes que exigen especial protección»[261]. Un supuesto diferente sería el caso de una persona mayor con plena capacidad que tiene a su cargo hijos pequeños que le necesitan, cuyo caso se podría aplicar el tratamiento oportuno que rechace.

IV. Objeción de conciencia y deberes cívicos

4.1. Objeción de conciencia al servicio militar

Consiste en la negativa a cumplir con el servicio militar obligatorio o reclutamiento forzoso en caso de guerra, como hemos ya explicado con anterioridad se recoge en el art. 30.2 de la CE. En la actualidad, con la derogación de la obligatoriedad del servicio militar mediante la Ley 17/1999 y Real Decreto 247/2001, carece de virtualidad práctica.

Indicar simplemente que un primer momento los motivos de la objeción de conciencia eran exclusivamente religiosos, pero siguiendo las indicaciones del Consejo de Europa se produjo una apertura pudiendo producirse también por motivos filosóficos, éticos y otros de similar naturaleza como por ejemplo políticos. En su lugar, los objetores tenían que cumplir una Prestación Social Sustitutoria, que consistían en trabajos de interés social en administraciones o entidades que no dependieran de las Fuerzas Armadas como por ejemplo podía ser la Cruz Roja.

4.2. Objeción de conciencia al jurado

Normalmente, en aquellos países donde existe el jurado, su participación suele ser de carácter obligatorio. En nuestro ordenamiento se recoge en el art. 125 de la Constitución la posibilidad de que los ciudadanos participen en la adminis-

261 STS de 27 de junio de 1997.

tración de justicia mediante la institución del Jurado, «*en la forma y con respecto a aquellos procesos penales que la ley determine*»[262].

En desarrollo de esta previsión constitucional, la Ley Orgánica 5/1995, de 22 de mayo, del Tribunal del Jurado, reformada por la Ley Orgánica 8/1995, de 11 de noviembre regula el derecho-deber de formar parte del mismo[263], regula en los artículos 9 a 12 LOTJ. Se trata de un deber de rango meramente legal, en tanto que es impuesto por la ley y no por la Constitución. Un deber que es limitado, en razón de la existencia de incapacidades, incompatibilidades y prohibiciones legales (arts. 8-11 de la ley). Y un deber que es también inexcusable, fuera de las excusas previstas por la legislación (art. 12)[264]. El incumplimiento da lugar a una serie de sanciones de carácter administrativo.

La Ley no contempla la objeción de conciencia como causa de exención, pero el art. 12. 7, de la LOTJ recoge, a modo de cláusula abierta para acoger otros supuestos de excusas legítimas distintos de los contemplados en los seis apartados anteriores, la alegación y acreditación suficiente de «*cualquier otra causa que les dificulte de forma grave el desempeño de la función de jurado*». Dicha causa debe acreditarse ante el Juez o Magistrado competente.

Es relevante la Sentencia del Tribunal Constitucional 216/1999 de 29 de noviembre. Los antecedentes de esta sentencia se encuentran en la reclamación formulada por una persona que incluyeron en la lista provisional de jurados sorteada para dos años, y no estando conforme a ello alegó razones de conciencia. El Juez Decano de Barcelona, resolvió que no cabía la exclusión interesada. Los argumentos alegados por el recurrente en amparo, se resumen en que entiende que se produce una vulneración de la libertad

262 Acerca del origen de la institución, su historia en el derecho español y comparado E. CARDONA, *El Jurado. Su tratamiento en el derecho procesal español,* Madrid, 2000.

263 El art.6 de la LOTJ establece que: «*la función del jurado es un derecho ejercitable por aquello ciudadanos en los que no concurra motivo que lo impida y su desempeño un deber para quienes no estén incursos en causa de incompatibilidad o prohibición ni puedan excusarse conforme a esta Ley*».

264 J. MARTINEZ-TORRON «La Ley del Jurado y objeción de conciencia», en *Revista española de derecho constitucional* 47, 1996.

ideológica reconocida en el art. 16.1 CE y en la de los arts. 30 a 38, en relación con el art.125 CE por cuanto la Constitución no establece un deber de formar parte de un Jurado, sino una facultad. Ya explicando la decisión el Tribunal Constitucional considera que en tanto en cuanto no se imponga a un determinado individuo la obligación de juzgar, por resultar elegido para formar parte de un Tribunal de Jurados específico, no podrá entenderse que hay lesión de derechos fundamentales «*el Acuerdo que ahora se impugna en amparo no supone el nombramiento del actor como miembro de un Tribunal de Jurado que haya de juzgar una causa penal, sino sólo su inclusión entre quienes son candidatos a formar parte de ese Tribunal[...] Así las cosas, y como quiera que las razones de conciencia se esgrimen contra la obligación de juzgar y ésta no nace con la inclusión en la lista de candidatos a jurados, es obvio que la queja deducida en amparo es prematura en tanto que deducida contra una lesión que no sólo no se ha verificado, sino que puede que no llegue a verificarse, caso de que los sorteos sucesivos al ya celebrado para la selección de candidatos determinen la exclusión del recurrente*»[265]. En nuestra opinión, el razonamiento del TC es lógico, ya que no se puede dañar un derecho antes de que se haya producido el hecho, y el estar en una lista como posible miembro de jurado no vulnera el art.16 de la CE ya que, no implica que tenga que juzgar una causa de carácter penal.

V. Objeción de conciencia y relaciones laborales

Consiste en la negativa a trabajar, por razones de conciencia, en los días y horas considerados festivos por la propia religión cuando no coinciden con los establecidos en la legislación laboral general.

Por definición la relación laboral es voluntaria, nadie puede ser obligado a firmar un contrato de trabajo o a ocupar un puesto de funcionario. Por lo tanto, en la hipótesis de una obligación laboral contraria a la propia conciencia, bastaría con rescindir la relación contractual o funcionarial para dejar de estar obligado a actuar en contra de la creencia de uno.

265 STC 216/1999 de 29 de noviembre FJ3.

Dicho esto, no el caso del ordenamiento jurídico español no es necesario irse al extremo de tener que renunciar al puesto de trabajo por motivos de conciencia. Así en España existen previsiones al respecto en los Acuerdos firmados con la FEREDE, FCJE y CIE en su art. 12, en ellos se establece que para que se respete su día descanso en el ámbito laboral es necesario acuerdo entre las partes.

El Tribunal Constitucional tuvo la oportunidad de pronunciarse ante la interposición de un recurso, que planteaba una trabajadora que dejó de asistir a su trabajo porque el día en que debía hacerlo era incompatible con lo prescrito por su fe, ya que había pasado a ser miembro de la Iglesia Adventista del Séptimo día. El Tribunal Constitucional rechaza su petición, entre otras razones, porque esta circunstancia debería haberse recogido en el contrato de trabajo y que no cabe una modificación del mismo «*solo será exigible, en la medida en que no sea incompatible con las obligaciones que su nueva confesión religiosa le impone, (art.9-1) a extremos inaceptables por contrarios a principios que, como el de seguridad jurídica, son también objeto de garantía constitucional (art.9.3)*»[266]. La misma tesis ha sido acogida por el Tribunal Supremo[267].

Un caso diferente a los anteriores, es el caso de las empresas informativas, donde si esta aceptada legalmente la objeción de conciencia, un ejemplo es el periodista que se niega a informar sobre el origen de sus informaciones, esto tiene como objetivo el preservar la independencia de los profesionales de la información.

266 STC 19/1985 13de febrero.

267 STS de 20 de abril de 1978.

CAPÍTULO IX

PRESCRIPCIONES RELIGIOSAS ALIMENTARIAS, FESTIVIDADES Y SÍMBOLOS RELIGIOSOS

I. Prescripciones religiosas alimentarias, festividades. Normativa aplicable

1.1. Alimentación

La alimentación es un fenómeno social y cultural que, en muchos casos introduce un elemento identitario de diferenciación, pero e otros, la alimentación responde a una serie de condicionantes derivados de la existencia de un cuerpo de valores y creencias existentes en la sociedad, y que define lo que es bueno o malo para el cuerpo. En todas las religiones existen prescripciones alimentarias, sobre lo que se puede comer y lo que no, por lo que los comportamientos alimentarios son necesarios para alcanzar la vida eterna o en su defecto es un pecado. Entre ellos, suelen encontrarse en su mayoría la carne o productos de origen animal que en determinadas épocas se limita su consumo o incluso son prohibidos.

Algunas confesiones, como ocurre con el Judaísmo o el Islam establecen prohibiciones alimentarias a sus fieles. En el caso de los primeros, Estas prescripciones bíblicas se denominan *Casher,* aunque es más frecuente la palabra *Kosher*. La etiqueta Kosher que reciben ciertos productos alimenticios, indica que dichos productos respetan el *cashrut* del hebreo, «correcto» o «apropiado»[268]. En el caso de los segundos, el Islam, se distingue entre dos tipos de alimentos, los lícitos que se denominann *Halal* o ilícitos que reciben la denominación de *Haram.*

En el caso de España, los Acuerdos firmados con la Comisión Islámica de España y la Federación de Comunidades Judías de España en el año 1992, establecen en su art. 14.2 la posibilidad que sus respectivas Federaciones puedan registrar la marca *kosher* y *Halal* en el Registro de Marcas del Ministerio de Industria. De esta manera queda garantizado que los productos que llevan estas marcas garanticen a sus fieles que esos productos reúnen los requisitos rituales previstos. Por lo que el Estado de alguna manera lo que hace es garantizar que se hace un uso correcto de estas denominaciones[269].

Existe un problema de la alimentación de los fieles tanto de la confesión musulmana como judía cuando han de hacerlo en ámbitos de especial sujeción, es decir, con un menú único para todos, como puede ocurrir en colegios públicos, centros hospitalarios, penitenciarios o similares. A diferencia de lo previsto en el Acuerdo español con la Comisión Islámica, el pacto con la Federación de Comunidades Judías de España no contiene ninguna disposición sobre el posible respeto a las prescripciones alimenticias religiosas, en aquellos supuestos en que la persona está en una situación de sujeción especial con respecto al Estado[270]. Así el Acuerdo con la CIE establece que las personas que lo soliciten, los centros procurarán ade-

268 M.A. Liñán, «Aspectos controvertidos de la libertad religiosa en España y Europa: Alimentación Halal y Casher», en *Estudios Constitucionales*, n.º 15, 2017.

269 En este sentido, todo lo referido al proceso de transformación, distribución y comercialización de productos halal y kosher, sería parte de ese ámbito que debe sustraerse al control del Estado y dejarse en manos de las propias comunidades religiosas, la intervención solo se justificaría si afectase al orden público.

270 M. Moreno Anton «Prescripciones religiosas sobre alimentación: su alcance en los comedores escolares», en *Revista General de Derecho Canónico y Eclesiástico del Estado*, 50, 2019.

cuar los preceptos religiosos islámicos, así como el horario de comidas durante el mes del Ramadán[271].

1.2. Festividades religiosas

La creciente diversidad religiosa se observa desde la existencia de muchas confesiones religiosas cuyo protagonismo ha ido creciendo de manera significativa en nuestro país, y también, por la consolidada presencia histórica de la Iglesia católica. Así las festividades religiosas constituyen una de las manifestaciones más representativas que ponen de manifiesto la diversidad cultural de España. Todas las confesiones tienen un día festivo a la semana, en el que honran de una manera más especial a su Dios y celebran los cultos más solemnes, para los cristianos es el domingo, para los judíos y adventistas del séptimo día el sábado, mientras que para los musulmanes es el viernes. La LOLR reconoce el derecho a «*conmemorar sus festividades*» en el art. 2.1 apartado B.

La legislación laboral consagra en el Estatuto de los Trabajadores como día de descanso el domingo[272], día tradicional del cristianismo y se añaden varios festivos a lo largo del año hasta llegar a 14 días de las que la mayor parte corresponden a fiestas religiosas de carácter cristiano, salvo alguna excepción[273].

---

271 Asi el art. 14 del Acuerdo con la CIE establece que: «*La alimentación de los internados en centros o establecimientos públicos y dependencias militares, y la de los alumnos musulmanes de los centros docentes públicos y privados concertados que lo soliciten, se procurará adecuar a los preceptos religiosos islámicos, así como el horario de comidas durante el mes de ayuno (Ramadán)*».

272 Art. 37.1: «*Los trabajadores tendrán derecho a un descanso mínimo semanal, acumulable por periodos de hasta catorce días, de día y medio ininterrumpido que, como regla general, comprenderá la tarde del sábado o, en su caso, la mañana del lunes y el día completo del domingo...*»

273 Una excepción son las ciudades de Ceuta y Melilla que han declarado como fiestas locales la festividad musulmana *Aid El Kebir* (Fiesta del sacrificio).

DÍA	FESTIVIDAD	TIPO	CARÁCTER
1 de enero	Año nuevo	Laica	Nacional
6 de enero	Reyes (o Epifanía)	Religiosa	Nacional
19 de marzo	San José	Religiosa	Puede cambiarse por una autonómica*
Móvil	Jueves Santo	Religiosa	Nacional
Móvil	Viernes Santo	Religiosa	Nacional
1 de mayo	Día del trabajo	Laica	Nacional
25 de julio	Día de Santiago	Religiosa	Puede cambiarse por una autonómica*
15 de agosto	Día de la Asunción	Religiosa	Nacional
12 de octubre	Fiesta Nacional	Laica	Nacional
1 de noviembre	Día de Todos los Santos	Religiosa	Nacional
6 de diciembre	Día de la Constitución	Laica	Nacional
8 de diciembre	Día de la Inmaculada	Religiosa	Nacional
25 de diciembre	Navidad	Religiosa	Nacional
Fiestas locales	Propias del lugar	Fijadas por los Ayuntamientos	Local

[274]

En los propios acuerdos como ya hemos explicado en epígrafes anteriores se recoge la posibilidad de que los fieles de las Confesiones con acuerdo puedan cambiar las festividades generales anteriores por las propias de la Confesión, con el requisito previo de un acuerdo entre el trabajador y la empresa y que tendrán tendrán carácter retribuido y no recuperable.

II. Simbología religiosa

Aunque el indudable proceso de secularización operado en nuestra sociedad, en el que algunos símbolos religiosos

274 Las CCAA pueden optar por la Fiesta de San José o el día de Santiago.

han derivado en meros objetos artísticos o culturales[275], la simbología religiosa es un tema de plena actualidad no sólo en España si no también en el resto de países de nuestro entorno. Existen varios factores por los cuales se ha incrementado la importancia de la simbología religiosa en relación con el Derecho. En primer lugar, la mayor visibilidad de la simbología religiosa en los espacios públicos. En segundo lugar, las tensiones políticas, de un lado nos encontramos con la presión laicista y por otro las demandas multiculturales. Por último, en tercer lugar, la inmigración, Occidente se ha convertido en los últimos 40 años en el punto de llegada de personas que, por motivos generalmente laborales, tienen culturas y religiones diferentes. El Tribunal Europeo de Derechos Humanos se ha ocupado con especial intensidad en los últimos años del uso de símbolos religiosos como parte de las cuestiones relativas al derecho de libertad religiosa. La presencia de símbolos religiosos ha adquirido en Europa una relevancia social, política y jurídica que sigue incrementándose día a día, prueba de ello ha sido el manual sobre el uso de símbolos religiosos en áreas públicas editado por encargo del Consejo Europeo[276].

Por símbolo, se entiende elemento y objeto material, por convención o asociación, se considera representativo de una entidad, de una idea, etc.[277]. Se suele distinguir en la esfera del Derecho Eclesiástico entre símbolos estáticos y dinámicos. Por los primeros, simbología estática religiosa, es todo aquel objeto presente en el espacio público como elemento estable o trasladable, permanentes o alterables, identificable con una confesión por poseer un significado esencialmente religioso, el problema aquí surge porque entra en juego la obligada neutralidad del centro público, pues se considera que el portador es el propio centro o espacio público. Los segundos, los dinámicos, se entiende aquel objeto de carácter religioso que es portado por personas, el debate se centra en la libertad religiosa, de expresión y manifestación de las creencias religiosas, así como la seguridad, la salud pública y el orden público (concretado en los centros educativos en la paz escolar).

---

275 Tal y como se contiene en la STC 34/2011, de 28 de marzo.

276 D. Evans Malcon, *Manual on the wearing of religious symbols in public areas,* Council of Europe, Strasbourg 2009.

277 Diccionario de la Real Academia, 2022.

2.1. Simbología religiosa en instituciones y espacios públicos

La conflictividad de los símbolos religiosos surge en relación a su uso en espacios públicos, uno de los casos más frecuentes es la presencia de crucifijos en las aulas públicas. Ello es debido a que en los mismos convergen lo público, lo educativo, (tanto en su aspecto prestacional, como en relación al derecho de los padres a educar a sus hijos conforme a sus propias convicciones y creencias), y la libertad religiosa positiva y la negativa. Esta coincidencia determina que la existencia de los símbolos religiosos en las aulas presente unas características que no se producen en otros espacios públicos. Otro de los problemas que se plantea de forma especial es con aquellas manifestaciones religiosas que todavía quedan en nuestra sociedad, producto de una larga confesionalidad, con predominio de la religión católica. En este sentido resulta muy esclarecedora una sentencia del Tribunal Constitucional que recoge que «*naturalmente, la configuración de estos signos de identidad puede obedecer a múltiples factores y cuando una religión es mayoritaria en una sociedad sus símbolos comparten la historia política y cultural de ésta, lo que origina que no pocos elementos representativos de los entes territoriales, corporaciones e instituciones públicas tengan una connotación religiosa. Esta es la razón por la que símbolos y atributos propios del Cristianismo figuran insertos en nuestro escudo nacional, en los de las banderas de varias Comunidades Autónomas y en los de numerosas provincias, ciudades y poblaciones; asimismo, el nombre de múltiples municipios e instituciones públicas trae causa de personas o hechos vinculados a la religión cristiana; y en variadas festividades, conmemoraciones o actuaciones institucionales resulta reconocible su procedencia religiosa*» [278]. Se trata por tanto de valorar cada caso en concreto para poder determinar si se atenta o no contra la laicidad del Estado, teniendo en cuenta la sentencia anteriormente citada que «*que todo signo identitario es el resultado de una convención social y tiene sentido en*

278 STC 34/2011, de 28 de marzo. En el mismo sentido la STC 130/1991, de 6 de junio, convino en que la imagen de la Virgen de la Sapiencia en el escudo de la Universidad de Valencia era acorde con la aconfesionalidad proclamada en la Constitución.

tanto se lo da el consenso colectivo; por tanto, no resulta suficiente que quien pida su supresión le atribuya un significado religioso incompatible con el deber de neutralidad religiosa, ya que sobre la valoración individual y subjetiva de su significado debe prevalecer la comúnmente aceptada, pues lo contrario supondría vaciar de contenido el sentido de los símbolos, que siempre es social». Por ello, el principal reto de los poderes públicos debe ser asegurar un espacio de encuentro y tolerancia, por encima de cualquier otra medida que suponga acotar o eliminar de la esfera pública el hecho religioso, pues como se concluía en la STEDH en el caso Iglesia Metropolitana de Bessarabia contra Moldavia, de 13 de diciembre de 2001, el deber de los Estados es mantener un verdadero pluralismo religioso, pues como refiere más de un autor, una comunidad política de convivencia se constituye sobre la base del consenso en torno a una serie de valores que todos se comprometen a respetar y defender, no necesariamente a asumir, entre ellos el compromiso de respetar el derecho a la diferencia y los valores diferenciales surgidos de su ejercicio, siempre que no contradigan los comunes[279]. La presencia de símbolos físicos también es admisible en determinados casos. En España resulta evidente, que podemos observar en espacios públicos la presencia de símbolos estáticos de considerable relevancia, establecidos, precisamente, para resultar visibles a cierta distancia. De este modo se constata, en algunos hospitales o edificios públicos, donde la existencia de crucifijos, monumentos o estatuas representativas de figuras religiosas, cuyo mantenimiento, pese a ser vestigios de la confesionalidad española, no puede entenderse como representativa de posturas de intolerancia hacia el no creyente, en este sentido las sentenciad del Tribunal Superior de Justicia tanto de Madrid en su sentencia 405/2011, de 20 de mayo, y de Valencia en su sentencia de 648/2011 de 6 septiembre, desestimaron las peticiones de retirada de sendas cruces en los cerros de Monteagudo y de la Muela, en Murcia y en Orihuela, respectivamente, concluyendo en idénticos términos que «*la neutralidad e imparcialidad del Estado exigida por el art. 16.3 C.E. no es en forma alguna incompatible con la presencia de símbolos religiosos en lugares públicos que como el presente no son sino expresión de la historia y*

279 Un ejemplo D. LLAMAZARES, «De la verdadera tolerancia en materia de libertad religiosa. Réplica a Weiler», *El Cronista del Estado Social y Democrático de Derecho,* n.° 27, Iustel, 2012 .

cultura de nuestro país (al margen lógicamente de las consideraciones que deban merecer sus valores artísticos o estéticos) que inevitablemente está cargada de elementos religiosos e ideológicos perfectamente compatibles con el principio de laicidad positiva exigido por la Constitución Española...» La doctrina, que también resulta pacífica respecto a aquellos elementos permanentes que, unidos de una manera inescindible con el conjunto del edificio, su segregación produjera detrimento del mismo[280]. Otro ejemplo, lo encontramos en Zaragoza, donde el un Tribunal de primera instancia declaró en el año 2010 que la presencia del crucifijo en el salón de plenos del Ayuntamiento no afectaba a la laicidad del Estado ni a la libertad religiosa en tanto se trataba de un uso municipal, que no tenía nada que ver con la religión sino con la cultura e historia[281].

Como indicábamos al comienzo del epígrafe, dentro de la simbología religiosa, la presencia de los crucifijos en los colegios públicos es una de las cuestiones más debatidas, en donde las resoluciones de los diferentes países, da lugar a soluciones opuestas. Partimos de que el centro docente constituye el espacio público dónde la conflictividad de los símbolos alcanza mayor intensidad, esto se debe a dos cosas,

280 M. Alenda Salinas y M. Pineda Marcos, «La manifestación de religiosidad como motivo de conflictividad», *Cuadernos de Integración Europea,* n.° 7, Fundación General de la Universidad de Valencia, 2006.

281 De este modo la sentencia del Juzgado de lo Contencioso-Administrativo 156/2010, de 30 de abril, admitió la mayor significación religiosa del crucifijo, que incorpora la imagen de Cristo Crucificado. En la misma se desestimó el recurso de la *Asociación* Movimiento hacia un Estado Laico contra la petición de retirada de un crucifijo en el salón de Plenos del Ayuntamiento, así como cualesquiera otros símbolos religiosos de dependencias y centros municipales de Zaragoza, debido a la inexistencia de *«norma jurídica vigente que prohíba a la Corporación Municipal mantener símbolos de carácter religioso, sobre todo cuando se trate de símbolos con relevante valor histórico y artístico, como sucede en el caso que nos ocupa, no es dable a este juzgador impedir que la voluntad mayoritaria de la misma decida en uno u otro sentido. En definitiva, no concurre el presupuesto básico e imprescindible para que la sentencia pueda estimar la pretensión de la parte recurrente: la inexistencia de una ley que prohíba el comportamiento de la Corporación Municipal»*.

en primer lugar a la obligada neutralidad de los centros públicos, y segundo lugar, a los derechos en juego en relación a la educación, lo que confirma una especial sensibilidad de los centros docentes en relación a la presencia de los símbolos religiosos[282].

En España tuvo la oportunidad de pronunciarse sobre este tema en el año 2009 el Tribunal Superior de Justicia de Castilla y León estableció que la eliminación del crucifijo en las aulas sólo procede cuando exista una situación conflictiva en la que pueden verse afectados los derechos fundamentales tanto de los estudiantes como de sus padres. Este tipo de situaciones sólo pueden evaluarse cuando hay una solicitud dirigida a las autoridades del colegio con el fin de retirar el crucifijo. En caso de que no exista tal solicitud el crucifijo puede permanecer[283].

En el ámbito internacional, resulta imprescindible en relación con la presencia del crucifijo en las aulas públicas, al analizar el caso Lautsi y otros contra Italia, el TEDH se ha pronunciado en dos ocasiones con resultados opuestos. Una en sentencia de la sala segunda, de fecha 3 de noviembre de 2009 donde consideró la profunda carga misionera que trasmitía el crucifijo presente en ámbitos de especial sujeción. Y otra en sentencia del pleno (Grand Chamber), de 18 de marzo de 2011, resolviendo la apelación del Gobierno italiano a la primera sentencia. Los hechos del caso son los siguientes: la Sra. Lautsi nacional italiana, tiene dos hijos, que acuden a la escuela pública en cuyas aulas hay presentes crucifijos, por lo que solicita a las autoridades del centro que los retiren, petición que el Consejo Escolar resuelve decidiendo que se mantengan.

---

282 Para saber más en M. Alenda Salinas y M. Pineda Marcos *El símbolo religioso en el Estado laico español,* Valencia, 2016.

283 STSJ de Castilla y León 3250/2009 de 14 de diciembre. Otro ejemplo de simbología religiosa en colegios públicos pero en relación con el crucifijo lo encontramos en la Sentencia del Tribunal Superior de Justicia de Murcia 948/2009 de 30 octubre, que valoró la petición de retirada de un Belén ubicado en el vestíbulo de un centro escolar durante unas navidades. El Tribunal entendió que la ejecución del mismo por parte de los alumnos, además de no constituir discriminación para ningún miembro de la comunidad educativa.

En la sentencia del 2011 el tribunal afirma que la misión del Estado es garantizar, permaneciendo neutrales e imparciales el ejercicio de las distintas religiones, cultos y creencias. Su papel es contribuir al orden público, la paz religiosa y la tolerancia. Este respeto implica también, que tales Estados gocen de un amplio margen de apreciación para determinar en función de sus necesidades las medidas a adoptar. Este margen de apreciación es lo que permite a cada Estado regular la presencia del crucifijo en las aulas de los colegios públicos, teniendo en cuenta teniendo en cuenta que el crucifijo colgado en la pared es un símbolo pasivo que no se le puede atribuir una influencia sobre los alumnos comparado con la participación de actividades religiosas.

A raíz de esta sentencia algunos autores entienden, que con el pronunciamiento de la Sala, se reconoce que para un adecuado entendimiento de la laicidad, esta se debe llevar a su conceptuación en términos positivos, lejos no solo de posicionamientos contrarios, sino también de cualquier actitud de indiferencia por parte de los poderes públicos hacia el hecho religioso[284].

2.2. Simbología religiosa de carácter personal

Como indicábamos al comienzo del epígrafe, uno de los elementos por lo que está de plena actualidad jurídica la simbología religiosa es por el creciente multiculturalismo que cada vez se puede observar en la vestimenta de los fieles, además en ocasiones determinadas prendas entran en conflicto con nuestros parámetros de libertad e igualdad.

Partimos que la manifestación de simbología religiosa no siempre pertenece al contenido esencial de la libertad religiosa, esto trae como consecuencia que en determinadas circunstancias debe ceder ante otros derechos.

Dentro de la manifestación de las propias convicciones religiosas ocupa un lugar importante la vestimenta religiosa

284 Un ejemplo lo encontramos en S. Cañamares, en «Los símbolos religiosos en el espacio público. Entre la amenaza real y la mera sospecha», *El Cronista del Estado Social y Democrático de Derecho,* n.º 20, Iustel, 2010.

que pueda utilizarse sobre todo en dos ámbitos en el educativo y en el laboral[285].

En el año 2013 el Tribunal Superior de Justicia de Madrid, sentenció a favor de un Instituto público que prohibió a una alumna asistir a case con *hijab,* porque iba en contra del Reglamento del centro escolar, manifestando que el colegio en cuestión estaba cumpliendo con su Reglamento interno y que no se vulneró ni su derecho a la dignidad como persona, ni el derecho a la libertad religiosa. Por tanto, el TSJM entiende que resulta de aplicación el *Reglamento de Régimen Interior del Centro, aprobado por el Consejo Escolar* el 30 de octubre de 2007 y modificado el 20 de octubre de 2008 y el 29 de octubre de 2009, así como del Real Decreto por el que se aprueba el Reglamento orgánico de los institutos de Secundaria. En el capítulo VI se establecían determinadas normas de comportamiento en el centro, siendo la finalidad de las mismas la formación de los jóvenes escolares. Entre estas normas, «*se establece la prohibición de llevar en el interior del edificio gorras ni cualquier otra prenda que cubra la cabeza*».

En sentido contrario, el Tribunal Supremo resolvió en el año 2013, anulando la Ordenanza Municipal del Ayuntamiento de Lérida que prohibía el uso del velo integral en los espacios municipales[286]. Los hechos eran que, ante la aprobación de la Ordenanza, la Asociación Watani por la Libertad y la Justicia presentó un recurso contencioso-administrativo ante el Tribunal Superior de Justicia de Cataluña solicitando la anulación del Acuerdo del Pleno del Ayuntamiento de Lérida, de 8 de octubre de 2010. El Tribunal Superior de Justicia de Cataluña desestimó dicho recurso contra el Acuerdo del Pleno del Ayuntamiento de Lérida, de 8 de octubre de 2010[287] .El TSJ

---

285 Interesante y bien documentado el trabajo de I. BRIONES MARTÍNEZ, «El uso del velo islámico en Europa. Un conflicto de libertad religiosa y de conciencia. Especial referencia a Francia, Alemania, Reino Unido, España e Italia«, *Anuario de Derechos Humanos, Nueva época,* n.° 10, 2009, p. 79.

286 Destacamos el análisis de esta Sentencia de A. LÓPEZ-SIDRO, «Restricciones al velo integral en Europa y en España: la pugna legislativa para prohibir un símbolo», en *Revista General de Derecho Canónico y Derecho Eclesiástico del Estado,* n.° 32, 2013, pp. 26-40.

287 STSJ 489/2011, de Cataluña, de 7 de junio de 2011.

consideraba ajustada a Derecho la prohibición impuesta por el Ayuntamiento de Lérida respecto del uso del velo integral en los espacios municipales.

Para el Tribunal Supremo el uso del velo integral supone una «*manifestación de una creencia o convicción ideológica o religiosa*», considera necesario aclarar que lo que se analiza en este caso es «*el elemento subjetivo de la motivación de la conducta de vestir un determinado atuendo por motivos religiosos (...) desde la óptica del principio de libertad religiosa*». Así pues, el TS se niega a pronunciarse «*sobre si este acto constituye en todos los casos un cumplimiento de un deber religioso*» y basa su negativa, en primer lugar, en «*la neutralidad del Estado en cuanto a la Religión*»[288], y, en segundo lugar, porque en último término al uso del velo «*no se le podría negar su carácter de expresión de una determinada ideología*»[289]. Por lo que la Sentencia considera que la Ordenanza limitaba el ejercicio de la libertad religiosa de las mujeres portadoras del velo. Otro de los motivos por los que anula la Ordenanza es que a juicio del Tribunal Supremo, el Ayuntamiento carece de competencia para regular una limitación del ejercicio de un derecho fundamental, para lo que es necesario la previa existencia de una ley «*Visto en este caso que tal ley no existe, basta sólo con ello, para afirmar que la prohibición establecida al respecto en la Ordenanza así como en los Reglamentos provisionalmente aprobados en ese punto por el Acuerdo recurrido (salvo el de transporte urbano, que deberá analizarse separadamente) vulneran el citado derecho fundamental*»[290]

288 El Tribunal Supremo cita aquí como apoyo la argumentación de la STEDH de 15 de enero de 2013, caso *Eweida y otros contra el Reino Unido,* 80 y 81. ya comentada en puntos anteriores.

289 STS de 14 de febrero de 2013, FJ 8.

290 STS de 14 de febrero de 2013, FJ 10. En la propia sentencia se cita la existencia de una moción aprobada en el Senado en el 2010, instando al Gobierno para que regulara la prohibición del uso del velo integral en los espacios públicos en el FJ 2 : «*a realizar las reformas legales y reglamentarias necesarias para prohibir el uso en espacios o acontecimientos públicos que no tengan una finalidad estrictamente religiosa, de vestimentas o accesorios en el atuendo que provoquen que el rostro quede completamente cubierto y dificulten así la identificación y la comunicación visual, al suponer esa práctica una discrimi-*

En relación a la jurisprudencia internacional la mayoría de los pronunciamientos del TEDH han ratificado las prohibiciones del uso del velo no integral islámico considerando que dicha prohibición no lesionaba la libertad religiosa, y respetando así el margen de apreciación de los Estados en la determinación de las relaciones con las diferentes religiones que lo integran y la relevancia del principio constitucional de laicidad[291]. Pero en la actualidad, los últimos pronunciamientos del TEDH parecen adoptar una posición más comprensiva de los derechos individuales, de la autonomía individual, abriéndose así la puerta a una comprensión más profunda en el pluralismo religioso e ideológico que incluye una mayor protección de los derechos individuales de conciencia y una noción más incluyente de la neutralidad de la esfera pública[292].

Por último, en relación con el ámbito laboral, plantea al empleador una limitación de la libertad organizativa de la empresa. Por tanto, el derecho de libertad religiosa colisiona en ocasiones con los derechos y deberes que surgen del contrato de trabajo. El empleador está obligado a respetar las creencias de sus trabajadores, pero es posible que el trabajador solicite una adaptación de las reglas o condiciones de trabajo para hacerlo compatible su credo con las obligaciones laborales. En particular, el derecho a la manifestación externa de las creencias religiosas, especialmente a través de la indumentaria, puede chocar con la pretensión empresarial de ofrecer una imagen corporativa determinada. El TJUE ha

nación contraria a la dignidad de las personas y lesivas de la igualdad real y efectiva de los hombres y mujeres» en Boletín Oficial de las Cortes Generales, Senado, Serie 8, n.º 484, de 21 de junio de 2010.

291 E. Carmona «El velo islámico, libertad religiosa y la igualdad de género, de género», en M. Revenga / G. Ruiz-Rico, / J.J. Ruíz Ruíz, (Dirs.), *Los símbolos religiosos en el espacio público,* CEPC, Madrid, 2011, pp. 156-157, quien indica que la primera Decisión del TEDH sobre esta cuestión fue el asunto *Karaduman contra Turquía,* Decisión de 3 de mayo de 1993, en la que se consideró que podía limitarse el uso del velo islámico en los centros educativos para evitar presiones de los movimientos fundamentalistas sobre las estudiantes que no lo utilizaban.

292 V. Camarero Suárez, «Análisis de la primera decisión del Tribunal Supremo respecto del velo integral: Sentencia 693/2013, de 6 de febrero de 2013», en *Revista General de Derecho Canónico y Derecho Eclesiástico del Estado,* n.º 32, 2013, p.19.

abordado esta problemática en relación con el velo islámico en varias sentencias que aclaran el alcance de la Directiva 2000/78/CE. Un ejemplo lo encontramos en dos sentencias dictadas el mismo día por el TJUE. En primer lugar, debe citarse la STJUE de la Gran Sala de 14 de marzo de 2017 Asma Bougnaoui y Association de défense des droits de l'homme (ADDH) contra Micropole SA[293]. El tribunal analiza el supuesto de una trabajadora que presta servicios como ingeniera en las instalaciones de los clientes de la empleadora. La trabajadora es despedida debido a su negativa a no ponerse el pañuelo islámico cuando prestaba servicios en las oficinas de los clientes de esta Micropole SA. Hay que partir del hecho de que clientes se habían quejado de que la trabajadora utilizara dicha prenda religiosa. En opinión del tribunal sería conforme a la legislación de la Unión, por lo que no constituiría una discriminación indirecta si la prohibición empresarial pudiera justificarse objetivamente con una finalidad legítima, como la instauración por parte de la empresa de una política de neutralidad con sus clientes.

En segundo lugar, la Sentencia TJUE de la Gran Sala, en el caso Samira Achbita y Centrum voor gelijkheid van kansen en voor racismebestrijding G4S Secure Solutions NV, también de 14 de marzo de 2017[294] declaró que no constituye discriminación directa prohibir a una trabajadora llevar el velo islámico, pero podría suponer discriminación indirecta, en el sentido del artículo 2, apartado 2, letra b), de la Directiva 2000/78 si se acredita que la obligación aparentemente neutra que contiene ocasiona, de hecho, una desventaja particular a aquellas personas que profesan una religión o tienen unas convicciones determinadas, salvo que pueda justificarse objetivamente con una finalidad legítima, como el seguimiento por parte del empresario de un régimen de neutralidad política, filosófica y religiosa en las relaciones con sus clientes, y que los medios para la consecución de esta finalidad sean adecuados y necesarios, extremos que corresponderá comprobar al órgano jurisdiccional remitente. Los hechos son los siguientes, cuando la trabajadora, de confesión musulmana, después de varios años de prestación de servicios la trabajadora comunicó a sus superiores jerárquicos que tenía la intención de llevar un pañuelo islámico

293 Asunto C-188/15.

294 Asunto C-157/15.

durante las horas de trabajo. Como respuesta, la empresa informó a la trabajadora de que no se aceptaba el uso del pañuelo porque ostentar signos políticos, filosóficos o religiosos era contrario a la neutralidad de la empresa. El reglamento interno se expresaba en los siguientes términos: «*Se prohíbe a los trabajadores llevar signos visibles de sus convicciones políticas, filosóficas o religiosas u observar cualquier rito derivado de* éstas *en el lugar de trabajo*». Debido a la persistente voluntad manifestada por la trabajadora de llevar, el *hiyab* en su lugar de trabajo, ésta fue despedida. En este pronunciamiento se reitera en primer lugar, en la sentencia anteriormente explicada y, en segundo lugar, se fundamenta y limita la facultad empresarial: «*el deseo de un empresario de ofrecer una imagen neutra ante sus clientes está vinculado a la libertad de empresa, reconocida en el artículo 16 de la Carta, y tiene, en principio, un carácter legítimo, en particular cuando el empresario sólo incluye en la persecución de esa finalidad a los trabajadores que, en principio, van a estar en contacto con sus clientes*». El tribunal, además, exterioriza otro requisito para que el establecimiento empresarial de un régimen de neutralidad sea válido: dicho régimen será conforme a Derecho si se aplica realmente de forma congruente y sistemática. El tribunal indica que debe analizarse por parte de la empresa la posibilidad de ejecutar un ajuste en su puesto a menos de que ello suponga una carga irrazonable para la empresa o sea materialmente imposible, ya que de otro modo podría indicar una discriminación indirecta.

El TJUE en su sentencia de 15 de julio de 2021 en el asunto WABE y MH que ha establecido los parámetros que deben regir el comportamiento empresarial de cara a establecer y adoptar las medidas que permitan limitar la exhibición pública de símbolos políticos y religiosos en el marco de la actividad laboral. Establece unos parámetros restrictivos a la hora de implantar un sistema de supervisión de la exhibición de símbolos que se identifiquen con el pensamiento ideológico, político y religioso. No resulta suficiente el conocimiento previo y aplicación uniforme, sino que además requiere que se acredite que una política estricta de neutralidad ideológica conlleva, en caso de su inobservancia, un perjuicio directo y evidente a la actividad del empleador[295].

295 Esta acreditación de ese perjuicio directo, puede resultar problemático en determinadas situaciones o en actividades en las

Por su parte, en el año 2022 el TJUE haciendo referencia al asunto Wabe y MH establece que es lícita la política interna de una empresa que prohíba llevar cualquier signo visible de convicciones religiosas, filosóficas o espirituales[296].

En el caso de España los tribunales presentan sentencias contradictorias, así en supuestos similares examinados han estimado que resultaba posible limitar el uso de símbolos religiosos si ello suponía un riesgo evidente para la actividad en sí misma relativa al incumplimiento de la normativa sanitaria o de prevención de riesgos laborales, en el que declara procedente el despido de una trabajadora musulmana de una empresa comercializadora de champiñones, que pese a las múltiples advertencias de la empresa, se niega a meter su velo islámico de forma íntegra por debajo del gorro. La empresa tenía instaurada como norma que durante la ejecución de las labores de recolección y corte los trabajadores deben llevar puesta sobre su ropa de calle una bata que cubra ésta totalmente y un gorro que haga lo propio con todo el pelo. Así mediante un control externo por parte de la empresa advirtió a la misma sobre la contravención constatada de su normativa en materia de higiene, en concreto, que la ropa de algunos trabajadores sobresalía del exterior de la bata, apercibiéndoles de que podrían perder la certificación de calidad.

Para el Tribunal no se advierte ningún tipo de discriminación indirecta, habida cuenta que la decisión por parte de la empresa de exigir a la trabajadora el estricto cumplimiento de las normas relativas a la vestimenta de trabajo, constituye un medio idóneo, proporcionado y necesario para la satisfacción de una finalidad absolutamente legítima, como es la de cumplir los protocolos en materia de higiene alimentaria impuestos por la empresa certificadora de calidad, estando directamente vinculado con el tipo de actividad que desarrolla la empresa. Ante esta situación a el Tribunal juzgador no ve la posibilidad de adoptar solución alternativa a la ofrecida por la empresa (recoger el velo dentro del gorro) que permitiría compaginar las exigencias de salubridad en la manipulación de alimentos conforme a la norma de calidad,

---

que, esa carga ideológica, presente una menor incidencia o no sea clara.

296 Sentencia del Tribunal de Justicia (Sala Segunda) de 13 de octubre de 2022. L.F. contra S.C.R.L.

y el derecho de la trabajadora a la utilización plena de ese signo externo de la religión musulmana como manifestación de la vertiente externa de su libertad religiosa[297]. En sentido contrario, también encontramos resoluciones judiciales que han estimado los derechos del trabajador ante la prohibición por razones de imagen sin que medie un perjuicio concreto o el mismo no haya sido suficientemente acreditado como ocurre, un ejemplo es el caso de una trabajadora que profesaba la religión musulmana solicitó que se declarasen nulas las sanciones que le impusieron por vulneración del derecho fundamental a la libertad religiosa, así como le permitan llevar el velo islámico (Hiyab) en el trabajo.

La empresa sancionó a la trabajadora por acudir al trabajo portando el velo e incumpliendo el catálogo de uniformidad femenino de la misma, el cual prohíbe llevar prendas que no se encuentren suministradas por la empresa. A pesar de ello la trabajadora siguió acudiendo con el velo hasta que finalmente, interpuso demanda por vulneración de su derecho a la libertad religiosa.

En esta resolución el juzgador entiende que entiende que la empresa no había invocado ninguna política de neutralidad religiosa, sino que solo se ha amparado en la uniformidad de la vestimenta y añade que la empresa «*No ha invocado ni concretado, como ya se ha apuntado, perjuicio alguno. La trabajadora, frente a los argumentos de la empresa, sostiene que está siendo discriminada pues otros trabajadores pueden exhibir cruces y vírgenes colgadas y visibles, sin ser sancionados, además de los trabajadores que no hacen un uso riguroso del*

297 Sentencia del Tribunal de Justicia de La Rioja de fecha 22 de junio de 2017 relativa al incumplimiento de la normativa sanitaria o de prevención de riesgos laborales, en el que declara procedente el despido de una trabajadora musulmana de una empresa comercializadora de champiñones, que pese a las múltiples advertencias de la empresa, se niega a meter su velo islámico de forma íntegra por debajo del gorro. La inobservancia de llevar gorro y bata puede conducir a una contaminación alimenticia, en tanto el champiñón es un producto muy poroso, y está establecido así por protocolo de seguridad impuesto a todos los trabajadores por igual. No hay discriminación directa o indirecta. La prohibición también alcanza al uso de capuchas de las sudaderas que queden fuera de la bata.

uniforme portando bolsos y zapatos no reglamentarios o mostrando un aspecto descuidado, con piercings o con tatuajes».

En relación con lo anterior es importante traer a colación y así lo hace la propia resolución judicial, la sentencia del Tribunal Constitucional que establece que la libertad religiosa *«tiene una doble dimensión, interna y externa. Así, según dijimos en la STC 177/1996, de 11 de noviembre, la libertad religiosa "garantiza la existencia de un claustro* íntimo *de creencias y, por tanto, un espacio de autodeterminación intelectual ante el fenómeno religioso, vinculado a la propia personalidad y dignidad individual" y asimismo, junto a la dimensión interna, esta libertad "incluye también una dimensión externa de agere licere que faculta a los ciudadanos para actuar con arreglo a sus propias convicciones y mantenerlas frente a terceros" que se traduce "en la posibilidad de ejercicio, inmune a toda coacción de los poderes públicos, de aquellas actividades que constituyan manifestaciones o expresiones del fenómeno religioso»*[298].

298 Sentencia del Juzgado de lo Social número 1 de Palma de Mallorca de 6 de febrero de 2017, en este caso ante la negativa de la empresa al uso por parte de la trabajadora —que presta servicios en el departamento de servicio al pasajero y de cara al público— del velo islámico como una expresión de la libertad religiosa. Se ha acreditó a juicio del Tribunal que la empresa no mantiene una política de neutralidad religiosa, obedeciendo la prohibición impuesta a la trabajadora de uso de velo islámico a una exigencia meramente estética, que no es comparable con el uso de meros adornos. La empresa no ha concretado ningún perjuicio en su imagen por el uso del hiyab, constando que a la trabajadora se le ha autorizado por Aena el uso del velo en la fotografía de su tarjeta de identificación, al no concurrir motivos de seguridad, por lo tanto se estimó la demanda interpuesta por la trabajadora y declaró la existencia de vulneración del derecho fundamental a la libertad religiosa de la trabajadora.

CAPÍTULO X

DERECHOS EDUCATIVOS Y SU RELACIÓN CON LA LIBERTAD RELIGIOSA

I. Derecho a la educación y libertad de enseñanza

La Asamblea General de las Naciones Unidas aprobó la Declaración Universal de los Derechos Humanos el 10 de diciembre de 1948, en su art 26 reconoce el derecho de toda persona a la educación, y también el derecho que tienen los padres de poder elegir el tipo de educación de sus hijos y concretaba el objetivo de la misma como el pleno desarrollo de la personalidad humana y el fortalecimiento del respeto a los derechos humanos y a las libertades fundamentales. Su reconocimiento garantiza otros derechos fundamentales como por ejemplo la libertad de pensamiento, conciencia y religión. Esta Declaración fue el punto de partida de la Comisión Constitucional del Congreso de los Diputados encargada de elaborar la Constitución de 1978, para desarrollar el artículo sobre el derecho a la educación. El artículo, relativo a la educación en la Carta Magna, fue sin duda uno de los que levantó más fricciones y discusiones entre los miembros de la Comisión y el que recibió el mayor número de enmiendas antes de su aprobación[299].

---

299 J. C HERNÁNDEZ BELTRÁN, «La educación en la Constitución española de 1978. Debates parlamentarios». *Foro de Educación*, 10, 2008, pp. 23-56.

El objeto de la libertad de enseñanza es la protección en la formación que cualquier individuo tiene en sus propias convicciones, especialmente en el caso de los menores de edad que están escolarizados, ese momento debe estar libre de dirigir al menor con ideologías políticas o religiosas por parte de terceros, y sobre todo por quien tenga en ese momento el poder político.

Como hemos indicado, el derecho a la educación es un derecho fundamental, esto quiere decir que puede ser invocado de una manera directa por los ciudadanos ante los poderes públicos para exigir su cumplimiento. Desde la entrada en vigor de la Constitución, la educación es un deber prestacional por parte del Estado al que todas las personas pueden y deben acceder (al menos en unos mínimos), exigiendo en consecuencia al Estado la creación de un sistema educativo que cuente con los medios materiales y financieros adecuados para dar cumplimiento a lo que es derecho y no mera expectativa. Un sistema educativo que no alcanza solo la enseñanza obligatoria, ya que, debe abarcar toda una programación general de las enseñanzas, en sus distintos niveles, hasta llegar a la Universidad.

Igual que ocurre con el derecho a la libertad religiosa, al ser un derecho fundamental tiene una vertiente subjetiva y otra objetiva. La primera, hace referencia al derecho de toda persona de acceder al sistema público de enseñanza. La segunda, se pone de manifiesto la vertiente institucional del derecho, es decir, se pretende señalar la razón de su existencia por ser como indicábamos con anterioridad un elemento esencial en un Estado social y democrático de Derecho.

Como hemos indicado, la formación es inseparable al desarrollo de la personalidad, por eso el fin último de la educación es tal y como recoge el art.27.2 «*el pleno desarrollo de la personalidad humana en el respeto a los principios democráticos de convivencia y a los derechos y libertades fundamentales*». Es el por tanto el medio más eficaz para posibilitar la igualdad y la libertad de las personas y de los grupos en que se integra, tal y como recoge el Alto Tribunal «*de las disposiciones transcritas se deduce la inequívoca vinculación del derecho a la educación con la garantía de la dignidad humana, dada la innegable trascendencia que aquélla adquiere para el pleno y libre desarrollo de la personalidad, y para la misma convivencia en sociedad, que se ve reforzada mediante la enseñanza de los valores democráticos y el respeto a los derechos humanos, necesarios para establecer una sociedad democrática avanzada, como reza el preámbulo de nuestra Constitución»*[300].

Por esta razón, sería contrario a la Constitución una política pública educativa que impidiese o dificultase el acceso a los distintos niveles educativos o que no facilite los medios necesarios para garantizar la posibilidad de acceso siempre que ostenten las causas objetivas para ser admitidos, causas que sólo podrán estar referidas a los principios de mérito y capacidad[301].

Además de la creación de un sistema educativo, exige la creación de un sistema de ayudas públicas que posibilite el acceso a los distintos niveles educativos, sin ningún tipo de discriminación por razón de sexo, religión, etc. siempre y cuando cumplan con los requisitos objetivos para las mismas. En este sentido el Tribunal Constitucional ha indicado que *«el sistema de becas constituye un instrumento esencial para hacer realidad el modelo de Estado social y democrático de derecho que nuestra Constitución impone en el (art. 1.1 CE), determinando en consecuencia que los poderes públicos asegurando que la igualdad de los individuos sea real y efectiva (art. 9.2 CE). De este modo se garantizan también la dignidad de la persona y el libre desarrollo de la personalidad (art. 10.1 CE) que supone la base de nuestro sistema de derechos fundamentales»*[302].

La libertad de enseñanza que recoge la Constitución y los diferentes tratados internacionales, contempla la posibilidad de crear un sistema privado de enseñanza dentro de la programación de enseñanza regulada por el Estado. Un aspecto importante en relación con la enseñanza privada, son los centros concertados, que no pierden su ideario o carácter propio, lo que ha dado lugar a problemas concretos de naturaleza constitucional[303].

---

300 STC 86/1985 de 10 de julio FJ8.

301 Un ejemplo sería la nota de corte necesaria para acceder a un determinado grado, STC 26/1987 de 27 de febrero FJ 10.

302 STC 212/2005 de 21 de julio FJ 4.

303 Estas cuestiones han surgido también en el ámbito europeo, *vid.* por todas: J. MARTÍNEZ-TORRÓN, «Universalidad, diversidad y neutralidad en la protección de la libertad religiosa por la

II. Derecho de los padres a la educación de sus hijos

La libertad de los padres para educar en la moral a sus hijos y para elegir el tipo de centro educativo para los mismos radica en primer lugar en el papel insustituible que aquellos tienen en la transmisión de la vida y en el vínculo de amor que este hecho en sí genera entre padres e hijos. Ningún otro agente educador cuenta con este elemento fundamental que legitima, desde el sentido común, a los padres o tutores como agentes primordiales en la educación moral o filosófica de sus hijos[304]. En segundo lugar, este es el que ha inspirado un marco legislativo que abarca tanto el ámbito internacional como el nacional.

Tal y como hemos indicado en el apartado anterior, la Declaración Universal de Derechos Humanos se refiere a la educación en su artículo 26. Su último párrafo recoge el fundamento del derecho que nos ocupa, al proclamar que «*los padres tendrán derecho preferente a escoger el tipo de educación que habrá de darse a sus hijos*».

Posteriormente, el Protocolo adicional de 20 de marzo de 1952 al Convenio Europeo de Derechos Humanos de 1950 (art. 2.º) establece que «*a nadie se le puede negar el derecho a la instrucción. El Estado, en el ejercicio de las funciones que asuma en el campo de la educación y de la enseñanza, respetará el derecho de los padres a asegurar esta educación y esta enseñanza conforme a sus convicciones religiosas y filosóficas*».

El Pacto de Derechos Civiles y Políticos de 1966 en su art. 18 desarrolla el correspondiente artículo de la Declaración

jurisprudencia del Tribunal Europeo de Derechos Humanos», en AA.VV., *Religión, Matrimonio y Derecho ante el siglo XXI. Estudios en Homenaje al Prof. Navarro-Valls,* Iustel, Madrid 2013, pp. 275-301.

304 En el caso de España surgió una gran polémica el 16 de enero de 2020 cuando la ministra de Educación y formación profesional, la socialista Isabel Celaá afirmó que el denominado 'pin parental' era contrario al «derecho fundamental y constitucional» de toda persona, «desde su nacimiento», a ser educada. «No podemos pensar de ninguna de las maneras que los hijos pertenecen a los padres».

Universal sobre la libertad religiosa, y en su último párrafo establece que «los *Estados Partes en el presente Pacto se comprometen a respetar la libertad de los padres y, en su caso, de los tutores legales, para garantizar que los hijos reciban la educación religiosa y moral que esté de acuerdo con sus propias convicciones*».

Más recientemente, encontramos el art. 14 de la Carta de los Derechos Fundamentales, proclamada por la Unión Europea el 18 de diciembre de 2000, se recoge lo siguiente: «se *respetan, de acuerdo con las leyes nacionales que regulen su ejercicio, la libertad de creación de centros docentes dentro del respeto a los principios democráticos, así como el derecho de los padres a garantizar la educación de sus hijos conforme a sus convicciones religiosas, filosóficas y pedagógicas*».

En relación al derecho que asiste a los padres a que sus hijos reciban la educación que ellos elijan han tenido la oportunidad de pronunciarse tanto el Tribunal Constitucional que ha declarado que «*En un sistema jurídico político basado en el pluralismo, la libertad ideológica y religiosa de los individuos y la aconfesionalidad del Estado, todas las instituciones públicas y muy especialmente los centros docentes, han de ser, en efecto, ideológicamente neutrales. Esta neutralidad, que no impide la organización en los centros públicos de enseñanzas de seguimiento libre para hacer posible el derecho de los padres a elegir para sus hijos la formación religiosa y moral que esté de acuerdo con sus propias convicciones (art. 27.3 de la Constitución), es una característica necesaria de cada uno de los puestos docentes integrados en el centro, y no el hipotético resultado de la casual coincidencia en el mismo centro y frente a los mismos alumnos, de profesores de distinta orientación ideológica cuyas enseñanzas se neutralicen recíprocamente. La neutralidad ideológica de la enseñanza en los centros escolares públicos regulados en la L.O.E.C.E. impone a los docentes que en ellos desempeñan su función una obligación de renuncia a cualquier forma de adoctrinamiento ideológico, que es la* única *actitud compatible con el respeto a la libertad de las familias que, por decisión libre o forzadas por las circunstancias, no han elegido para sus hijos centros docentes con una orientación ideológica determinada y explícita*»[305] Mientras que el Tribunal Supremo en el año 2009 ha manifestado que «*consecuencia del pluralismo, consagrado como*

305 STC 5/1981 de 13 de febrero FJ 9.

valor superior de nuestro ordenamiento jurídico, y del deber de neutralidad ideológica del Estado, que prohíbe a éste *incurrir en cualquier forma de proselitismo. Las asignaturas que el Estado, en su irrenunciable función de programación de la enseñanza, califica como obligatorias no deben ser pretexto para tratar de persuadir a los alumnos sobre ideas y doctrinas que —independientemente de que estén mejor o peor argumentadas— reflejan tomas de posición sobre problemas sobre los que no existe un generalizado consenso moral en la sociedad española. En una sociedad democrática, no debe ser la Administración educativa —ni tampoco los centros docentes, ni los concretos profesores— quien se erija en* árbitro *de las cuestiones morales controvertidas. Estas pertenecen al* ámbito *del libre debate en la sociedad civil, donde no se da la relación vertical profesor-alumno, y por supuesto al de las conciencias individuales*»[306].

Por su parte, Tribunal Europeo de Derechos Humanos, se ha pronunciado en el año 2007 a este respecto, casos Folgero y otros contra Noruega y Hasan y Eylem Zengin contra Turquía. En ambas, se aborda el problema de la enseñanza de la religión (luterana en el caso noruego, e islámica sunita en el caso turco). Si bien dentro de materias escolares obligatorias de carácter cultural, hay que tener en cuenta que no todos los alumnos ajenos a estas dos confesiones estaban dispensados de cursar dichas asignaturas. El Tribunal de Estrasburgo consideró que el deber jurídico absoluto de cursar las asignaturas controvertidas, sin posibilidad efectiva de dispensa a causa de las propias creencias, vulneraba el art.9 del Convenio Europeo de Derechos Humanos. Las ideas principales que sirven al Tribunal de Estrasburgo para decidir en estos casos se pueden resumir en:

a) La inclusión en los planes de enseñanza de materias obligatorias sobre religión, filosofía y moral que persigan una aproximación a las diferentes religiones y orientaciones filosóficas, de manera que los alumnos adquieran conocimientos de sus propios pensamientos y tradiciones, no contradice el Convenio siempre que estén configuradas equilibradamente y se ajusten en sus contenidos

306 STS de 11 de febrero de 2009 FJ 15, en relación con objeción de conciencia en la asignatura Educación para la ciudadanía.

y enseñanza a los principios de objetividad, exposición crítica y respeto al pluralismo.

b) En sentido negativo, se produce una lesión en el derecho de los padres a elegir la formación religiosa y moral de sus hijos toda forma de enseñanza que, por prescindir de los requisitos anteriores, tienda al adoctrinamiento religioso o moral.

c) En los casos contemplados en estas sentencias la infracción del derecho reconocido en el artículo 2 del Protocolo n.º 1 y del artículo 9 del Convenio se produce por el desequilibrio en la definición del currículo de las materias controvertidas (escorada al cristianismo la noruega, orientada al islamismo sunita la turca) y, a partir de esa premisa, por la insuficiencia de los mecanismos de dispensa previstos por el legislador[307].

III. Tipos de centros docentes. Los centros de enseñanza privada el ideario

En España existen tres tipos de centros educativos:

- Las escuelas públicas, que son creadas, administradas y financiadas por el gobierno.

307 No son casos similares a la sentencia comentada con anterioridad de TS (de 11 de febrero de 2009) por dos razones. Por un lado, y esto es lo más importante, tratan de la enseñanza obligatoria de una determinada religión, pues, en la práctica, es a lo que conducían las asignaturas discutidas. Imponer a alguien el deber jurídico de cursar enseñanzas religiosas contra la propia voluntad, aunque sea incluyéndolas en materias, en principio, de carácter cultural, implica, por sí solo, una violación de la libertad religiosa e ideológica. Tan es así que esta situación no se produce en España, país aconfesional, donde las enseñanzas religiosas en los currículos escolares tienen carácter optativo. Cuando se trata de la enseñanza obligatoria de materias que, aun pudiendo incidir sobre cuestiones morales, son ajenas a la religión, no se da ese automatismo, sino que será preciso, más bien, analizar hasta qué punto la asignatura obligatoria en cuestión puede afectar a opciones morales esencialmente personales.

- Las escuelas concertadas, creadas y administradas de manera privada, pero la financiación es mayoritariamente del gobierno y completada por los padres[308].
- Las escuelas privadas, son las minoritarias en España. Han de cumplir el mismo currículo general que las otras escuelas y son creadas, administradas y financiadas de manera privada.

Tanto las escuelas concertadas, como las privadas, han podido establecer su ideario o carácter propio y así se lo reconoce la Ley Orgánica de Educación[309], que mostrará su orientación ideológica o religiosa y que, en todo caso, deberá respetar los derechos garantizados a profesores, padres y alumnos en la Constitución y en las leyes[310].

Uno de los problemas más recurrentes es el caso de la educación diferenciada, en los últimos tiempos, bajo el criterio de la no discriminación por razón de sexo se ha planteado el conflicto de la coeducación. En España, desde el año 1985, los colegios públicos imponen como único modelo de educación la enseñanza mixta, de tal forma que los padres que quieren optar por un sistema de educación diferenciada se limitan a elegir entre matricular a sus hijos en algunos colegios privados concertados o en colegios privados. El problema se ha planteado respecto de aquellos colegios privados financiados con fondos públicos a través de un concierto

---

308 Desde mediados del siglo XIX, se ha venido desarrollando en España una tupida malla de centros de iniciativa privada, mayoritariamente confesionales católicos. Sin embargo, no sería hasta 1985 con la Ley Orgánica reguladora del Derecho a la Educación (LODE) cuando la figura del colegio concertado adquiere carta de naturaleza legal y se consolida como una categoría propia, al lado de los centros públicos en puridad y de los centros privados que no reciben financiación pública alguna.

309 Art. 115 de la LOE. Sobre el ideario de los centros docentes, *vid.* J.A González Del Valle, «La enseñanza», en *Derecho Eclesiástico del Estado español,* Eunsa, Pamplona 2006, pp. 280-282. Se puede observar en la SSTC 5/1981, de 13 de febrero FJ 1 y 10 y 38/2007 15 de febrero FJ5.

310 Sobre esto J.L. Martínez López-Muñiz, «Autonomía de los centros escolares y derecho a la educación en libertad», en *Persona y Derecho* 50, 2004, pp. 447-504.

económico que, con el transcurso del tiempo, se les ha manifestado la intención de retirar los citados fondos de carácter público, teniendo como causa el hecho de tener exclusivamente escolarizados alumnos de un solo sexo, masculino o femenino. Un ejemplo, lo encontramos en Cantabria donde a dos centros escolares se les denegó por parte de la Consejería de Educación de Cantabria, que con posterioridad fue refrendada por el Consejo de Gobierno de la Comunidad Autónoma, la renovación de sus conciertos económicos. Ante esto el Tribunal Supremo mantuvo el fallo del la Sentencia de la Sección Primera de la Sala de lo Contencioso Administrativo del Tribunal Superior de Justicia en la Comunidad Autónoma de Cantabria[311], ha confirmado la denegación del concierto y la no renovación del mismo, esgrimiendo como argumento la vulneración de los criterios sobre admisión de alumnos establecidos en el art. 84 de la LOE[312]. Algunos autores consideran que esta decisión de considerar la educación diferenciada como criterio para denegar el acceso a los fondos públicos en los centros privados concertados conlleva una lesión a la libertad de enseñanza que incluye la de establecer un ideario propio[313].

311 STSJ de Cantabria de fecha 22 junio de 2011, en la cual Se desestimaba el recurso contencioso-administrativo promovido por ASOCIACION DE PADRES DE ALUMNOS y DEL COLEGIO y de la ASOCIACION DE PADRES DE ALUMNOS contra el Acuerdo del Consejo de Gobierno de Cantabria de 13 de agosto de 2009, por el que se desestiman sus recursos de alzada interpuestos contra la Resolución de la Consejería de Educación del Gobierno de Cantabria, de 14 de abril de 2009, por la que se resolvió denegar la solicitud de acceso al régimen de conciertos de seis unidades de Educación Primaria y cuatro de Educación Secundaria Obligatoria a Fomento de Centros de Enseñanza de Cantabria, S.A., en representación del Colegio.

312 STS de 23 de julio de 2012.

313 Un ejemplo lo podemos encontrar en M. CALVO CHARRO, «Apoyo de la jurisprudencia española a la educación diferenciada como una opción legítima dentro de la libertad de elección de centro docente de los padres», en *La Ley* núm. 6711, de 11 de mayo de 2007, p. 5. O más reciente en S. MESEGUER «La neutralidad religiosa y enseñanza privada en España» en *Anuario de Derecho Eclesiástico del Estado*, vol. XXIX,2013, p.153.

Por su parte el Tribunal Constitucional también ha tenido la oportunidad de pronunciarse en relación al ideario reconociendo que el derecho a establecerlo no está limitado al ámbito religiosos y moral de la actividad educativa; sino que puede extenderse también a los diferentes aspectos de su actividad, incluyendo las opciones pedagógicas como puede ser la educación diferenciada[314]. En el año 2018 también ha tenido la oportunidad de pronunciarse que el modelo de educación diferenciada no es considerado discriminatorio por razón de sexo, lo que abre la puerta al derecho a ser financiado con fondos públicos, tal y como señala la LOMCE «lo determinante será el análisis de cada centro en particular». «Para garantizar la promoción de estos valores (referidos a la promoción de la igualdad hombre o mujer»)[315]. El Pleno considera que la educación diferenciada por sexos es un modelo educativo que, en sí mismo, no causa discriminación. Como método pedagógico, forma parte del derecho del centro privado a establecer su ideario o carácter propio, y no puede ser considerado contrario a la Constitución siempre y cuando se respeten los derechos fundamentales y los principios constitucionales.

El Tribunal llega a la precedente conclusión tras examinar el recurso tanto desde la perspectiva de los tratados internacionales y el derecho comparado, como de nuestra

314 STC 5/1981 de 13 de febrero *«Tratándose de un derecho autónomo, el derecho a establecer un ideario no está limitado a los aspectos religiosos y morales de la actividad educativa».*

315 STC 31/2018 de 22 de mayo ha desestimado en su integridad el recurso de inconstitucionalidad presentado por el Grupo Parlamentario Socialista en el Congreso contra la LOMCE (Ley 8/2013, para la mejora de la calidad educativa). El Tribunal considera que la educación diferenciada por sexos no puede ser considerada discriminatoria; constituye una diferenciación jurídica entre niños y niñas *«en cuanto al acceso al centro escolar»* y responde a un método pedagógico que considera esta opción educativa *«más eficaz»* que otras. Desde la perspectiva del derecho fundamental a la libertad de enseñanza, es conforme a la Constitución *«cualquier modelo educativo que tenga por objeto el pleno desarrollo de la personalidad humana y el respeto a los principios y libertades que reconoce el art. 27.2 CE».* La regulación de este modelo en la ley impugnada, concluye, es respetuosa con la Constitución y con los tratados internacionales firmados por España contra la discriminación.

Constitución. El primero de esos textos internacionales es la Convención de la UNESCO relativa a la lucha contra la discriminación (1960), al que la propia norma impugnada remite. Su art. 2 determina que la creación de sistemas de enseñanza separados por sexos «*no son constitutivos de discriminación*» siempre que «*ofrezcan facilidades equivalentes de acceso a la enseñanza, dispongan de un personal docente igualmente cualificado, así como de locales escolares y de un equipo de igual calidad y permitan seguir los mismos programas de estudio o programas equivalentes (...)*».

La sentencia, también tiene en cuenta la Convención de las Naciones Unidas sobre Eliminación de Toda Forma de Discriminación hacia la Mujer (1979), que no prohíbe la existencia de modelos educativos distintos del mixto, pero obliga a promover sistemas «*tendentes a la eliminación de los estereotipos de sexo*». La ley, aunque sin citar expresamente este texto, también cumple el mandato de la ONU cuando obliga a los centros de educación diferenciada, y sólo a éstos, a exponer en su proyecto educativo «*las medidas académicas que desarrollan para favorecer la igualdad*».

Por su parte, el tribunal también establece que el derecho al ideario propio tiene límites y, según afirma la sentencia, «*no sería aceptable si tiene un contenido incompatible por sí mismo con los derechos fundamentales*» o si, sin llegar a vulnerarlos, incumple la obligación, derivada del art. 27.2 CE, de que la educación prestada en el centro «*tenga por objeto el pleno desarrollo de la personalidad humana en el respeto a los principios democráticos de convivencia, y a los derechos y libertades fundamentales en su concreta plasmación constitucional, pues éstos han de inspirar cualquier modelo educativo, público o privado*».

IV. La asignatura de religión en los centros públicos

El art. 27.3 de la Constitución como hemos indicado en los puntos anteriores recoge que los poderes públicos garantizan el derecho que asiste a los padres para que sus hijos reciban la formación religiosa y moral que esté de acuerdo con sus propias convicciones de manera idéntica al art. 18.4 del Pacto Internacional sobre los Derechos Civiles y Políticos.

Por su parte la LOLR en su art. 2 establece el derecho de toda persona a elegir para sí, y para los menores no emancipados e incapacitados, bajo su dependencia, dentro y fuera del ámbito escolar, la educación religiosa y moral que esté de acuerdo con sus propias convicciones, añadiendo en su párrafo 3 que los poderes públicos adoptarán las medidas necesarias para facilitar la formación religiosa en los centros docentes públicos.

Po lo tanto la presencia de la enseñanza de la religión en la escuela pública no tiene su justificación únicamente en los Acuerdos con las distintas confesiones religiosas sino en la propia Constitución y en la LOLR[316].

En el caso de la religión católica su oferta es obligatoria en todos los centros educativos en condiciones equiparables a las disciplinas fundamentales, eso sí, tendrá carácter de optativa. Corresponde a la jerarquía de la Iglesia dos cosas, por un lado, señalar los contenidos a estudiar, y por otro lado, los libros de texto.

En el caso de las confesiones con Acuerdo se contempla como hemos visto en capítulos anteriores, en el art. 10, donde se garantiza a los alumnos, a sus padres y a los órganos escolares de gobierno que lo soliciten, el ejercicio del derecho de los primeros a recibir enseñanza religiosa en los centros docentes públicos y privados concertados, siempre que, en cuanto a estos últimos, el ejercicio de aquel derecho no entre en conflicto con el carácter propio del centro. Igual que ocurre con la religión católica el contenido de la materia objeto de estudio así como los libros de texto corresponderá a las Iglesias o Comunidades.

Por su parte los alumnos que no quieran optar por la enseñanza religiosa, los centros escolares deben organizar actividades alternativas en el mismo horario que se imparta la asignatura de religión.

316 Sobre esta cuestión en relación a la escuela pública, *Principios orientadores de Toledo sobre la enseñanza acerca de religiones y creencias en las escuelas públicas,* elaborado por el Consejo Asesor de Expertos sobre Libertad de religión o creencia de OSCE/ODIHR 2008.

V. Estatuto de los profesores de religión

Los profesores de religión que no perteneciendo a los Cuerpos de Funcionarios docentes impartan la enseñanza de las religiones en Centros Públicos, será necesario reunir los mismos requisitos de titulación exigibles, o equivalentes, en el respectivo nivel educativo, a los funcionarios docentes no universitarios conforme se enumeran en la LO 2/2006 de 3 de mayo de Educación, haber sido propuestos por la Autoridad de la Confesión religiosa para impartir dicha enseñanza y haber obtenido la declaración de idoneidad o certificación equivalente de la confesión religiosa objeto de la materia educativa, todo ello con carácter previo a su contratación por la Administración competente.

El estatuto laboral de estos profesores durante muchos años no ha sido claro, las sucesivas disposiciones administrativas que tras el Acuerdo de 3 de enero se vinieron ocupando de la materia no aclararon si la prestación de servicios de los profesores de Religión y moral católica se encuadraba en el ámbito del Derecho administrativo o en el del Derecho Laboral[317]. En los últimos años un elevado número de pronunciamientos judiciales en diferentes instancias[318] han derivado en la laboralización de la relación jurídica de los profesores de religión católica de centros públicos. Esto, no sólo cuenta con firmes apoyos jurisprudenciales sino que ha sido regulado por la legislación, así en el año 1998 mediante la ley 50/1998 se reguló que: «*Los profesores que, no perteneciendo a los Cuerpos de funcionarios docentes, impartan enseñanzas de religión en los centros públicos en los que se*

317 Referida a las Ordenes de 26 de septiembre de 1979, 16 de julio de 1980, 11 de octubre de 1982, 26 de noviembre de 1984, 9 de enero de 1985 y Convenio sobre régimen económico de las personas encargadas de la enseñanza de la Religión Católica en los centros públicos, publicado en virtud de la Orden de 9 de septiembre de 1993. Muy clarificadora es la es la exposición de J. FERREIRO en su monografía *Profesores de religión de la enseñanza pública y Constitución española,* Universidad de La Coruña-Atelier, Barcelona 2004, pp. 40 y ss.

318 Un ejemplo es Auto del TSJ de Canarias, sede Las Palmas, de 8 de julio de 2002 o más reciente Sentencia Social 36/2023 del Tribunal Supremo. Sala de lo Social, Rec. 1672/2021 de 17 de enero del 2023, en la que se plantea si pueden ser contratados en cualquier modalidad.

desarrollan las enseñanzas reguladas en la presente ley, lo harán en régimen de contratación laboral, de duración determinada y coincidente con el curso escolar, a tiempo completo o parcial. Estos profesores percibirán las retribuciones que correspondan en el respectivo nivel educativo a los profesores interinos, debiendo alcanzarse la equiparación retributiva en cuatro ejercicios presupuestarios a partir de 1999»[319].

Siguiendo lo anterior, el RD 696/2007 de 1 de junio por el que se regula la relación laboral de los profesores de religión prevista en la disposición adicional tercera de la LO 2/2006 de Educación, ha establecido las siguientes peculiaridades de la relación laboral: los profesores que, no perteneciendo a los cuerpos de funcionarios docentes, impartan la enseñanza de las religiones en los centros públicos lo harán en régimen de contratación laboral, de conformidad con el Estatuto de los Trabajadores con las respectivas Administraciones competentes. La regulación de su régimen laboral se hará con la participación de los representantes del profesorado.

Por su parte el Tribunal Supremo ha considerado que los profesores de religión católica tienen derecho a la indemnización prevista en el art. 49.1, c) del ET cuando concluyen sus contratos de trabajo[320].

---

319 Mediante la Ley 50/1998 de 30 de diciembre de Medidas Fiscales, Administrativas y del Orden Social, ha añadido un párrafo a la disposición adicional segunda de la LO 1/1990 de 3 de octubre de Ordenación General del sistema Educativo.

320 Sentencia de la STS Sala de lo Social de 7 de noviembre de 2005 y del 6 de julio de 2009.

CAPÍTULO XI

EL MATRIMONIO RELIGIOSO

I. Sistemas matrimoniales concepto y clases

El sistema matrimonial de un Estado, está estrechamente ligado con la regulación que este haga del hecho religioso. La doctrina denomina sistema matrimonial al criterio que cada ordenamiento adopta para reconocer como matrimonio, con sus efectos jurídicos, los modos de comunidad de vida establecidos entre un hombre y una mujer de manera tradicional y ahora tras la reforma producida en el año 2005 entre personas del mismo sexo[321].

Se puede definir como un conjunto de normas que definen la decisión del Estado acerca de dos cosas, la primera la forma o formas en que puede celebrarse el matrimonio con eficacia jurídica. La segunda, las normas jurídicas sustantivas reguladoras del matrimonio contraído en una determina forma. Puede haber tres opciones:

A) *No se exige forma determinada.* Ello significa que el Derecho reconoce todas las formas y clases de matrimonio, incluso las puramente consensual.

B) *Se reconoce sólo una forma determinada*. En la que puede haber dos opciones:

> 1.- Se exige para su reconocimiento civil, el matrimonio propuesto por la religión oficial del Estado.
>
> 2.- Se exige el matrimonio propuesto por el Estado, se denomina sistema de matrimonio civil obligatorio.

---

321 Es legal en España desde 3 de enero de 2005.

C) *Sistemas de reconocimiento plural.* En la que puede haber dos opciones igual que en el anterior:

1.- Reconocimiento de una sola clase de matrimonio para cada individuo. Es decir, se establece una forma religiosa para los que profesen la religión; y otra civil para quienes no la profesen, es el denominado matrimonio civil subsidiario, suele darse en Estados de carácter confesional.

2.- Sistema de libre elección. Atribuye idéntica eficacia civil a determinados matrimonios religiosos y al matrimonio civil. Este sistema a su vez ofrece dos modelos:

2.1. *Latino o católico,* supone reconocer como matrimonio civilmente eficaz (junto a otras clases de matrimonio (especialmente el civil) libremente elegible por los contrayentes al matrimonio religioso regido por el Derecho de la Iglesia, es decir, no solo celebrado en forma canónica sino también conforme a su régimen jurídico, supone aceptar sus normas y competencia jurisdiccional, si bien con ciertos controles del Estado. A este modelo obedecen en líneas generales el Acuerdo sobre Asuntos Jurídicos de 1979[322].

2.2. *Anglosajón o protestante,* para este sistema el matrimonio es un contrato civil que comporta un cierto carácter religioso, carecen por ello de un régimen jurídico-religioso y solo tienen normas rituales. Este modelo es el que más se acerca para los matrimonios religiosos de las Confesiones con Acuerdo con el Estado español.

II. El sistema matrimonial español

2.1. Introducción histórica

La ley de 18 de junio de 1870 implantó por primera vez en España el matrimonio civil obligatorio[323]. El Estado no reco-

322 Art. VI del AAJ establece que *«El Estado reconoce los efectos civiles al matrimonio celebrado según las normas del Derecho Canónico... Los contrayentes, a tenor de las disposiciones del Derecho Canónico, podrán acudir a los Tribunales Eclesiásticos solicitando declaración de nulidad o pedir decisión pontificia sobre matrimonio rato y no consumado. A solicitud de cualquiera de las Partes, dichas resoluciones eclesiásticas tendrán eficacia en el orden civil si se declaran ajustadas al Derecho del Estado».*

323 Publicada en la Gaceta de Madrid» núm. 348, de 14 de diciem-

nocía validez y eficacia más que al matrimonio contraído de acuerdo a su legislación, pero sin impedir la celebración religiosa antes después o al tiempo del matrimonio civil.

Este sistema fue abolido por Decreto de 9 de febrero de 1875[324], que dispuso que el matrimonio contraído con arreglo a los sagrado cánones produciría todos los efectos civiles que se dejaba subsistente, según el preámbulo de aquel Decreto para lo que no profesasen «*la religión de nuestros padres, estén imposibilitados de santificarlo con el sacramento*». Se cambien por tanto el sistema matrimonial, pasando a un sistema de matrimonio civil subsidiario.

Con la proclamación de la II República supuso un cambio en el sistema matrimonial acode con la ideología política que ostentó el poder durante dicho periodo. Así las cosas, la Ley de 28 de junio de 1932 solo reconocía una forma de matrimonio, la civil. Se ignoró el matrimonio canónico.

Con la llegada del régimen de Franco, el sistema matrimonial vuelve a cambiar, dado el marcado carácter confesional del régimen. Todavía no acabada la guerra en el 1938, se deroga la Ley de matrimonio civil[325] en la declaraba vigente el título IV del Libro I del Código civil y demás normas complementarias vigentes a la publicación de la Ley de matrimonio civil, esto provoco que se siguiese el sistema anterior a la República para contraer matrimonio civil con la necesidad de declarar el no profesar. Y se derogaba también, la ley del divorcio en 1939[326]. Con la firma del Concordato de 1953 el Estado reconocía plenos efectos civiles al matrimonio celebrado según las normas del derecho canónico y para ello será suficiente que el acta de matrimonio sea transcrita al Registro civil. Por otro lado, el Estado se obligaba a

bre de 1870. En el marco del progresismo instaurado por la Revolución de 1869, la Ley de Matrimonio Civil de 18 de junio de 1870 estableció por primera vez en España el matrimonio civil obligatorio. Se trató de una ley novedosa que sus partidarios defendían como consecuencia lógica y necesaria de la libertad de cultos promulgada en el art. 21 del texto constitucional de 1869. Sin embargo, la realidad es que su periodo de vigencia fue de tan sólo 5 años, al ser derogada parcialmente con la Restauración Borbónica, el 9 de febrero de 1875.

324 Publicado en la Gaceta de Madrid núm. 54 el 23 de febrero de 1875.

325 Mediante la Ley de 12 de marzo de 1938.

326 Mediante la Ley de 23 de septiembre de 1939.

poner en armonía su propia legislación con la del Derecho canónico en cuanto al reconocimiento del matrimonio mixto.

2.2. Regulación actual

Con la Constitución del 1978, el Estado asume la competencia exclusiva sobre el matrimonio sin que exista ningún impedimento para su celebración en forma religiosa. La celebración del matrimonio en nuestro ordenamiento está regulada fundamentalmente por la Constitución, la LOLR, los Acuerdos con las diferentes confesiones, el Código civil y la legislación del Registro civil. Esta regulación ha sido modificada por la LJV que ha afectado a los Acuerdos y varias disposiciones el Código civil.

Así, en relación con la Constitución interesan los art. 14, 16 y 32. Queda claro que deberán reconocerse tantos tipos de matrimonios como exija la pluralidad de creencias presentes en la sociedad española y que admita el orden público. Por su parte el art. 32.2 establece que «*La ley regulará las formas de matrimonio, la edad y capacidad para contraerlo, los derechos y deberes de los cónyuges, las causas de separación y disolución y sus efectos*».

Por su parte la LOLR desarrolla como ya hemos indicado en puntos anteriores el art. 16 de la CE e incluye el derecho a celebrar los propios ritos matrimoniales, como parte del contenido del derecho a la libertad religiosa.

Por su parte el CC además de contener la normativa matrimonial sustantiva, contiene una serie de artículos que complementan el sistema matrimonial, el art. 49 del CC establece que: «*Cualquier español podrá contraer matrimonio dentro o fuera de España: 1.º En la forma regulada en este Código. 2.º En la forma religiosa legalmente prevista*», lo que significa que la facultad para contraer matrimonio tiene límites, ya que únicamente se podrá contraer matrimonios religiosos legalmente previstos. Por su parte el art. 59 CC dos requisitos para que se pueda contraer matrimonio en forma religiosa: «*El consentimiento matrimonial podrá prestarse en la forma prevista por una confesión religiosa inscrita*» o «*en su defecto, autorizados por la legislación de* éste». Esto permite al ordenamiento jurídico determinar cuándo un matrimonio religioso tiene eficacia y cuando no. En la actualidad tienen relevancia los matrimonios religiosos de aquellas confesiones que han alcanzado el notorio arraigo, de los que distinguimos aquellos que han celebrado acuerdos con el Estado (FEREDE; FCJ y CIE) de los que no (Iglesia de Jesucristo de los Santos de los Últimos días; Los testigos de Jehová; Las Iglesias Ortodoxas y la Comunidades Budistas que forman parte de su respectiva Federación.

2.3. Eficacia civil del matrimonio canónico

El régimen jurídico del matrimonio canónico en ordenamiento español está recogido como hemos indicado en el primer epígrafe de este capítulo en el art. VI del Acuerdo sobre Asuntos Jurídicos y en los art. 60; 61 y 63 del CC.

El art. 60. del CC de igual manera que hace el art. VI del AJ reconoce los efectos civiles del matrimonio celebrado según las normas canónicas desde el momento de la celebración[327]. Por lo tanto, la existencia del matrimonio no depende de su posterior inscripción en el Registro por lo que la inscripción tiene un valor declarativo esto se deprende del art. 61 cuando establece que: «*El matrimonio produce efectos civiles desde su celebración. Para el pleno reconocimiento de los mismos será necesaria su inscripción en el Registro Civil. El matrimonio no inscrito no perjudicará los derechos adquiridos de buena fe por terceras personas*». Lo que va a permitir la inscripción es su oposición frente a todos los efectos civiles de la mera celebración[328].

La forma de la inscripción del matrimonio canónico aparece recogida en el art. 63 del CC que señala que «*La inscripción del matrimonio celebrado en España en forma religiosa se practicará con la simple presentación de la certificación*», teniendo la obligatoriedad de que se cumple con las circunstancias exigidas por la legislación del Registro civil tal y como recoge el propio el art. 60 «*...habrá de expresar las circunstancias exigidas por la legislación del Registro Civil*». La inscripción se denegará cuando los documentos presentados, o de los asientos del Registro, conste que el matrimonio no reúne los requisitos que para su validez se establecen en el Código civil: «*...Se denegará la práctica del asiento cuando de los documentos presentados o de los asientos del Registro conste que el matrimonio no reúne los requisitos que*

327 Art. 60.1 establece que: «*El matrimonio celebrado según las normas del Derecho canónico... produce efectos civiles*»

328 Esta matización no es baladí, ya que cobra especial importancia respecto al impedimento de vínculo y el delito de bigamia.

para su validez se exigen en este Título». Esta última parte del art. 60 del CC colisiona con al AJ en donde se hace depender que la validez del matrimonio canónico viene derivada de las normas canónicas, no de las normas del matrimonio que exige el Código civil[329].

Este control como indica el profesor García Gárate va más allá de lo meramente registral, que anuncia el art. 63, para convertirse en una especie de control sobre la validez del matrimonio, pero sobre todo en una exigencia de que el matrimonio canónico cumpla con los requisitos esenciales que para la válida constitución del matrimonio exige el Código civil, que es la norma común para los matrimonios religiosos[330].

2.4. Eficacia civil del matrimonio de las minorías religiosas que tienen acuerdo de con el Estado y las declaradas de notorio arraigo

En la LOLR se establece como hemos indicado con anterioridad que forma parte integrante del derecho de libertad religiosa el celebrar los ritos matrimoniales propios de las confesiones. Hay que tener en cuenta que una cosa es celebrar los ritos matrimoniales con el derecho que esos mismos ritos provoquen eficacia civil.

Los Acuerdos celebrados con las confesiones (FEREDE, FCJ y CIE) regulan en el art. 7 el matrimonio en sus respectivas formas. Siguiendo la forma de los art. 49 y 59 CC. Es decir, la celebración ritual se limita a la prestación del consentimiento siguiendo lo establecido por el Código civil con carácter general:

a) Prestación del consentimiento. Debe ser evidente dicha voluntad.

b) Asistencia de dos testigos.

329 Un ejemplo es el matrimonio celebrado por un menor de edad sin haber obtenido la dispensa civil.

330 En A. García Gárate, *Derecho y religión..* ob. cit. p.225.

c) Ministro asistente, que deben estar anotados en el RER aquellos que celebren matrimonios en forma religiosa con efectos civiles[331].

Este tipo de matrimonios contraídos en forma religiosa se va a regular en todo lo demás según lo recogido en el Código civil para el matrimonio. Es decir, la exigencia de cumplimentar el expediente civil previo de capacidad para contraer, con el fin de que las personas que pretenden contraer matrimonio acrediten los requisitos de capacidad y la no existencia de impedimentos[332]. Así pues las hipotéticas decisiones de

331 Es importante en relación con los ministros de culto el RD 594 /2015 de 3 de julio, por el que se regula el RER que en su art. 18 establece que *«Las entidades religiosas inscritas podrán anotar en el Registro de Entidades Religiosas a sus ministros de culto que ostenten residencia legal en España. En todo caso, deberán anotarse aquellos ministros de culto que estén habilitados para realizar actos religiosos con efectos civiles»*.

332 Art. 56 del CC establece que: «Quienes deseen contraer matrimonio acreditarán previamente en acta o expediente tramitado conforme a la legislación del Registro Civil, que reúnen los requisitos de capacidad o la inexistencia de impedimentos o su dispensa, de acuerdo con lo previsto en este Código» y art. 7.2 de las leyes 24, 25 y 26 de 1992. Igualmente es de aplicación el art. 4 de la Orden JUS/577/2016 de 19 de abril, sobre inscripción en el Registro Civil de determinados matrimonios en forma religiosa y aprobación del modelo de certificado de capacidad matrimonial y de celebración de matrimonio religioso que establece que: *«La inscripción en el Registro Civil competente de los matrimonios celebrados en la forma religiosa prevista en los Acuerdos de Cooperación del Estado con la Federación de Entidades Religiosas Evangélicas de España, con la Federación de Comunidades Judías de España y con la Comisión Islámica de España, así como en el apartado 2 del artículo 60 del Código Civil, requerirá la previa tramitación de un acta o expediente previo de capacidad matrimonial, a los efectos de acreditar el cumplimiento de los requisitos de capacidad de los contrayentes y la inexistencia de impedimentos exigidos por el Código Civil. Cumplido este trámite, se expedirá por triplicado acta o resolución previa de capacidad matrimonial de los contrayentes, que éstos deberán entregar al oficiante ante quien se vaya a celebrar el matrimonio. El consentimiento deberá prestarse antes de que hayan transcurrido seis meses desde la fecha del acta o resolución que contenga el juicio de capacidad matrimonial»*.

nulidad realizadas por los tribunales rabínicos o coránicos carecen de toda relevancia en el ámbito civil.

Tras la aprobación de la Ley de Jurisdicción Voluntaria se ha modificado el art. 60 del CC, otorgando también efectos civiles al matrimonio religioso de las confesiones que han alcanzado el notorio arraigo, es decir, la Iglesia de Jesucristo de los Santos de los Últimos días (mormones); Los testigos de Jehová; Las Iglesias Ortodoxas y la Comunidades Budistas. Los requisitos son los mismos que los exigidos para las confesiones con Acuerdo, es decir, expediente previo de capacidad matrimonial, celebración ante un ministro de culto y dos testigos.

2.5. Los efectos civiles de las sentencias canónicas de nulidad. La declaración de ajuste al derecho del Estado

El art. 80 del Código Civil establece que: «*Las resoluciones dictadas por los Tribunales eclesiásticos sobre nulidad de matrimonio canónico o las decisiones pontificias sobre matrimonio rato y no consumado tendrán eficacia en el orden civil, a solicitud de cualquiera de las partes, si se declaran ajustados al Derecho del Estado en resolución dictada por el Juez civil competente conforme a las condiciones a las que se refiere el artículo 954 de la Ley de Enjuiciamiento Civil*». Esto significa que las personas que han contraído matrimonio en forma canónica pueden acudir a los Tribunales eclesiásticos de la Iglesia católica las cuestiones relativas a la nulidad de su matrimonio.

Pueden también elegir la opción de litigar ante la jurisdicción estatal, pero no les viene impuesta, por lo que son libres de optar por una jurisdicción u otra. Es diferente a lo que ocurría antes de la reforma de 1981, en el que las causas matrimoniales canónicas debían ser necesariamente juzgadas por la jurisdicción eclesiástica y el Estado confería eficacia civil de manera inmediata[333]. Con la normativa vigente las

333 En este sentido el TC estimó vulnerado el derecho a la tutela judicial efectiva en la negativa de Juez civil a la ejecución de una sentencia canónica, cuando la misma se regía, por imperativo del art. VIII.2 AJ, por el art. XXIV del Concordato de

sentencias de los Tribunales eclesiásticos solo tienen eficacia civil si solicitándolo las partes se declaran por el Estado ajustados a su propio Derecho.

La eficacia civil que se obtiene por la declaración de ajuste se refiere únicamente a la nulidad del matrimonio, pero no a otros pronunciamientos que pudiese hacer referencia el fallo, como bienes, hijos etc., ya que ninguno del resto de puntos tiene relevancia civil en nuestro Derecho.

La declaración de ajuste corresponde al Juez civil, y debe realizarse ateniéndose al art. 954 de la LEC. En la actualidad al haber sido derogado este artículo por la Ley 29/2015 de 30 de julio[334], de cooperación jurídica internacional en materia civil, pese a no haberse cambiado la redacción del art. 80 del CC. Regulación que debe ponerse en armonía con el art. 778 de la LEC, que regula el proceso para la eficacia civil de las resoluciones de los tribunales eclesiásticos o decisiones pontificias sobre matrimonio rato y no consumado. Se trata sustancialmente, de un control de la legalidad de la sentencia eclesiástica. Sobre la misma, el Juez civil deberá comprobar:

1.- Su autenticidad, para evitar posibles falsificaciones o manipulaciones y con los requisitos necesarios para que haga fe en España.

2.- Que no sea contraria a alguna norma del ordenamiento español que se estime es de orden público.

3.- Que haya sido dictada en el ejercicio de una acción personal, lo cual normalmente ya que las sentencias y decisiones a que se refiere no son acciones reales, sino personales.

4.- Que no hay sido dictada en rebeldía, es decir, no habiendo guardado exactamente las garantías procesales, como sería haberla dictado sin que el demandado fuese legítimamente citado[335].

1953, que preveía el automatismo en el reconocimiento de las resoluciones dictadas por los tribunales eclesiásticos STC 66/1982 de 12 de noviembre.

334 Disposición derogatoria única.

335 Auto TS de 8 de febrero de 2000, a esta sentencia no se opone que la sentencia canónica haya sido dictada no compareciendo la parte demandada, si fue legítimamente citada.

La ley 29/2015 que es la que actualmente regula el denominado procedimiento de exequatur tiene plena aplicación a la ejecución de las resoluciones canónicas, pues regula el procedimiento tradicional de exequátur para el reconocimiento y posterior ejecución de sentencias extranjeras en materia civil, con independencia de la naturaleza del órgano jurisdiccional y para los casos en los que no exista un tratado internacional que lo regula como ocurre en este caso.

Las causas de denegación de dicho reconocimiento se recogen en el art. 46:

Las resoluciones judiciales extranjeras firmes no se reconocerán:

a) Cuando fueran contrarias al orden público.

b) Cuando la resolución se hubiera dictado con manifiesta infracción de los derechos de defensa de cualquiera de las partes. Si la resolución se hubiera dictado en rebeldía, se entiende que concurre una manifiesta infracción de los derechos de defensa si no se entregó al demandado cédula de emplazamiento o documento equivalente de forma regular y con tiempo suficiente para que pudiera defenderse.

c) Cuando la resolución extranjera se hubiere pronunciado sobre una materia respecto a la cual fueren exclusivamente competentes los órganos jurisdiccionales españoles o, respecto a las demás materias, si la competencia del juez de origen no obedeciere a una conexión razonable. Se presumirá la existencia de una conexión razonable con el litigio cuando el órgano jurisdiccional extranjero hubiere basado su competencia judicial internacional en criterios similares a los previstos en la legislación española.

d) Cuando la resolución fuera inconciliable con una resolución dictada en España.

e) Cuando la resolución fuera inconciliable con una resolución dictada con anterioridad en otro Estado, cuando esta última resolución reuniera las condiciones necesarias para su reconocimiento en España.

f) Cuando existiera un litigio pendiente en España entre las mismas partes y con el mismo objeto, iniciado con anterioridad al proceso en el extranjero.

Se ha discutido cual es el sentido de la declaración ajuste al derecho del Estado, por un lado, los que defienden que una asistencia o resolución canónica se encuentra ajustada al derecho del Estado cuando existe conformidad con su derecho sustantivo y procesal, de manera que no tendrían eficacia aquellas cuya causa de nulidad o disolución no estuviera prevista en el Código civil. Por otro lado, los que abogan por exigir tan sólo su conformidad con el derecho procesal estatal. El Tribunal Supremo no exige por su parte que haya una causa idéntica en nuestra legislación[336].

336 Autos de 2 y 16 de julio de 1996; 19 de noviembre de 1996.

ANEXOS

ANEXO I
ACUERDOS CONCORDATARIOS VIGENTES

INSTRUMENTO DE RATIFICACIÓN DE ESPAÑA AL ACUERDO ENTRE LA SANTA SEDE Y EL ESTADO ESPAÑOL, HECHO EN LA CIUDAD DEL VATICANO EL 28 DE JULIO DE 1976[337]

La Santa Sede y el Gobierno español a la vista del profundo proceso de transformación que la sociedad española ha experimentado en estos últimos años, aun en lo que concierne a las relaciones entre la comunidad política y las confesiones religiosas y entre la Iglesia Católica y el Estado;

Considerando que el Concilio Vaticano II, a su vez, estableció como principios fundamentales, a los que deben ajustarse las relaciones entre la comunidad política y la Iglesia, tanto la mutua independencia de ambas Partes, en su propio campo, cuanto una sana colaboración entre ellas; afirmó la libertad religiosa como derecho de la persona humana, derecho que debe ser reconocido en el ordenamiento jurídico de la sociedad; y enseñó que la libertad de la Iglesia es principio fundamental de las relaciones entre la Iglesia y los Poderes Públicos y todo el orden civil;

Dado que el Estado español recogió en sus leyes el derecho de libertad religiosa, fundado en la dignidad de la persona humana (Ley de 1 de julio de 1967), y reconoció en su mismo ordenamiento que debe haber normas adecuadas al hecho de que la mayoría del pueblo español profesa la Religión Católica, juzgan necesario regular mediante Acuerdos específicos las materias de interés común que en las nuevas circunstancias surgidas después de la firma del Concordato de 27 de agosto de 1953 requieren una nueva reglamentación; se comprometen, por tanto, a emprender, de común acuerdo, el estudio de estas diversas materias con el fin de llegar, cuanto antes, a la conclusión de Acuerdos que sustituyan gradualmente las correspondientes disposiciones del vigente Concordato.

Por otra parte, teniendo en cuanta que el libre nombramiento de Obispos y la igualdad de todos los ciudadanos frente a la administración de la justicia tienen prioridad y especial urgencia en la revisión de las disposiciones del vigente Concordato, ambas Partes contratantes concluyen, como primer paso de dicha revisión, el siguiente:

ACUERDO

ARTÍCULO I.- 1) El nombramiento de Arzobispos y Obispos es de la exclusiva competencia de la Santa Sede.

---

337 Disponible desde internet en https://www.boe.es/buscar/doc.php?id=BOE-A-1976-18294 [Consultado el 26/2/2023].

2) Antes de proceder al nombramiento de Arzobispos y Obispos residenciales y de Coadjutores con derecho a sucesión, la Santa Sede notificará el nombre del designado al Gobierno español, por si respecto a él existiesen posibles objeciones concretas de índole política general, cuya valoración corresponderá a la prudente consideración de la Santa Sede.

Se entenderá que no existen objeciones si el Gobierno no las manifiesta en el término de quince días.

Las diligencias correspondientes se mantendrán en secreto por ambas Partes.

3) La provisión del Vicariato General Castrense se hará mediante la propuesta de una terna de nombres, formada de común acuerdo entre la Nunciatura Apostólica y el Ministerio de Asuntos Exteriores y sometida a la aprobación de la Santa Sede. El Rey presentará, en el término de quince días, uno de ellos para su nombramiento por el Romano Pontífice.

4) Quedan derogados el artículo 7 y el párrafo segundo del artículo 8 del vigente Concordato, así como el Acuerdo estipulado entre la Santa Sede y el Gobierno español el 7 de junio de 1941.

ARTÍCULO II.- 1) Queda derogado el artículo XVI del vigente Concordato.

2) Si un clérigo o religioso es demandado criminalmente, la competente Autoridad lo notificará a su respectivo Ordinario. Si el demandado fuera Obispo, o persona a él equiparada en el Derecho Canónico, la notificación se hará a la Santa Sede.

3) En ningún caso los clérigos y los religiosos podrán ser requeridos por los jueces u otras Autoridades para dar información sobre personas o materias de que hayan tenido conocimiento por razón de su ministerio.

4) El Estado español reconoce y respeta la competencia privativa de los Tribunales de la Iglesia en los delitos que violen exclusivamente una Ley eclesiástica conforme al Derecho Canónico. Contra las sentencias de estos Tribunales no procederá recurso alguno ante las Autoridades civiles.

El presente Acuerdo, cuyos textos en lengua española e italiana hacen fe por igual, entrará en vigor en el momento del canje de los instrumentos de ratificación.

INSTRUMENTO DE RATIFICACIÓN DEL ACUERDO ENTRE EL ESTADO ESPAÑOL Y LA SANTA SEDE SOBRE ASUNTOS JURÍDICOS, FIRMADO EL 3 DE ENERO DE 1979 EN LA CIUDAD DEL VATICANO[338]

DON JUAN CARLOS I REY DE ESPAÑA Por cuanto el día 3 de enero de 1979, el Plenipotenciario de España firmó en la Ciudad de la Santa Sede, ambos nombrados en buena y debida forma al efecto, el Acuerdo entre el Estado español y la Santa Sede sobre asuntos jurídicos;

Vistos y examinados los ocho artículos, las dos disposiciones transitorias y el protocolo final que integran dicho Acuerdo;

Aprobado su texto por las Cortes Generales, y por consiguiente autorizado para su ratificación.

Vengo en aprobar y ratificar cuanto en él se dispone, como en virtud del presente lo apruebo y ratifico, prometiendo cumplirlo, observarlo y hacer que se cumpla y observe puntualmente en todas sus partes, a cuyo fin, para su mayor validación y firmeza, mando expedir este Instrumento de ratificación, firmado por Mí, debidamente sellado y refrendado por el infrascrito Ministro de Asuntos Exteriores.

Dado en Madrid a cuatro de diciembre de mil novecientos setenta y nueve.

ACUERDO ENTRE EL ESTADO ESPAÑOL Y LA SANTA SEDE SOBRE ASUNTOS JURÍDICOS

La Santa Sede y el Gobierno español, prosiguiendo la revisión del Concordato vigente entre las dos Partes, comenzada con el Acuerdo firmado el 28 de julio de 1976, cuyos instrumentos de ratificación fueron intercambiados el 20 de agosto del mismo año, concluyen el siguiente

ACUERDO

ARTÍCULO I.- 1) El Estado español reconoce a la Iglesia Católica el derecho de ejercer su misión apostólica y le garantiza el libre y público ejercicio de las actividades que le son propias y en especial las de culto, jurisdicción y magisterio.

2) La Iglesia puede organizarse libremente. En particular, puede crear, modificar o suprimir Diócesis, Parroquias y otras circunscripciones territoriales, que gozarán de personalidad jurídica civil en cuanto la tengan canónica y ésta sea notificada a los órganos competentes del Estado.

La Iglesia puede asimismo erigir, aprobar y suprimir Órdenes, Congregaciones Religiosas, otros Institutos de vida consagrada y otras Instituciones y Entidades Eclesiásticas.

338 Disponible desde internet en https://www.boe.es/buscar/doc.php?id=BOE-A-1979-29489 [Consultado el 26/2/2023].

Ninguna parte del territorio español dependerá de Obispo cuya sede se encuentre en territorio sometido a la soberanía de otro Estado, y ninguna Diócesis o circunscripción territorial española comprenderá zonas de territorio sujeto a soberanía extranjera.

El Principado de Andorra continuará perteneciendo a la Diócesis de Urgel.

3) El Estado reconoce la personalidad jurídica civil de la Conferencia Episcopal Española, de conformidad con los Estatutos aprobados por la Santa Sede.

4) El Estado reconoce la personalidad jurídica civil y la plena capacidad de obrar de las Órdenes, Congregaciones religiosas y otros Institutos de vida consagrada y sus provincias y sus casas, y de las asociaciones y otras entidades y fundaciones religiosas que gocen de ella en la fecha de entrada en vigor del presente Acuerdo.

Las Órdenes, Congregaciones religiosas y otros Institutos de vida consagrada y sus provincias y sus casas que, estando erigidas canónicamente en esta fecha, no gocen de personalidad jurídica civil y las que se erijan canónicamente en el futuro, adquirirán la personalidad jurídica civil mediante la inscripción en el correspondiente Registro del Estado, la cual se practicará en virtud de documento auténtico en el que conste la erección, fines, datos de identificación, órganos representativos, régimen de funcionamiento y facultades de dichos órganos. A los efectos de determinar la extensión y límite de su capacidad de obrar, y por tanto, de disponer de sus bienes, se estará a lo que disponga la legislación canónica, que actuará en este caso como derecho estatutario.

Las asociaciones y otras entidades y fundaciones religiosas que, estando erigidas canónicamente en la fecha de entrada en vigor del presente Acuerdo, no gocen de personalidad jurídica civil y las que se erijan canónicamente en el futuro por la competente autoridad eclesiástica, podrán adquirir la personalidad jurídica civil con sujeción a lo dispuesto en el ordenamiento del Estado, mediante la inscripción en el correspondiente Registro en virtud de documento auténtico en el que consten la erección, fines, datos de identificación, órganos representativos, régimen de funcionamiento y facultades de dichos órganos.

5) Los lugares de culto tienen garantizada su inviolabilidad con arreglo a las Leyes.

No podrán ser demolidos sin ser previamente privados de su carácter sagrado. En caso de su expropiación forzosa será antes oída la autoridad eclesiástica competente.

6) El Estado respeta y protege la inviolabilidad de los archivos, registros y demás documentos pertenecientes a la Conferencia Episcopal Española, a las Curias Episcopales, a las Curias de los superiores mayores de las Órdenes y Congregaciones religiosas, a las parroquias y a otras instituciones y entidades eclesiásticas.

ARTÍCULO II.- La Santa Sede podrá promulgar y publicar libremente cualquier disposición referente al gobierno de la Iglesia y comunicar sin impedimento con los Prelados, el clero y los fieles, así como ellos podrán hacerlo con la Santa Sede.

Los Ordinarios y las otras Autoridades eclesiásticas gozarán de las mismas facultades respecto del clero y de sus fieles.

ARTICULO III.- El Estado reconoce como días festivos todos los domingos. De común acuerdo se determinará qué otras festividades religiosas son reconocidas como días festivos.

ARTÍCULO IV.- 1) El Estado reconoce y garantiza el ejercicio del derecho a la asistencia religiosa de los ciudadanos internados en establecimientos penitenciarios, hospitales, sanatorios, orfanatos y centros similares, tanto privados como públicos.

2) El régimen de asistencia religiosa católica y la actividad pastoral de los centros mencionados que sean de carácter público serán regulados de común acuerdo entre las competentes autoridades de la Iglesia y del Estado. En todo caso, quedará salvaguardado el derecho a la libertad religiosa de las personas y el debido respeto a sus principios religiosos y éticos.

ARTÍCULO V.- 1) La Iglesia puede llevar a cabo por sí misma actividades de carácter benéfico o asistencial.

Las instituciones o entidades de carácter benéfico o asistencial de la Iglesia o dependientes de ella se regirán por sus normas estatutarias y gozarán de los mismos derechos y beneficios que los entes clasificados como de beneficencia privada.

2) La Iglesia y el Estado podrán, de común acuerdo, establecer las bases para una adecuada cooperación entre las actividades de beneficencia o de asistencia, realizadas por sus respectivas instituciones.

ARTÍCULO VI.- 1) El Estado reconoce los efectos civiles al matrimonio celebrado según las normas del Derecho Canónico.

Los efectos civiles del matrimonio canónico se producen desde su celebración. Para el pleno reconocimiento de los mismos, será necesaria la inscripción en el Registro Civil, que se practicará con la simple presentación de certificación eclesiástica de la existencia del matrimonio.

2) Los contrayentes, a tenor de las disposiciones del Derecho Canónico, podrán acudir a los Tribunales Eclesiásticos solicitando declaración de nulidad o pedir decisión pontificia sobre matrimonio rato y no consumado. A solicitud de cualquiera de las Partes, dichas resoluciones eclesiásticas tendrán eficacia en el orden civil si se declaran ajustadas al Derecho del Estado en resolución dictada por el Tribunal Civil competente.

3) La Santa Sede reafirma el valor permanente de su doctrina sobre el matrimonio y recuerda a quienes celebren matrimonio canónico la obligación grave que asumen de atenerse a las normas canónicas que lo regulan y, en especial, a respetar sus propiedades esenciales.

ARTÍCULO VII.- La Santa Sede y el Gobierno español procederán de común acuerdo en la resolución de las dudas o dificultades que pudieran surgir en la interpretación o aplicación de cualquier cláusula del presente Acuerdo, inspirándose para ello en los principios que lo informan.

ARTÍCULO VIII.- Quedan derogados los artículos I, II, III, IV, V, VI, VIII, IX, X (y el Acuerdo de 16 de julio de 1946), XI, XII, XIII, XIV, XVII, XXII, XXIII, XXIV, XXV, XXXIII, XXXIV, XXXV y XXXVI del vigente Concordato y el Protocolo final en relación con los artículos I, II, XXIII y XXV. Se respetarán, sin embargo, los derechos adquiridos por las personas afectadas por la derogación del artículo XXV y por el correspondiente Protocolo final.

Disposición transitoria primera.

Las órdenes, Congregaciones religiosas y otros institutos de vida consagrada, sus provincias y sus casas y las asociaciones y otras entidades o fundaciones religiosas que tienen reconocida por el Estado la personalidad jurídica y la plena capacidad de obrar, deberán inscribirse en el correspondiente Registro del Estado en el más breve plazo posible. Transcurridos tres años desde la entrada en vigor en España del presente Acuerdo, sólo podrá justificarse su personalidad jurídica mediante certificación de tal registro, sin perjuicio de que pueda practicarse la inscripción en cualquier tiempo.

Disposición transitoria segunda.

Las causas que estén pendientes ante los Tribunales Eclesiásticos al entrar en vigor en España el presente Acuerdo seguirán tramitándose ante ellos y las sentencias tendrán efectos civiles a tenor de lo dispuesto en el artículo XXIV del Concordato de 1953.

PROTOCOLO FINAL

En relación con el artículo VI, 1):

Inmediatamente de celebrado el matrimonio canónico, el sacerdote ante el cual se celebró entregará a, los esposos la certificación eclesiástica con los datos exigidos para su inscripción en el Registro Civil. Y, en todo caso, el párroco en cuyo territorio parroquial se celebró el matrimonio, en el plazo de cinco días, transmitirá al encargado del Registro Civil que corresponda el Acta del matrimonio canónico para su oportuna inscripción, en el supuesto de que ésta no se haya efectuado ya a instancia de las partes interesadas.

Corresponde al Estado regular la protección de los derechos que, en tanto el matrimonio no sea inscrito, se adquieran de buena fe por terceras personas.

El presente Acuerdo, cuyos textos en lengua española e italiana hacen fe por igual, entrará en vigor en el momento del canje de los instrumentos de ratificación.

INSTRUMENTO DE RATIFICACIÓN DEL ACUERDO ENTRE EL ESTADO ESPAÑOL Y LA SANTA SEDE SOBRE ASUNTOS ECONÓMICOS, FIRMADO EN CIUDAD DEL VATICANO EL 3 DE ENERO DE 1979[339]

D. JUAN CARLOS I REY DE ESPAÑA Por cuanto el día 3 de enero de 1979, el Plenipotenciario de España firmó en la Ciudad del Vaticano, juntamente con el Plenipotenciario de la Santa Sede, ambos nombrados en buena y debida forma al efecto, el Acuerdo entre el Estado español y la Santa Sede sobre asuntos económicos,

Vistos y examinados los siete artículos y el Protocolo Adicional que integran dicho Acuerdo,

Vengo en aprobar y ratificar cuanto en él se dispone, como en virtud del presente lo apruebo y ratifico, prometiendo cumplirlo, observarlo y hacer que se cumpla y observe puntualmente en todas sus partes, a cuyo fin, para su mayor validación y firmeza,

Mando expedir este Instrumento de Ratificación firmado por Mí, debidamente sellado y refrendado por el infrascrito Ministro de Asuntos Exteriores.

ACUERDO ENTRE EL ESTADO ESPAÑOL Y LA SANTA SEDE SOBRE ASUNTOS ECONÓMICOS

La revisión del sistema de aportación económica del Estado español a la Iglesia Católica resulta de especial importancia al tratar de sustituir por nuevos Acuerdos el Concordato de 1953.

Por una parte, el Estado no puede ni desconocer ni prolongar indefinidamente obligaciones jurídicas contraídas en el pasado. Por otra parte, dado el espíritu que informa las relaciones entre Iglesia y Estado, en España resulta necesario dar nuevo sentido tanto a los títulos de la aportación económica como al sistema según el cual dicha aportación se lleve a cabo.

En consecuencia, la Santa Sede y el Gobierno español concluyen el siguiente **ACUERDO**

ARTÍCULO I.- La Iglesia Católica puede libremente recabar de sus fieles prestaciones, organizar colectas públicas y recibir limosnas y oblaciones.

ARTÍCULO II.- 1) El Estado se compromete a colaborar con la Iglesia Católica en la consecución de su adecuado sostenimiento económico, con respeto absoluto del principio de libertad religiosa.

2) Transcurridos tres ejercicios completos desde la firma de este Acuerdo, el Estado podrá asignar a la Iglesia Católica un porcentaje del rendimiento de la imposición sobre la renta o el patrimonio neto u otra de carácter personal, por el procedimiento técnicamente más

339 Disponible desde internet en https://www.boe.es/buscar/doc.php?id=BOE-A-1979-29490 [Consultado el 26/2/2023].

adecuado. Para ello será preciso que cada contribuyente manifieste expresamente en la declaración respectiva su voluntad acerca del destino de la parte afectada. En ausencia de tal declaración, la cantidad correspondiente será destinada a otra finalidad.

3) Este sistema sustituirá a la dotación a que se refiere el apartado siguiente, de modo que proporcione a la Iglesia Católica recursos de cuantía similar.

4) En tanto no se aplique el nuevo sistema, el Estado consignará en sus Presupuestos Generales la adecuada dotación a la Iglesia Católica, con carácter global y único, que será actualizada anualmente.

Durante el proceso de sustitución, que se llevará a cabo en el plazo de tres años, la dotación presupuestaria se minorará en cuantía igual a la asignación tributaria recibida por la Iglesia Católica.

5) La Iglesia Católica declara su propósito de lograr por sí misma los recursos suficientes para la atención de sus necesidades. Cuando fuera conseguido este propósito, ambas partes se pondrán de acuerdo para sustituir los sistemas de colaboración financiera expresada en los párrafos anteriores de este artículo, por otros campos y formas de colaboración económica entre la Iglesia Católica y el Estado.

ARTÍCULO III.- No estarán sujetas a los impuestos sobre la renta o sobre el gasto o consumo, según proceda:

A) Además de los conceptos mencionados en el artículo I de este Acuerdo, la publicación de las instrucciones, ordenanzas, cartas pastorales, boletines diocesanos y cualquier otro documento de las autoridades eclesiásticas competentes y tampoco su fijación en los sitios de costumbre.

B) La actividad de enseñanza en seminarios diocesanos y religiosos, así como de las disciplinas eclesiásticas en Universidades de la Iglesia.

C) La adquisición de objetos destinados al culto.

ARTÍCULO IV.- 1. La Santa Sede, la Conferencia Episcopal, las diócesis, las parroquias y otras circunscripciones territoriales, las Órdenes y Congregaciones religiosas y los Institutos de vida consagrada y sus provincias y sus casas tendrán derecho a las siguientes exenciones:

A) Exención total y permanente de la Contribución Territorial Urbana de los siguientes inmuebles:

1) Los templos y capillas destinados al culto y, asimismo, sus dependencias o edificios y locales anejos destinados a la actividad pastoral.

2) La residencia de los Obispos, de los Canónigos y de los Sacerdotes con cura de almas.

3) Los locales destinados a oficinas de la Curia diocesana y a oficinas parroquiales.

4) Los seminarios destinados a la formación del clero diocesano y religioso y las Universidades eclesiásticas en tanto en cuanto impartan enseñanzas propias de disciplinas eclesiásticas.

5) Los edificios destinados primordialmente a casas o conventos de las Órdenes, Congregaciones religiosas e Institutos de vida consagrada.

B) Exención total y permanente de los impuestos reales o de producto, sobre la renta y sobre el patrimonio.

Esta exención no alcanzará a los rendimientos que pudieran obtener por el ejercicio de explotaciones económicas, ni a los derivados de su patrimonio, cuando su uso se halle cedido, ni a las ganancias de capital, ni tampoco a los rendimientos sometidos a retención en la fuente por impuestos sobre la renta.

C) Exención total de los Impuestos sobre Sucesiones y Donaciones y Transmisiones Patrimoniales siempre que los bienes o derechos adquiridos se destinen al culto, a la sustentación del clero, al sagrado apostolado y al ejercicio de la caridad.

D) Exención de las contribuciones especiales y de la tasa de equivalencia, en tanto recaigan estos tributos sobre los bienes enumerados en la letra A) de este artículo.

2. Las cantidades donadas a los entes eclesiásticos enumerados en este artículo y destinadas a los fines expresados en el apartado C) darán derecho a las mismas deducciones en el Impuesto sobre la Renta de las Personas Físicas, que las cantidades entregadas a entidades clasificadas o declaradas benéficas o de utilidad pública.

ARTÍCULO V.- Las asociaciones y entidades religiosas no comprendidas entre las enumeradas en el artículo IV de este Acuerdo y que se dediquen a actividades religiosas, benéfico-docentes, médicas u hospitalarias, o de asistencia social tendrán derecho a los beneficios fiscales que el ordenamiento jurídico-tributario del Estado español prevé para las entidades sin fin de lucro y, en todo caso, los que se conceden a las entidades benéficas privadas.

ARTÍCULO VI.- La Santa Sede y el Gobierno español procederán de común acuerdo en la resolución de las dudas o dificultades que pudieran surgir en la interpretación o aplicación de cualquier cláusula del presente Acuerdo, inspirándose para ello en los principios que lo informan.

ARTÍCULO VII.- Quedan derogados los artículos XVIII, XIX, XX y XXI del vigente Concordato y el Acuerdo entre la Santa Sede y el Estado español sobre Seminarios y Universidades de Estudios Eclesiásticos de 8 de diciembre de 1946.

PROTOCOLO ADICIONAL.- 1. La dotación global en los Presupuestos Generales del Estado se fijará cada año, tanto durante el plazo exclusivo de tal ayuda como durante el período de aplicación simultánea del sistema previsto en el artículo II, apartado 2, de este Acuerdo, mediante la aplicación de los criterios de cuantificación que inspiren los correspondientes Presupuestos Generales del Estado, congruentes con los fines a que destine la Iglesia los recursos recibidos del Estado en consideración a la Memoria a que se refiere el párrafo siguiente.

La aplicación de los fondos, proyectada y realizada por la Iglesia, dentro del conjunto de sus necesidades, de las cantidades a incluir en el Presupuesto o recibidas del Estado en el año anterior, se describirá en la Memoria que, a efectos de la aportación mencionada, se presentará anualmente.

2. Ambas Partes, de común acuerdo, señalarán los conceptos tributarios vigentes en los que se concretan las exenciones y los supuestos de no sujeción enumerados en los artículos III a V del presente Acuerdo.

Siempre que se modifique sustancialmente el ordenamiento jurídico-tributario español, ambas Partes concretarán los beneficios fiscales y los supuestos de no sujeción que resulten aplicables de conformidad con los principios de este Acuerdo.

3. En el supuesto de deudas tributarias no satisfechas en plazo voluntario, por alguna entidad religiosa comprendida en el número 1) del artículo IV, o en el artículo V de este Acuerdo, el Estado, sin perjuicio de la facultad de ejecución que en todo caso le corresponde, podrá dirigirse a la Conferencia Episcopal Española para que ésta inste a la entidad de que se trate al pago de la deuda tributaria.

El presente Acuerdo, cuyos textos en lengua española e italiana hacen fe por igual, entrará en vigor en el momento del canje de los instrumentos de ratificación.

INSTRUMENTO DE RATIFICACIÓN DEL ACUERDO ENTRE EL ESTADO ESPAÑOL Y LA SANTA SEDE SOBRE ENSEÑANZA Y ASUNTOS CULTURALES, FIRMADO EN LA CIUDAD DEL VATICANO EL 3 DE ENERO DE 1979[340]

Por cuanto el día 3 de enero de 1979 el Plenipotenciario de España firmó en la Ciudad del Vaticano, juntamente con el Plenipotenciario de la Santa Sede, ambos nombrados en buena y debida forma al efecto, el Acuerdo entre el Estado español y la Santa Sede sobre Enseñanza y Asuntos Culturales.

Vistos y examinados los 17 artículos, las dos disposiciones transitorias y el protocolo final que integran dicho Acuerdo.

Aprobado su texto por las Cortes Generales, y por consiguiente autorizado para su ratificación,

Vengo en aprobar y ratificar cuanto en él se dispone, como en virtud del presente lo apruebo y ratifico, prometiendo cumplirlo, observarlo y hacer que se cumpla y observe puntualmente en todas sus partes, a cuyo fin, para su mayor validación y firmeza, mando expedir este Instrumento de Ratificación, firmado por Mí, debidamente sellado y refrendado por el infrascrito Ministro de Asuntos Exteriores.

Dado en Madrid a cuatro de diciembre de mil novecientos setenta y nueve.

ACUERDO ENTRE EL ESTADO ESPAÑOL Y LA SANTA SEDE SOBRE ENSEÑANZA Y ASUNTOS CULTURALES

El Gobierno español y la Santa Sede, prosiguiendo la revisión de los textos concordatarios en el espíritu del Acuerdo de 28 de julio de 1976, conceden importancia fundamental a los temas relacionados con la enseñanza.

Por una parte, el Estado reconoce el derecho fundamental a la educación religiosa y ha suscrito pactos internacionales que garantizan el ejercicio de este derecho.

Por otra, la Iglesia debe coordinar su misión educativa con los principios de libertad civil en materia religiosa y con los derechos de las familias y de todos los alumnos y Maestros, evitando cualquier discriminación o situación privilegiada.

Los llamados medios de comunicación social se han convertido en escuela eficaz de conocimientos, criterios y costumbres. Por tanto, deben aplicarse en la ordenación jurídica de tales medios los mismos principios de libertad religiosa e igualdad sin privilegios que Iglesia y Estado profesan en materia de enseñanza.

Finalmente, el patrimonio histórico, artístico y documental de la Iglesia sigue siendo parte importantísima del acervo cultural de la Nación,

340 Disponible desde internet en https://www.boe.es/buscar/doc.php?id=BOE-A-1979-29491 [Consultado el 26/2/2023].

por lo que la puesta de tal patrimonio al servicio y goce de la sociedad entera, su conservación y su incremento justifican la colaboración de Iglesia y Estado.

Por ello, ambas Partes contratantes concluyen el siguiente

ACUERDO

ARTÍCULO I.- A la luz del principio de libertad religiosa, la acción educativa respetará el derecho fundamental de los padres sobre la educación moral y religiosa de sus hijos en el ámbito escolar.

En todo caso, la educación que se imparta en los Centros docentes públicos será respetuosa con los valores de la ética cristiana.

ARTÍCULO II.- Los planes educativos en los niveles de Educación Preescolar, de Educación General Básica (EGB) y de Bachillerato Unificado Polivalente (BUP) y Grados de Formación Profesional correspondientes a los alumnos de las mismas edades incluirán la enseñanza de la religión católica en todos los Centros de educación, en condiciones equiparables a las demás disciplinas fundamentales.

Por respeto a la libertad de conciencia, dicha enseñanza no tendrá carácter obligatorio para los alumnos. Se garantiza, sin embargo, el derecho a recibirla.

Las autoridades académicas adoptarán las medidas oportunas para que el hecho de recibir o no recibir la enseñanza religiosa no suponga discriminación alguna en la actividad escolar.

En los niveles de enseñanza mencionados, las autoridades académicas correspondientes permitirán que la jerarquía eclesiástica establezca, en las condiciones concretas que con ella se convenga, otras actividades complementarias de formación y asistencia religiosa.

ARTÍCULO III.- En los niveles educativos a los que se refiere el artículo anterior, la enseñanza religiosa será impartida por las personas que, para cada año escolar, sean designadas por la autoridad académica entre aquellas que el Ordinario diocesano proponga para ejercer esta enseñanza. Con antelación suficiente, el Ordinario diocesano comunicará los nombres de los Profesores y personas que sean consideradas competentes para dicha enseñanza.

En los Centros públicos de Educación Preescolar, de EGB y de Formación Profesional de primer grado, la designación, en la forma antes señalada, recaerá con preferencia en los Profesores de EGB que así lo soliciten.

Nadie estará obligado a impartir enseñanza religiosa.

Los Profesores de religión formarán parte, a todos los efectos, del Claustro de Profesores de los respectivos Centros.

ARTÍCULO IV.- La enseñanza de la doctrina católica y su pedagogía en las Escuelas Universitarias de Formación del Profesorado, en condiciones equiparables a las demás disciplinas fundamentales, tendrá carácter voluntario para los alumnos.

Los Profesores de las mismas serán designados por la autoridad académica en la misma forma que la establecida en el artículo III y formarán también parte de los respectivos Claustros.

ARTÍCULO V.- El Estado garantiza que la Iglesia Católica pueda organizar cursos voluntarios de enseñanza y otras actividades religiosas en los Centros universitarios públicos, utilizando los locales y medios de los mismos. La jerarquía eclesiástica se pondrá de acuerdo con las autoridades de los Centros para el adecuado ejercicio de estas actividades en todos sus aspectos.

ARTÍCULO VI.- A la jerarquía eclesiástica corresponde señalar los contenidos de la enseñanza y formación religiosa católica, así como proponer los libros de texto y material didáctico relativos a dicha enseñanza y formación.

La jerarquía eclesiástica y los órganos del Estado, en el ámbito de sus respectivas competencias, velarán por que esta enseñanza y formación sean impartidas adecuadamente, quedando sometido el profesorado de religión al régimen general disciplinario de los Centros.

ARTÍCULO VII.- La situación económica de los Profesores de religión católica, en los distintos niveles educativos que no pertenezcan a los Cuerpos docentes del Estado, se concertará entre la Administración Central y la Conferencia Episcopal Española, con objeto de que sea de aplicación a partir de la entrada en vigor del presente Acuerdo.

ARTÍCULO VIII.- La Iglesia Católica puede establecer seminarios menores diocesanos y religiosos, cuyo carácter específico será respetado por el Estado.

Para su clasificación como Centros de Educación General Básica, de Bachillerato Unificado Polivalente o de Curso de Orientación Universitaria se aplicará la legislación general, si bien no se exigirá ni número mínimo de matrícula escolar ni la admisión de alumnos en función del área geográfica de procedencia o domicilio de familia.

ARTÍCULO IX.- Los Centros docentes de nivel no universitario, cualquiera que sea su grado y especialidad, establecidos o que se establezcan por la Iglesia, se acomodarán a la legislación que se promulgue con carácter general, en cuanto al modo de ejercer sus actividades.

ARTÍCULO X.- 1) Las Universidades, Colegios Universitarios, Escuelas universitarias y otros Centros universitarios que se establezcan por la Iglesia Católica se acomodarán a la legislación que se promulgue con carácter general, en cuanto al modo de ejercer estas actividades.

Para el reconocimiento a efectos civiles de los estudios realizados en dichos Centros se estará a lo que disponga la legislación vigente en la materia en cada momento.

2) El Estado reconoce la existencia legal de las Universidades de la Iglesia establecidas en España en el momento de entrada en vigor de este Acuerdo, cuyo régimen jurídico habrá de acomodarse a la legislación vigente, salvo lo previsto en el artículo XVII, 2.

3) Los alumnos de estas Universidades gozarán de los mismos beneficios en materia de sanidad, seguridad escolar, ayudas al estudio y a la investigación y demás modalidades de protección al estudiante que se establezcan para los alumnos de las Universidades del Estado.

ARTÍCULO XI.- La Iglesia Católica, a tenor de su propio derecho, conserva su autonomía para establecer Universidades, Facultades, Institutos Superiores y otros Centros de Ciencias Eclesiásticas para la formación de sacerdotes, religiosos y seglares.

La convalidación de los estudios y el reconocimiento por parte del Estado de los efectos civiles de los títulos otorgados en estos Centros superiores serán objeto de regulación específica entre las competentes autoridades de la Iglesia del Estado. En tanto no se acuerde y la referida regulación, las posibles convalidaciones de estos estudios y la concesión de valor civil a los títulos otorgados se realizarán de acuerdo con las normas generales sobre el tema.

También se regularán de común acuerdo la convalidación y reconocimiento de los estudios realizados y títulos obtenidos por clérigos o seglares en las Facultades aprobadas por la Santa Sede fuera de España.

ARTÍCULO XII.- Las Universidades del Estado, previo acuerdo con la competente autoridad de la Iglesia, podrán establecer Centros de estudios superiores de teología católica.

ARTÍCULO XIII.- Los Centros de enseñanza de la Iglesia de cualquier grado y especialidad y sus alumnos tendrán derecho a recibir subvenciones, becas, beneficios fiscales y otras ayudas que el Estado otorgue a Centros no estatales y a estudiantes de tales Centros, de acuerdo con el régimen de igualdad de oportunidades.

ARTÍCULO XIV.- Salvaguardando los principios de libertad religiosa de expresión, el Estado velará para y que sean respetados en sus medios de comunicación social los sentimientos de los católicos y establecerá los correspondientes acuerdos sobre estas materias con la Conferencia Episcopal Española.

ARTÍCULO XV.- La Iglesia reitera su voluntad de continuar poniendo al servicio de la sociedad su patrimonio histórico, artístico y documental y concertará con el Estado las bases para hacer efectivos el interés común y la colaboración de ambas partes, con el fin de preservar, dar a conocer y catalogar este patrimonio cultural en posesión de la Iglesia, de facilitar su contemplación y estudio, de lograr su mejor conservación e impedir cualquier clase de pérdidas en el marco del artículo 46 de la Constitución.

A estos efectos, y a cualesquiera otros relacionados con dicho patrimonio, se creará una Comisión Mixta en el plazo máximo de un año a partir de la fecha de entrada en vigor en España del presente Acuerdo.

ARTÍCULO XVI.- La Santa Sede y el Gobierno español procederán de común acuerdo en la resolución de las dudas o dificultades que pudieran surgir en la interpretación o aplicación de cualquier cláusula del presente Acuerdo, inspirándose para ello en los principios que lo informan.

ARTÍCULO XVII.- 1) Quedan derogados los artículos XXVI, XXVII, XXVIII, XXIX, XXX y XXXI del vigente Concordato.

2) Quedan asegurados, no obstante, los derechos adquiridos de las Universidades de la Iglesia establecidas en España en el momento de la firma del presente Acuerdo, las cuales, sin embargo, podrán optar por su adaptación a la legislación general sobre Universidades no estatales.

DISPOSICIONES TRANSITORIAS

1) El reconocimiento a efectos civiles de los estudios que se cursen en las Universidades de la Iglesia actualmente existentes seguirá rigiéndose, transitoriamente, por la normativa ahora vigente hasta el momento en que, para cada Centro o carrera, se dicten las oportunas disposiciones de reconocimiento, de acuerdo con la legislación general, que no exigirá requisitos superiores a los que se impongan a las Universidades del Estado o de los entes públicos.

2) Quienes al entrar en vigor el presente Acuerdo en España estén en posesión de grados mayores en Ciencias Eclesiásticas y, en virtud del párrafo 1 del artículo XXX del Concordato, sean Profesores titulares de las disciplinas de la Sección de Letras en Centros de enseñanza dependientes de la autoridad eclesiástica, seguirán considerados con titulación suficiente para la enseñanza en tales Centros, no obstante la derogación de dicho artículo.

PROTOCOLO FINAL

Lo convenido en el presente Acuerdo, en lo que respecta a las denominaciones de Centros, niveles educativos, profesorado y alumnos, medios didácticos, etc., subsistirá como válido para las realidades educativas equivalentes que pudieran originarse de reformas o cambios de nomenclatura o del sistema escolar oficial.

El presente Acuerdo, cuyos textos en lengua española e italiana hacen fe por igual, entrará en vigor en el momento del canje de los Instrumentos de Ratificación.

INSTRUMENTO DE RATIFICACIÓN DEL ACUERDO ENTRE EL ESTADO ESPAÑOL Y LA SANTA SEDE SOBRE LA ASISTENCIA RELIGIOSA A LAS FUERZAS ARMADAS Y EL SERVICIO MILITAR DE CLÉRIGOS Y RELIGIOSOS, FIRMADO EN CIUDAD DEL VATICANO EL 3 DE ENERO DE 1979[341]

DON JUAN CARLOS I REY DE ESPAÑA Por cuanto el día 3 de enero de 1979, el Plenipotenciario de España firmó en la Ciudad del Vaticano, juntamente con el Plenipotenciario de la Santa Sede, ambos nombrados en buena y debida forma al efecto, el Acuerdo entre el Estado español y la Santa Sede sobre la asistencia religiosa a las Fuerzas Armadas y el Servicio Militar de clérigos y religiosos.

Vistos y examinados los ocho artículos, el Protocolo final y los Anexos I y II que integran dicho Acuerdo.

Aprobado su texto por las Cortes Generales y, por consiguiente, autorizado para su ratificación,

Vengo en aprobar y ratificar cuanto en él se dispone, como en virtud del presente lo apruebo y ratifico, prometiendo cumplirlo, observarlo y hacer que se cumpla y observe puntualmente en todas sus partes, a cuyo fin, para su mayor validación y firmeza, Mando expedir este Instrumento de Ratificación firmado por Mí, debidamente sellado y refrendado por el infrascrito Ministro de Asuntos Exteriores.

Dado en Madrid a cuatro de diciembre de mil novecientos setenta y nueve.

ACUERDO ENTRE EL ESTADO ESPAÑOL Y LA SANTA SEDE SOBRE LA ASISTENCIA RELIGIOSA A LAS FUERZAS ARMADAS Y EL SERVICIO MILITAR DE CLÉRIGOS Y RELIGIOSOS

La asistencia religiosa a los miembros católicos de las Fuerzas Armadas y el Servicio Militar de los clérigos y religiosos, constituyen capítulos específicos entre las materias que deben regularse dentro del compromiso adquirido por la Santa Sede y el Estado español de revisar el Concordato de 1953.

Por tanto, ambas Partes han decidido actualizar las disposiciones hasta ahora vigentes y concluyen el siguiente

ACUERDO

Artículo I.- La asistencia religioso-pastoral a los miembros católicos de las Fuerzas Armadas se seguirá ejerciendo por medio del Vicariato Castrense.

341 Disponible desde internet en https://www.boe.es/buscar/doc.php?id=BOE-A-1979-29492 [Consultado el 26/2/2023].

Artículo II.- El Vicariato Castrense, que es una diócesis personal, no territorial, constará de:

A) Un Arzobispo, Vicario general, con su propia Curia, que estará integrada por:

1) Un Provicario general para todas las Fuerzas Armadas, con facultades de Vicario general.

2) Un Secretario general.

3) Un Vicesecretario.

4) Un Delegado de Formación Permanente del Clero, y

5) Un Delegado de Pastoral.

B) Además, contará con la cooperación de:

1) Los Vicarios episcopales correspondientes.

2) Los Capellanes castrenses como párrocos personales.

Artículo III.- La provisión del Vicariato General Castrense se hará de conformidad con el artículo I, 3, del Acuerdo entre la Santa Sede y el Estado español de 28 de julio de 1976, mediante la propuesta de una terna de nombres, formada de común acuerdo entre la Nunciatura Apostólica y el Ministerio de Asuntos Exteriores y sometida a la aprobación de la Santa Sede.

El Rey presentará, en el término de quince días, uno de ellos para su nombramiento por el Romano Pontífice.

Artículo IV.- Al quedar vacante el Vicariato Castrense y hasta su nueva provisión, asumirá las funciones de Vicario general el Provicario general de todas las Fuerzas Armadas, si lo hubiese, y, si no, el Vicario episcopal más antiguo.

Artículo V.- Los Clérigos y Religiosos están sujetos a las disposiciones generales de la Ley sobre el Servicio Militar.

1) Los seminaristas, postulantes y novicios, podrán acogerse a los beneficios comunes de prórrogas anuales por razón de sus estudios específicos o por otras causas admitidas en la legislación vigente, así como a cualesquiera otros beneficios que se establezcan con carácter general.

2) A los que ya sean presbíteros, se les podrán encomendar funciones específicas de su ministerio, para lo cual recibirá las facultades correspondientes del Vicario general castrense.

3) A los presbíteros a quienes no se encomienden las referidas funciones específicas y a los diáconos y religiosos profesos no sacerdotes, se les asignarán misiones que no sean incompatibles con su estado, de conformidad con el Derecho Canónico.

4) Se podrá considerar de acuerdo con lo que establezca la ley, como prestación social sustitutoria de las obligaciones específicas del Servicio Militar, la de quienes durante un período de tres años bajo la dependencia de la Jerarquía Eclesiástica se consagren al apostolado, como Presbíteros, Diáconos o Religiosos profesos, en territorios de misión o como Capellanes de emigrantes.

Artículo VI.- A fin de asegurar la debida atención pastoral del pueblo, se exceptúan del cumplimiento de las obligaciones militares, en toda circunstancia, los Obispos y asimilados en derecho.

En caso de movilización de reservistas se procurará asegurar la asistencia parroquial proporcional a la población civil. A este fin, el Ministerio de Defensa oirá el informe del Vicario general castrense.

Artículo VII.- La Santa Sede y el Gobierno español procederán de común acuerdo en la resolución de las dudas o dificultades que pudieran surgir en la interpretación o aplicación de cualquier cláusula del presente Acuerdo, inspirándose para ello en los principios que lo informan.

Artículo VIII.- Quedan derogados los artículos XV, XXXII y el protocolo final en relación al mismo, del Concordato de 27 de agosto de 1953 y, consecuentemente, el Acuerdo entre la Santa Sede y el Gobierno español sobre la Jurisdicción Castrense y Asistencia Religiosa de las Fuerzas Armadas, de 5 de agosto de 1950.

PROTOCOLO FINAL.- En relación con el artículo VIII:

1) No obstante la derogación ordenada en el artículo VIII, subsistirá durante un plazo de tres años la posibilidad de valerse de la disposición prevista en el número 1 del artículo XII del Convenio de 5 de agosto de 1950.

2) Los sacerdotes y diáconos ordenados antes de la fecha de entrada en vigor del presente Acuerdo y los religiosos que hubieren profesado igualmente con anterioridad, conservarán, cualquiera que fuera su edad, el derecho adquirido a la exención del servicio militar en tiempo de paz, conforme el artículo XII del citado Convenio que se deroga.

3) Quienes estuvieren siguiendo estudios eclesiásticos de preparación para el sacerdocio o para la profesión religiosa en la fecha de entrada en vigor de este Acuerdo, podrán solicitar prórroga de incorporación a filas de segunda clase, si desean acogerse a este beneficio y les corresponde por su edad.

El presente Acuerdo, cuyos textos en lengua española e italiana hacen fe por igual, entrará en vigor en el momento del canje de los instrumentos de ratificación.

Hecho en doble original.

Ciudad del Vaticano, 3 de enero de 1979.

ANEXO I

Artículo I.- Los Capellanes castrenses ejercen su ministerio bajo la jurisdicción del Vicario general castrense.

Artículo II.- La jurisdicción del Vicario general castrense y de los Capellanes es personal. Se extiende, cualquiera que sea la respectiva situación militar, a todos los militares de Tierra, Mar y Aire, a los alumnos de las Academias y de las Escuelas Militares, a sus esposas, hijos y familiares que viven en su compañía, y a todos los fieles de ambos sexos, ya seglares, ya religiosos, que presten servicios establemente bajo cualquier concepto o residan habitualmente en los cuarteles o lugares dependientes de la jurisdicción militar.

Igualmente, se extiende dicha jurisdicción a los huérfanos menores o pensionistas y a las viudas de militares mientras conserven este estado.

Artículo III.- Los Capellanes castrenses tienen competencia parroquial respecto a las personas mencionadas en el artículo precedente.

En el caso de celebrarse el matrimonio ante el Capellán castrense, éste deberá atenerse a las prescripciones canónicas.

Artículo IV.- 1) La jurisdicción castrense es cumulativa con la de los Ordinarios diocesanos.

2) En todos los lugares o instalaciones dedicadas a las Fuerzas Armadas u ocupados circunstancialmente por ellas usarán de dicha jurisdicción primaria y principalmente el Vicario general castrense y los Capellanes. Cuando éstos falten o estén ausentes, usarán de su jurisdicción subsidiariamente, aunque siempre por derecho propio, los Ordinarios diocesanos y los Párrocos locales.

El uso de esta jurisdicción cumulativa se regulará mediante los oportunos acuerdos entre la jerarquía diocesana y la castrense, la cual informará a las autoridades militares correspondientes.

3) Fuera de los lugares arriba señalados, y respecto a las personas mencionadas en el artículo II de este anexo, ejercerán libremente su jurisdicción los Ordinarios diocesanos y, cuando así les sea solicitado, los Párrocos locales.

Artículo V.- 1) Cuando los Capellanes castrenses, por razón de sus funciones como tales, tengan que oficiar fuera de los templos, establecimientos, campamentos y demás lugares destinados regularmente a las Fuerzas Armadas, deberán dirigirse con anticipación a los Ordinarios diocesanos o a los Párrocos o Rectores locales para obtener el oportuno permiso.

2) No será necesario dicho permiso para celebrar actos de culto al aire libre para fuerzas militares desplazadas con ocasión de campañas, maniobras, marchas, desfiles u otros actos de servicio.

Artículo VI.- Cuando lo estime conveniente para el servicio religioso-pastoral, el Vicario castrense se pondrá de acuerdo con los Obispos diocesanos y los Superiores mayores religiosos, para designar un número adecuado de sacerdotes y religiosos que, sin dejar los oficios que tengan en sus diócesis o institutos, presten ayuda a los Capellanes castrenses. Tales sacerdotes y religiosos ejercerán su ministerio a las órdenes del Vicario general castrense, del cual recibirán las facultades «ad nutum» y serán retribuidos a título de gratificación o estipendio ministerial.

ANEXO II

Artículo I.- 1) La incorporación de los Capellanes castrenses tendrá lugar según las normas aprobadas por la Santa Sede, de acuerdo con el Gobierno.

Para el desempeño de la función de Vicario episcopal será preciso:

a) Poseer una licenciatura o título superior equivalente, en aquellas disciplinas eclesiásticas o civiles que el Vicario general castrense estime de utilidad para el ejercicio de la asistencia religioso-pastoral a las Fuerzas Armadas.

b) Haber sido declarado canónicamente apto, según las normas que establezca el Vicario general castrense.

2) El nombramiento eclesiástico de los Capellanes se hará por el Vicario general castrense.

El destino a Unidad o Establecimiento se hará por el Ministerio de Defensa, a propuesta del Vicario general castrense.

Artículo II.- Los Capellanes, en cuanto sacerdotes y «ratione loci», estarán también sujetos a la disciplina y vigilancia de los Ordinarios diocesanos, quienes, en casos urgentes, podrán tomar las oportunas providencias canónicas, debiendo, en tales casos, hacerlas conocer en seguida al Vicario general castrense.

Artículo III.- Los Ordinarios diocesanos, conscientes de la necesidad de asegurar una adecuada asistencia espiritual a todos los que prestan servicios bajo las armas, consideran como parte de su deber pastoral proveer al Vicario general castrense de un número suficiente de Sacerdotes, celosos y bien preparados, para cumplir dignamente su importante y delicada misión.

El presente Acuerdo entró en vigor el día 4 de diciembre de 1979, fecha del canje de los respectivos Instrumentos de Ratificación, según lo previsto en dicho Acuerdo.

ANEXO II

ACUERDOS DE COOPERACIÓN CON CONFESIONES MINORITARIAS

LEY 24/1992, DE 10 DE NOVIEMBRE, POR LA QUE SE APRUEBA EL ACUERDO DE COOPERACIÓN DEL ESTADO CON LA FEDERACIÓN DE ENTIDADES RELIGIOSAS EVANGÉLICAS DE ESPAÑA[342]

JUAN CARLOS I REY DE ESPAÑA todos los que la presente vieren y entendieren. Sabed que las Cortes Generales han aprobado y yo vengo a sancionar la siguiente Ley:

EXPOSICIÓN DE MOTIVOS

La Constitución Española de 1978, al configurar un Estado democrático y pluralista, ha supuesto un profundo cambio en la tradicional actitud del Estado ante el hecho religioso, consagrado como fundamentales los derechos de igualdad y libertad religiosa, cuyo ejercicio garantiza con la mayor amplitud permitida por las exigencias derivadas del mantenimiento del orden público protegido por la Ley y por el respeto debido a los derechos fundamentales de los demás.

Estos derechos, concebidos originariamente como derechos individuales de los ciudadanos, alcanzan también, por derivación, a las Confesiones o Comunidades en que aquéllos se integran para el cumplimiento comunitario de sus fines religiosos, sin necesidad de autorización previa, ni de su inscripción en ningún registro público.

Desde el respeto más profundo a estos principios, el Estado, también por imperativo constitucional, viene obligado, en la medida en que las creencias religiosas de la sociedad española lo demanden, al mantenimiento de relaciones de cooperación con las diferentes Confesiones religiosas, pudiendo hacerlo en formas diversas con las Confesiones inscritas en el Registro de Entidades Religiosas.

La Ley Orgánica de Libertad Religiosa establece la posibilidad de que el Estado concrete su cooperación con las Confesiones religiosas, mediante la adopción de Acuerdos o Convenios de Cooperación, cuando aquéllas, debidamente inscritas en el Registro de Entidades Religiosas, hayan alcanzado en la sociedad española, además, un arraigo que, por el número de sus creyentes y por la extensión de su credo, resulte evidente o notorio. En este caso se encuentra el protestantismo español, en su conjunto, integrado por las distintas Iglesias de confesión evangélica, la práctica totalidad

342 Disponible desde internet en https://www.boe.es/buscar/doc.php?id=BOE-A-1992-24853 [Consultado el 26/2/202].

de las cuales, inscritas en el Registro de Entidades Religiosas, han constituido la Federación de Entidades Religiosas Evangélicas de España (FEREDE), como órgano representativo de las mismas ante el Estado, para la negociación, adopción y ulterior seguimiento de los Acuerdos adoptados.

Dando respuesta a los deseos formulados por la Federación de Entidades Religiosas Evangélicas de España, y tras las oportunas negociaciones, se llegó a la conclusión del presente Acuerdo de Cooperación, en el que se abordan asuntos de gran importancia para los ciudadanos de religión evangélica: Estatuto de los ministros de culto evangélico, con determinación de los específicos derechos que se derivan del ejercicio de su ministerio, situación personal en ámbitos de tanta importancia como la Seguridad Social y forma de cumplimiento de sus deberes militares; protección jurídica de los lugares de culto; atribución de efectos civiles al matrimonio celebrado según el rito evangélico; asistencia religiosa en centros o establecimientos públicos; enseñanza religiosa evangélica en los centros docentes y, finalmente, los beneficios fiscales aplicables a determinados bienes y actividades de las Iglesias pertenecientes a la Federación de Entidades Religiosas Evangélicas de España.

Se ha procurado siempre tener el más escrupuloso respeto a la voluntad negociadora de los interlocutores religiosos, como la mejor expresión de los contenidos doctrinales específicos evangélicos y de las peculiares exigencias de conciencia de ellos derivadas, para hacer así posible que sea real y efectivo el ejercicio del derecho de libertad religiosa de los miembros de las Comunidades Evangélicas pertenecientes a la FEREDE.

Artículo 1.- 1. Los derechos y obligaciones que se deriven de la Ley por la que se apruebe el presente Acuerdo serán de aplicación a las Iglesias que, figurando inscritas en el Registro de Entidades Religiosas, formen parte o se incorporen posteriormente a la Federación de Entidades Religiosas Evangélicas de España, mientras su pertenencia a la misma figure inscrita en el mencionado Registro.

2. La incorporación de las Iglesias a la Federación, a los efectos de su constancia en el mencionado Registro, se acreditará mediante certificación expedida por la Comisión Permanente de la FEREDE, firmada por su Secretario ejecutivo con la conformidad del Presidente. La anotación de su baja o exclusión se practicará a instancia de la Iglesia afectada o de la Comisión Permanente de la FEREDE.

3. La certificación de fines religiosos, que exige el Real Decreto 142/1981, de 9 de enero, para la inscripción de las entidades asociativas religiosas que se constituyan como tales de acuerdo con el ordenamiento de las Iglesias evangélicas, podrá ser expedida por la Comisión Permanente de la FEREDE.

Artículo 2.- 1. A todos los efectos, son lugares de culto de las Iglesias pertenecientes a la FEREDE los edificios o locales que estén destinados de forma permanente y exclusiva a las funciones de culto o asistencia religiosa, cuando así se certifique por la Iglesia respectiva con la conformidad de la Comisión Permanente de la FEREDE.

2. Los lugares de culto de las Iglesias pertenecientes a la FEREDE gozan de inviolabilidad en los términos establecidos en las Leyes.

3. En caso de expropiación forzosa, deberá ser oída previamente la Comisión Permanente de la FEREDE, salvo razones de urgencia, seguridad y defensa nacionales o graves de orden o seguridad públicos.

4. Los lugares de culto de las Iglesias pertenecientes a la FEREDE no podrán ser demolidos sin ser previamente privados de su carácter religioso, con excepción de los casos previstos en las Leyes, por razón de urgencia o peligro.

Artículo 3.- 1. A todos los efectos legales, son ministros de culto de las Iglesias pertenecientes a la FEREDE las personas físicas que estén dedicadas, con carácter estable, a las funciones de culto o asistencia religiosa y acrediten el cumplimiento de estos requisitos, mediante certificación expedida por la Iglesia respectiva, con la conformidad de la Comisión Permanente de la FEREDE.

2. Los ministros de culto de las Iglesias pertenecientes a la FEREDE no estarán obligados a declarar sobre hechos que les hayan sido revelados en el ejercicio de funciones de culto o de asistencia religiosa.

Artículo 4.- 1. Los ministros de culto de las Iglesias pertenecientes a la FEREDE estarán sujetos a las disposiciones generales del Servicio Militar. Si lo solicitaren, se les asignarán misiones que sean compatibles con su ministerio.

2. Los estudios que se cursen en los seminarios de las Iglesias de la FEREDE darán derecho a prórroga de incorporación a filas de segunda clase, en los términos establecidos en la vigente legislación del Servicio Militar.

Para la solicitud de dicha prórroga deberán acreditarse los mencionados estudios mediante certificación expedida por el centro docente correspondiente.

Artículo 5.- De acuerdo con lo dispuesto en el artículo 1 del Real Decreto 2398/1977, de 27 de agosto, los ministros de culto de las Iglesias pertenecientes a la FEREDE que reúnan los requisitos expresados en el artículo 3, del presente Acuerdo, quedarán incluidos en el Régimen General de la Seguridad Social. Serán asimilados a trabajadores por cuenta ajena. Las Iglesias respectivas asumirán los derechos y obligaciones establecidos para los empresarios en el Régimen General de la Seguridad Social.

Artículo 6.- A todos los efectos legales, se consideran funciones de culto o asistencia religiosa las dirigidas directamente al ejercicio del culto, administración de Sacramentos, cura de almas, predicación del Evangelio y magisterio religioso.

Artículo 7.- 1. Se reconocen los efectos civiles del matrimonio celebrado ante los ministros de culto de las Iglesias pertenecientes a la Federación de Entidades Religiosas Evangélicas de España. Para el pleno reconocimiento de tales efectos, será necesaria la inscripción del matrimonio en el Registro Civil.

2. Las personas que deseen contraer matrimonio en la forma prevista en el párrafo anterior promoverán el expediente previo al matrimonio, ante el encargado del Registro Civil correspondiente.

3. Cumplido este trámite, el encargado del Registro Civil, expedirá, por duplicado, certificación acreditativa de la capacidad matrimonial de los contrayentes, que éstos deberán entregar al ministro de culto encargado de la celebración del matrimonio.

4. Para la validez civil del matrimonio, el consentimiento habrá de prestarse ante el ministro de culto oficiante de la ceremonia y, al menos, dos testigos mayores de edad, antes de que hayan transcurrido seis meses desde la expedición de la certificación de capacidad matrimonial.

5. Una vez celebrado el matrimonio, el ministro de culto oficiante extenderá, en la certificación de capacidad matrimonial, diligencia expresiva de la celebración del matrimonio que contendrá los requisitos necesarios para su inscripción y las menciones de identidad de los testigos. Uno de los ejemplares de la certificación así diligenciada se remitirá, acto seguido, al encargado del Registro Civil competente para su inscripción, y el otro, se conservará como acta de la celebración en el archivo del oficiante.

6. Sin perjuicio de las responsabilidades a que haya lugar y de los derechos adquiridos de buena fe por terceras personas, la inscripción podrá ser promovida en cualquier tiempo, mediante presentación de la certificación diligenciada a que se refiere el número anterior.

7. Las normas de este artículo relativas al procedimiento para hacer efectivo el derecho que en el mismo se establece, se ajustarán a las modificaciones que en el futuro se produzcan en la legislación del Registro Civil, previa audiencia de la Federación de Entidades Religiosas Evangélicas de España.

Artículo 8.- 1. Se reconoce el derecho de todos los militares, de confesión evangélica, sean o no profesionales, y de cuantas personas de dicho credo religioso presten servicio en las Fuerzas Armadas, a participar en las actividades religiosas y ritos propios de las Iglesias pertenecientes a la FEREDE, en los días y horas de precepto de las diferentes confesiones que la integran, previa la oportuna autorización de sus Jefes, que procurarán que aquéllos sean compatibles con las necesidades del servicio, facilitando los lugares y medios adecuados para su desarrollo.

2. La asistencia religiosa será dispensada por ministros de culto designados por las Iglesias pertenecientes a la FEREDE con la conformidad de ésta y autorizados por los Mandos del Ejército que prestarán la colaboración precisa para que puedan desempeñar sus funciones en iguales condiciones que los ministros de culto de

otras Iglesias, Confesiones o Comunidades que tengan concertados Acuerdos de Cooperación con el Estado.

Artículo 9.-1. Se garantiza el ejercicio del derecho a la asistencia religiosa de los internados en centros o establecimientos penitenciarios, hospitalarios, asistenciales u otros análogos del sector público, proporcionada por los ministros de culto que designen las Iglesias respectivas, con la conformidad de la FEREDE, y debidamente autorizados por los centros o establecimientos públicos correspondientes.

2. El acceso de tales ministros a los centros mencionados es, a tal fin, libre y sin limitación de horario.

3. En todo caso, la asistencia religiosa se prestará con el debido respeto al principio de libertad religiosa y con observancia de las normas de organización y régimen interno de los centros, en especial a lo dispuesto en la Legislación penitenciaria.

4. Los gastos que el desarrollo de la mencionada asistencia espiritual origine, correrán a cargo de las Iglesias pertenecientes a la FEREDE, sin perjuicio de la utilización de los locales que, a tal fin, existan en el centro correspondiente.

Artículo 10.- 1. A fin de dar efectividad a lo dispuesto en el artículo 27.3 de la Constitución, así como en la Ley Orgánica 8/1985, de 3 de julio, Reguladora del Derecho a la Educación, y en la Ley Orgánica 1/1990, de 3 de octubre, de Ordenación General del Sistema Educativo, se garantiza a los alumnos, a sus padres y a los órganos escolares de gobierno que lo soliciten, el ejercicio del derecho de los primeros a recibir enseñanza religiosa evangélica en los centros docentes públicos y privados concertados, siempre que, en cuanto a estos últimos, el ejercicio de aquel derecho no entre en conflicto con el carácter propio del centro, en los niveles de educación infantil, educación primaria y educación secundaria.

2. La enseñanza religiosa evangélica será impartida por profesores designados por las Iglesias pertenecientes a la Federación de Entidades Religiosas Evangélicas de España, con la conformidad de ésta.

3. Los contenidos de la enseñanza religiosa evangélica, así como los libros de texto relativos a la misma, serán señalados por las Iglesias respectivas con la conformidad de la Federación de Entidades Religiosas Evangélicas de España.

4. Los centros docentes públicos y los privados concertados a que se hace referencia en este artículo deberán facilitar los locales adecuados para el ejercicio de aquel derecho en armonía con el desenvolvimiento de las actividades lectivas.

5. Las Iglesias pertenecientes a la Federación de Entidades Religiosas Evangélicas podrán, de acuerdo con las autoridades académicas, organizar cursos de enseñanza religiosa en los centros universitarios públicos, pudiendo utilizar los locales y medios de los mismos.

6. Las Iglesias pertenecientes a la Federación de Entidades Religiosas Evangélicas de España podrán establecer y dirigir centros

docentes de los niveles educativos que se mencionan en el número 1 de este artículo, así como centros universitarios y seminarios de carácter religioso u otras Instituciones de Estudios Eclesiásticos con sometimiento a la legislación general vigente en la materia.

Artículo 11.- 1. Las Iglesias pertenecientes a la FEREDE pueden recabar libremente de sus fieles prestaciones, organizar colectas públicas y recibir ofrendas y liberalidades de uso.

2. Tendrán la consideración de operaciones no sujetas a tributo alguno:

a) Además de los conceptos mencionados en el número 1 de este artículo, la entrega de publicaciones, instrucciones y boletines pastorales internos, realizada directamente a sus miembros por las Iglesias pertenecientes a la FEREDE, siempre que la misma sea gratuita.

b) La actividad de enseñanza de Teología en seminarios de las Iglesias pertenecientes a la FEREDE, destinados a la formación de ministros de culto y que impartan exclusivamente enseñanzas propias de disciplinas eclesiásticas.

3. Las Iglesias pertenecientes a la FEREDE estarán exentas.

A) Del impuesto sobre Bienes Inmuebles y de las contribuciones especiales que, en su caso, correspondan, por los siguientes bienes inmuebles de su propiedad:

a) Los lugares de culto y sus dependencias o edificios y locales anejos, destinados al culto o a la asistencia religiosa y a la residencia de pastores evangélicos.

b) Los locales destinados a oficinas de las Iglesias pertenecientes a la FEREDE.

c) Los seminarios destinados a la formación de ministros de culto, cuando impartan únicamente enseñanzas propias de las disciplinas eclesiásticas.

B) El Impuesto sobre Sociedades, en los términos previstos en los números dos y tres del artículo 5 de la Ley 61/1978, de 27 de diciembre, reguladora de aquél.

Asimismo, estarán exentos del Impuesto sobre Sociedades los incrementos de patrimonios a título gratuito que obtengan las Iglesias pertenecientes a la FEREDE, siempre que los bienes y derechos adquiridos se destinen al culto o al ejercicio de la caridad.

C) Del Impuesto sobre Transmisiones Patrimoniales y Actos Jurídicos Documentados, siempre que los respectivos bienes o derechos adquiridos se destinen al culto o al ejercicio de la caridad, en los términos establecidos en el Texto Refundido de la Ley del Impuesto, aprobado por Real Decreto Legislativo 3050/1980, de 30 de diciembre, y su Reglamento, aprobado por Real Decreto 3494/1981, de 29 de diciembre, en orden a los requisitos y procedimientos para el disfrute de esta exención.

4. Sin perjuicio de lo previsto en los números anteriores, las Iglesias pertenecientes a la FEREDE tendrán derecho a los demás beneficios fiscales que el ordenamiento jurídico tributario del Estado español prevea en cada momento para las entidades sin fin de lucro

y, en todo caso, a los que se concedan a las entidades benéficas privadas.

5. Las asociaciones y entidades creadas y gestionadas por las Iglesias pertenecientes a la FEREDE y que se dediquen a actividades religiosas, benéfico-docentes, médicas y hospitalarias o de asistencia social, tendrán derecho a los beneficios fiscales que el ordenamiento jurídico-tributario del Estado prevea en cada momento para las entidades sin fin de lucro y, en todo caso, a los que se concedan a las entidades benéficas privadas.

6. La normativa del Impuesto sobre la Renta de las Personas Físicas regulará el tratamiento tributario aplicable a los donativos que se realicen a las Iglesias pertenecientes a la FEREDE, con las deducciones que, en su caso, pudieran establecerse.

Artículo 12. 1. El descanso laboral semanal, para los fieles de la Unión de Iglesias Adventistas del Séptimo Día y de otras Iglesias evangélicas, pertenecientes a la Federación de Entidades Religiosas Evangélicas de España, cuyo día de precepto sea el sábado, podrá comprender, siempre que medie acuerdo entre las partes, la tarde del viernes y el día completo del sábado, en sustitución del que establece el artículo 37.1 del Estatuto de los Trabajadores como regla general.

2. Los alumnos de las Iglesias mencionadas en el número 1 de este artículo, que cursen estudios en centros de enseñanza públicos y privados concertados, estarán dispensados de la asistencia a clase y de la celebración de exámenes desde la puesta del sol del viernes hasta la puesta del sol del sábado, a petición propia o de quienes ejerzan la patria potestad o tutela.

3. Los exámenes, oposiciones o pruebas selectivas convocadas para el ingreso en las Administraciones Públicas, que hayan de celebrarse dentro del período de tiempo expresado en el número anterior, serán señalados en una fecha alternativa para los fieles de las Iglesias a que se refiere el número 1 de este artículo, cuando no haya causa motivada que lo impida.

Disposición adicional primera. El Gobierno pondrá en conocimiento de la Federación de Entidades Religiosas Evangélicas de España, para que ésta pueda expresar su parecer, las iniciativas legislativas que afecten al contenido del presente Acuerdo.

Disposición adicional segunda. El presente Acuerdo podrá ser denunciado por cualquiera de las partes que lo suscriben, notificándolo a la otra, con seis meses de antelación.

Asimismo, podrá ser objeto de revisión, total o parcial, por iniciativa de cualquiera de ellas, sin perjuicio de su ulterior tramitación parlamentaria.

Disposición adicional tercera. Se constituirá una Comisión Mixta Paritaria con representación de la Administración del Estado y de la Federación de Entidades Religiosas Evangélicas de España para la aplicación y seguimiento del presente Acuerdo.

Disposición final única. Se faculta al Gobierno para que, a propuesta del Ministro de Justicia, y, en su caso, conjuntamente con los Ministros competentes por razón de la materia, dicte las disposiciones necesarias para el desarrollo y ejecución de lo dispuesto en el presente Acuerdo.

LEY 25/1992, DE 10 DE NOVIEMBRE, POR LA QUE SE APRUEBA EL ACUERDO DE COOPERACIÓN DEL ESTADO CON LA FEDERACIÓN DE COMUNIDADES ISRAELITAS DE ESPAÑA[343].

JUAN CARLOS I REY DE ESPAÑA todos los que la presente vieren y entendieren. Sabed que las Cortes Generales han aprobado y yo vengo a sancionar la siguiente Ley:

EXPOSICIÓN DE MOTIVOS

Con fecha 28 de abril de 1992, el Ministro de Justicia habilitado al efecto por el Consejo de Ministros, suscribió el Acuerdo de Cooperación del Estado con la Federación de Comunidades Israelitas de España (FCI), que ha de regir las relaciones de cooperación del Estado con las Comunidades de confesión judía establecidas en España, integradas en dicha Federación e inscritas en el Registro de Entidades Religiosas.

Las expresadas relaciones deben regularse por Ley aprobada por las Cortes Generales, a tenor de lo dispuesto en el artículo 7.1 de la Ley Orgánica 71/1980, de 5 de julio, de Libertad religiosa.

Artículo único. Las relaciones de cooperación del Estado con la Federación de Comunidades Israelitas de España se regirá por lo dispuesto en el Acuerdo de Cooperación que se incorpora como anexo a la presente Ley.

Disposición final primera. Se faculta al Gobierno para que, a propuesta del Ministro de Justicia, y, en su caso, conjuntamente con los Ministros competentes por razón de la materia, dicte las disposiciones necesarias para el desarrollo y ejecución de lo dispuesto en la presente Ley.

Disposición final segunda. La presente Ley entrará en vigor el día siguiente al de su publicación en el «Boletín Oficial del Estado».

Por tanto,

Mando a todos los españoles, particulares y autoridades, que guarden y hagan guardar esta Ley.

ANEXO

Acuerdo de Cooperación del Estado español con la Federación de Comunidades Israelitas de España.

EXPOSICIÓN DE MOTIVOS

La Constitución española de 1978, al configurar un Estado democrático y pluralista, ha supuesto un profundo cambio en la tradicio-

343 Disponible desde internet en https://www.boe.es/buscar/doc.php?id=BOE-A-1992-24854 [Consultado el 26/2/2023].

nal actitud del Estado ante el hecho religioso, consagrando como fundamentales los derechos de igualdad y libertad religiosa, cuyo ejercicio garantiza con la mayor amplitud permitida por las exigencias derivadas del mantenimiento del orden público protegido por la Ley y por el respeto debido a los derechos fundamentales de los demás.

Estos derechos, concebidos originariamente como derechos individuales de los ciudadanos, alcanzan también, por derivación, a las Comunidades o Confesiones en que aquéllos se integran para el cumplimiento comunitario de sus fines religiosos, sin necesidad de autorización previa, ni de su inscripción en ningún registro público.

Desde el respeto más profundo a estos principios, el Estado, también por imperativo constitucional, viene obligado, en la medida en que las creencias religiosas de la sociedad española lo demanden, al mantenimiento de relaciones de cooperación con las diferentes Confesiones o Comunidades religiosas, pudiendo hacerlo en formas diversas con las Confesiones inscritas en el Registro de Entidades Religiosas.

La Ley Orgánica de Libertad Religiosa establece la posibilidad de que el Estado concrete su cooperación con las Confesiones o Comunidades religiosas, mediante la adopción de Acuerdos o Convenios de Cooperación, cuando aquéllas, debidamente inscritas en el Registro de Entidades Religiosas hayan alcanzado en la sociedad española además un arraigo que, por el número de sus creyentes y por la extensión de su credo, resulte evidente o notorio. En este caso se encuentra la religión judía, de tradición milenaria en nuestro país, integrada por distintas Comunidades de dicha confesión inscritas en el Registro de Entidades Religiosas, que han constituido la Federación de Comunidades Israelitas de España, como órgano representativo de las mismas ante el Estado para la negociación, firma y ulterior seguimiento de los Acuerdos adoptados.

Dando respuesta a los deseos formulados por la Federación de Comunidades Israelitas de España, y tras las oportunas negociaciones, se llegó a la conclusión del presente Acuerdo de Cooperación, en el que se abordan asuntos de gran importancia para los ciudadanos de religión judía: Estatuto de los ministros de culto judío, con determinación de los específicos derechos que se derivan del ejercicio de su ministerio, situación personal en ámbitos de tanta importancia como la Seguridad Social y forma de cumplimiento de sus deberes militares; protección jurídica de los lugares de culto; atribución de efectos civiles al matrimonio celebrado según el rito judío; asistencia religiosa en centros o establecimientos públicos; enseñanza religiosa judía en los centros docentes, beneficios fiscales aplicables a determinados bienes y actividades de las Comunidades pertenecientes a la Federación de Comunidades Israelitas de España; conmemoración de festividades religiosos judías; y finalmente colaboración del Estado con la Federación de Comunidades Israelitas de España en orden a la conservación y fomento del Patrimonio Histórico y Artístico español, de origen judío.

Se ha procurado siempre tener el más escrupuloso respeto a la voluntad negociadora de los interlocutores religiosos, como la mejor expresión de los contenidos doctrinales específicos judíos y de las peculiares exigencias de conciencia de ellos derivadas, para hacer así posible que sea real y efectivo el ejercicio del derecho de libertad religiosa de los creyentes judíos.

Artículo 1.

1. Los derechos y obligaciones que se deriven de la Ley por la que se apruebe el presente Acuerdo serán de aplicación a las Comunidades Israelitas que, figurando inscritas en el Registro de Entidades Religiosas, formen parte o posteriormente se incorporen a la Federación de Comunidades Israelitas de España, mientras su pertenencia a la misma figure inscrita en el mencionado Registro.

2. La incorporación de las Comunidades a la Federación, a los efectos de su constancia en el mencionado Registro, se acreditará mediante certificación expedida por la Secretaría General de la Federación de Comunidades Israelitas de España, firmada por un Vicesecretario de la misma con la conformidad del Secretario. La anotación en el Registro de su baja o exclusión se practicará a instancia de la Comunidad afectada o de la Secretaría General de la referida Federación.

3. La certificación de fines religiosas, que exige el Real Decreto 142/1981, de 9 de enero, para la inscripción de las entidades asociativas religiosas que se constituyan como tales, de acuerdo al ordenamiento de las Comunidades Israelitas, podrá ser expedida por la Secretaría General de la Federación de Comunidades Israelitas de España.

Artículo 2.

1. A todos los efectos legales, son lugares de culto de las Comunidades pertenecientes a la Federación de Comunidades Israelitas de España los edificios o locales que estén destinados de forma permanente y exclusiva a las funciones de culto, formación o asistencia religiosa, cuando así se certifique por la Comunidad respectiva con la conformidad de la Secretaría General de la FCI.

2. Los lugares de culto de las Comunidades pertenecientes a la FCI gozan de inviolabilidad en los términos establecidos en las leyes.

3. En caso de expropiación forzosa, deberá ser oída previamente la Secretaría General de la FCI.

4. Los lugares de culto de las Comunidades pertenecientes a la FCI no podrán ser demolidos sin ser previamente privados de su carácter sagrado, con excepción de los casos previstos en las leyes por razón de urgencia o peligro.

5. Los lugares de culto podrán ser objeto de anotación en el Registro de Entidades Religiosas.

6. Los cementerios judíos gozarán de los beneficios legales que este artículo establece para los lugares de culto. Se reconoce a las Comunidades Israelitas, pertenecientes a la FCI, el derecho a la concesión de parcelas reservadas para los enterramientos judíos en los cementerios municipales, así como el derecho de poseer cementerios judíos privados, con sujeción a lo dispuesto en la legislación de

régimen local y de sanidad. Se adoptarán las medidas oportunas para la observancia de las reglas tradicionales judías, relativas a inhumaciones, sepulturas y ritos funerarios, que se realizarán con intervención de la Comunidad judía local. Se reconoce el derecho a trasladar a los cementerios pertenecientes a las Comunidades Israelitas, de los cuerpos de los difuntos judíos, tanto de los actualmente inhumados en cementerios municipales como de aquéllos cuyo fallecimiento se produzca en localidad en la que no exista cementerio judío.

Artículo 3.

1. A todos los efectos legales son ministros de culto de las Comunidades pertenecientes a la Federación de Comunidades Israelitas de España las personas físicas que, hallándose en posesión de la titulación de Rabino, desempeñen sus funciones religiosas con carácter estable y permanente y acrediten el cumplimiento de estos requisitos mediante certificación expedida por la Comunidad a que pertenezcan, con el visado de la Secretaría General de la FCI. Esta certificación de la FCI podrá se incorporada al Registro de Entidades Religiosas.

2. Los ministros de culto de las Comunidades pertenecientes a la FCI no estarán obligados a declarar sobre hechos que les hayan sido revelados en el ejercicio de funciones de culto o de asistencia religiosa.

Artículo 4.

1. Los ministros de culto de las Comunidades pertenecientes a la Federación de Comunidades Israelitas de España estarán sujetos a las disposiciones generales del Servicio Militar. Si lo solicitaren, se les podrán asignar misiones de asistencia religiosa en las Fuerzas Armadas u otras que sean compatibles con su Ministerio.

2. Los estudios que se cursen en los seminarios de formación rabínica que designe la Federación de Comunidades Israelitas de España darán derecho a prórroga de incorporación a filas de segunda clase, en los términos establecidos en la vigente legislación del Servicio Militar.

Para la solicitud de dicha prórroga deberán acreditarse los mencionados estudios mediante certificación expedida por el centro docente correspondiente.

Artículo 5.

De acuerdo con lo dispuesto en el artículo 1.º del Real Decreto 2398/1977, de 27 de agosto, los ministros de culto de las Comunidades pertenecientes a la Federación de Comunidades Israelitas de España que reúnan los requisitos expresados en el artículo 3 del presente Acuerdo, quedarán incluidos en el Régimen General de la Seguridad Social. Serán asimilados a trabajadores por cuenta ajena en las mismas condiciones que la legislación vigente establece para los clérigos de la Iglesia Católica, con extensión de la protección a su familia. Las Comunidades respectivas asumirán los derechos y obligaciones establecidos para los empresarios en el Régimen General de la Seguridad Social.

Artículo 6.

A todos los efectos legales, se consideran funciones propias de la religión judía las que lo sean con arreglo a la Ley y a la tradición judía, entre otras las de religión que se derivan de la función rabínica, del ejercicio del culto, de la prestación de servicios rituales, de la formación de rabinos, de la enseñanza de la religión judía y de la asistencia religiosa.

Artículo 7.

1. Se reconocen los efectos civiles del matrimonio celebrado según la propia normativa formal israelita ante los ministros de culto de las Comunidades pertenecientes a la Federación de Comunidades Israelitas de España. Para el pleno reconocimiento de tales efectos, será necesaria la inscripción del matrimonio en el Registro Civil.

2. Las personas que deseen contraer matrimonio en la forma prevista en el párrafo anterior promoverán el expediente previo al matrimonio, ante el encargado del Registro Civil correspondiente.

3. Cumplido este trámite, el encargado del Registro Civil expedirá, por duplicado, certificación acreditativa de la capacidad matrimonial de los contrayentes, que ***éstos*** deberán entregar al ministro de culto encargado de la celebración del matrimonio.

4. Para la validez civil del matrimonio, el consentimiento habrá de prestarse ante el ministro de culto oficiante de la ceremonia y, al menos, dos testigos mayores de edad antes de que hayan transcurrido seis meses desde la expedición de la certificación de capacidad matrimonial.

5. Una vez celebrado el matrimonio, el ministro de culto oficiante extenderá, en la certificación de capacidad matrimonial, diligencia expresiva de la celebración del matrimonio que contendrá los requisitos necesarios para su inscripción y las menciones de identidad de los testigos. Uno de los ejemplares de la certificación así diligenciada se remitirá, acto seguido, al encargado del Registro Civil competente para su inscripción, y el otro, se conservará como acta de celebración en el archivo de la Comunidad Israelita respectiva.

6. Sin perjuicio de las responsabilidades a que haya lugar y de los derechos adquiridos de buena fe por terceras personas, la inscripción podrá ser promovida en cualquier tiempo, mediante presentación de la certificación diligenciada a que se refiere el número anterior.

7. Las normas de este artículo relativas al procedimiento para hacer efectivo el derecho que en el mismo se establece, se ajustarán a las modificaciones que en el futuro se produzcan en la legislación del Registro Civil, previa audiencia de la Federación de Comunidades Israelitas de España.

Artículo 8.

1. Se reconoce el derecho de los militares judíos, sean o no profesionales, y de cuantas personas de dicha religión presten servicio en las Fuerzas Armadas, a recibir asistencia religiosa y a participar en

actividades y ritos propios de la religión judía, previa la oportuna autorización de sus Jefes, que procurarán que aquéllos sean compatibles con las necesidades del servicio, facilitando los lugares y medios adecuados para su desarrollo.

2. Los militares judíos que no puedan cumplir las obligaciones religiosas por no haber Sinagoga en el lugar de su destino, podrán ser autorizados para el cumplimiento de aquéllas en la Sinagoga de la localidad más próxima, cuando las necesidades del servicio lo permitan.

3. La asistencia religiosa será dispensada por ministros de culto designados por las Comunidades pertenecientes a la Federación de Comunidades Israelitas de España y autorizados por los Mandos del Ejército que prestarán la colaboración precisa para que puedan desempeñar sus funciones en iguales condiciones que los ministros de culto de otras Iglesias, Confesiones y Comunidades que tengan concertados Acuerdos de Cooperación con el Estado.

4. Las autoridades correspondientes comunicarán el fallecimiento de los militares judíos, acaecido durante la prestación del servicio militar, a las familias de los fallecidos, a fin de que puedan recibir las honras fúnebres y ser enterrados según el rito judío.

Artículo 9.

1. Se garantiza el ejercicio del derecho a la asistencia religiosa de los internados en centros penitenciarios, así como en establecimientos hospitalarios, asistenciales y otros análogos del sector público, proporcionada por los ministros de culto que designen las Comunidades Israelitas pertenecientes a la Federación de Comunidades Israelitas, con la conformidad de ésta. Su designación deberá ser autorizada por los organismos administrativos competentes. Las direcciones de los centros y establecimientos públicos estarán obligados a transmitir a la Comunidad Israelita correspondiente las solicitudes de asistencia espiritual recibidas de los internos o de sus familiares, si los propios interesados no estuvieran en condiciones de hacerlo.

2. El acceso de tales ministros a los referidos centros será, a tal fin, libre y sin limitación de horario, y la asistencia religiosa se prestará con el debido respeto al principio de libertad religiosa y con observancia de las normas de organización y régimen interno de los centros. Por lo que se refiere a los establecimientos penitenciarios, la asistencia religiosa se realizará de acuerdo con lo dispuesto en la legislación penitenciaria.

La asistencia religiosa prevista en este artículo comprenderá la que se dispense a los moribundos, así como las honras fúnebres del rito judío.

3. Los gastos que origine el desarrollo de la mencionada asistencia espiritual serán sufragados por las Comunidades respectivas, sin perjuicio de la utilización de los locales que, a tal fin, existan en el correspondiente centro.

Artículo 10.

1. A fin de dar efectividad a lo dispuesto en el artículo 27.3 de la Constitución, así como en la Ley Orgánica 8/1985, de 3 de julio, Reguladora del Derecho a la Educación, y en la Ley Orgánica 1/1990, de 3 de octubre, de Ordenación General del Sistema Educativo, se garantiza a

los alumnos judíos, a sus padres y a los órganos escolares de gobierno que lo soliciten, el ejercicio del derecho de los primeros a recibir enseñanza religiosa judía en los centros docentes públicos y privados concertados, siempre que, en cuanto a estos últimos, el ejercicio de aquel derecho no entre en contradicción con el carácter propio del centro, en los niveles de educación infantil, educación primaria y educación secundaria.

2. La enseñanza religiosa judía será impartida por profesores designados por las Comunidades pertenecientes a la Federación de Comunidades Israelitas, con la conformidad de ésta.

3. Los contenidos de la enseñanza religiosa judía, así como los libros de texto relativos a la misma, serán señalados por las Comunidades respectivas con la conformidad de la Federación de Comunidades Israelitas.

4. Los centros docentes públicos y los privados concertados a que se hace referencia en este artículo deberán facilitar los locales adecuados para el ejercicio de aquel derecho sin que pueda perjudicar el desenvolvimiento de las actividades lectivas.

5. Las Comunidades pertenecientes a la Federación de Comunidades Israelitas podrán, de acuerdo con las autoridades académicas organizar cursos de enseñanza religiosa en los centros universitarios públicos, pudiendo utilizar los locales y medios de los mismos.

6. Las Comunidades pertenecientes a la Federación de Comunidades Israelitas podrán establecer y dirigir centros docentes de los niveles educativos que se mencionan en el número 1 de este artículo, así como centros universitarios y seminarios de carácter religioso con sometimiento a la legislación general vigente en la materia.

Artículo 11.

1. Las Comunidades pertenecientes a la Federación de Comunidades Israelitas pueden recabar libremente de sus fieles prestaciones, organizar colectas públicas y recibir ofrendas y liberalidades de uso.

2. Tendrán la consideración de operaciones no sujetas a tributo alguno:

a) Además de los conceptos mencionados en el número 1 de este artículo, la entrega de publicaciones de carácter religioso, realizada directamente a sus miembros por las Comunidades pertenecientes a la Federación de Comunidades Israelitas, siempre que sea gratuita.

b) La actividad de enseñanza religiosa en centros de formación de las Comunidades pertenecientes a la Federación de Comunidades Israelitas destinadas a la formación de ministros de culto y a impartir exclusivamente enseñanzas propias de formación rabínica.

3. Las Comunidades pertenecientes a la Federación de Comunidades Israelitas estarán exentas:

A) Del Impuesto sobre Bienes Inmuebles y de las contribuciones especiales que, en su caso, correspondan, por los siguientes bienes inmuebles de su propiedad.

a) Los lugares de culto y sus dependencias o edificios y locales anejos, destinados al culto o a la asistencia religiosa.

b) Los locales destinados a oficinas de las Comunidades pertenecientes a la Federación de Comunidades Israelitas.

c) Los centros destinados a la formación de ministros de culto, cuando impartan únicamente enseñanzas propias de su misión rabínica.

B) Del Impuesto sobre Sociedades, en los términos previstos en los números dos y tres del artículo 5 de la Ley 61/1978, de 27 de diciembre, reguladora de aquél.

Asimismo, estarán exentos del Impuesto sobre Sociedades los incrementos de patrimonio a título gratuito que obtengan las Comunidades pertenecientes a la Federación de Comunidades Israelitas, siempre que los bienes y derechos adquiridos se destinen a actividades religiosas y asistenciales.

C) Del Impuesto sobre Transmisiones Patrimoniales y Actos Jurídicos Documentados, siempre que los respectivos bienes o derechos adquiridos se destinen a actividades religiosas y asistenciales, en los términos establecidos en el Texto Refundido de la Ley del Impuesto, aprobado por Real Decreto Legislativo 3050/1980, de 30 de diciembre, y su Reglamento, aprobado por Real Decreto 3494/1981, de 29 de diciembre, en orden a los requisitos y procedimientos para el disfrute de esta exención.

4. Sin perjuicio de lo previsto en los números anteriores, las Comunidades pertenecientes a la Federación de Comunidades Israelitas tendrán derecho a los demás beneficios fiscales que el ordenamiento jurídico tributario del Estado español prevea en cada momento para las entidades sin fin de lucro y, en todo caso, a los que se concedan a las entidades benéficas privadas.

5. Las asociaciones y entidades creadas y gestionadas por las Comunidades pertenecientes a la Federación de Comunidades Israelitas y que se dediquen a actividades religiosas, benéfico-docentes, médicas u hospitalarias o de asistencia social, tendrán derecho a los beneficios fiscales que el ordenamiento jurídico-tributario del Estado prevea en cada momento para las entidades sin fin de lucro y, en todo caso, a los que se concedan a las entidades benéficas privadas.

6. La normativa del Impuesto sobre la Renta de las Personas Físicas regulará el tratamiento tributario aplicable a los donativos que se realicen a las Comunidades pertenecientes a la Federación de Comunidades Israelitas, con las deducciones que, en su caso, pudieran establecerse.

Artículo 12.

1. El descanso laboral semanal, para los fieles de Comunidades Israelitas pertenecientes a la FCI, podrá comprender, siempre que medie acuerdo entre las partes, la tarde del viernes y el día completo del sábado, en sustitución del que establece el artículo 37.1 del Estatuto de los Trabajadores como regla general.

2. Las festividades que a continuación se expresan, que según la Ley y la tradición judías, tienen el carácter de religiosas, podrán sustituir a las establecidas con carácter general por el Estatuto de los Trabajadores, en su artículo 37.2, con el mismo carácter de retribuidas y no recuperables, a petición de las personas a que se refiere el número anterior, y en los términos previstos en el mismo.

– Año Nuevo (Rosh Hashaná), 1.° y 2.° día.
– Día de Expiación (Yon Kippur).
– Fiesta de las Cabañas (Succoth), 1.°, 2.°, 7.° y 8.° día.
– Pascua (Pesaj), 1.°, 2.°, 7.° y 8.° día.
– Pentecostés (Shavuot), 1.° y 2.° día.

3. Los alumnos judíos que cursen estudios en centros de enseñanza públicos y privados concertados, estarán dispensados de la asistencia a clase y de la celebración de exámenes, en el día de sábado y en las festividades religiosas expresadas en el número anterior, a petición propia o de quienes ejerzan la patria potestad o tutela.

4. Los exámenes, oposiciones o pruebas selectivas, convocadas para el ingreso en las Administraciones Públicas, que hayan de celebrarse en sábado y en las festividades religiosas anteriormente expresadas, serán señalados, para los judíos que lo soliciten, en una fecha alternativa, cuando no haya causa motivada que lo impida.

Artículo 13.

El Estado y la Federación de Comunidades Israelitas de España colaborarán en la conservación y fomento del patrimonio histórico, artístico y cultural judío, que continuará al servicio de la sociedad, para su contemplación y estudio.

Dicha colaboración se extenderá a la realización del catálogo e inventario del referido patrimonio, así como a la creación de Patronatos, Fundaciones u otro tipo de instituciones de carácter cultural.

Artículo 14.

1. De acuerdo con la dimensión espiritual y las particularidades específicas de la tradición judía, las denominaciones «Casher» y sus variantes, «Kasher», «Kosher», «Kashrut» y éstas asociadas a los términos «U», «K» o «Parve», son las que sirven para distinguir los productos alimentarios y cosméticos elaborados de acuerdo con la Ley judía.

2. Para la protección del uso correcto de estas denominaciones, la FCI deberá solicitar y obtener del Registro de la Propiedad Industrial los registros de marca correspondientes, de acuerdo con la normativa legal vigente.

Cumplidos los requisitos anteriores, estos productos, a efectos de comercialización, importación y exportación tendrán la garantía de haber sido elaborados con arreglo a la Ley y a la tradición judía, cuando lleven en sus envases el correspondiente distintivo de la FCI.

3. El sacrificio de animales que se realice de acuerdo con las leyes judías, deberá respetar la normativa sanitaria vigente.

Disposición adicional primera. El Gobierno pondrá en conocimiento de la Federación de Comunidades Israelitas de España, para que ésta pueda expresar su parecer, las iniciativas legislativas que afecten al contenido del presente Acuerdo.

Disposición adicional segunda. El presente Acuerdo podrá ser denunciado por cualquiera de las partes que lo suscriben, notificándolo a la otra con seis meses de antelación.

Asimismo, podrá ser objeto de revisión, total o parcial, por iniciativa de cualquiera de ellas, sin perjuicio de su ulterior tramitación parlamentaria.

Disposición adicional tercera. Se constituirá una Comisión Mixta Paritaria con representación de la Administración del Estado y de la Federación de Comunidades Israelitas de España para la aplicación y seguimiento del presente Acuerdo.

Disposición final única. Se faculta al Gobierno para que, a propuesta del Ministro de Justicia, y, en su caso, conjuntamente con los Ministros competentes por razón de la materia, dicte las disposiciones necesarias para el desarrollo y ejecución de lo dispuesto en el presente Acuerdo.

LEY 26/1992, DE 10 DE NOVIEMBRE, POR LA QUE SE APRUEBA EL ACUERDO DE COOPERACIÓN DEL ESTADO CON LA COMISIÓN ISLÁMICA DE ESPAÑA[344].

JUAN CARLOS I REY DE ESPAÑA todos los que la presente vieren y entendieren. Sabed que las Cortes Generales han aprobado y yo vengo a sancionar la siguiente Ley:

EXPOSICIÓN DE MOTIVOS

Con fecha 28 de abril de 1992, el Ministro de Justicia, habilitado al efecto por el Consejo de Ministros, suscribió el Acuerdo de Cooperación del Estado con la Comisión Islámica de España, que ha de regir las relaciones de cooperación del Estado con las Comunidades de confesión musulmana establecidas en España, integradas en dicha Comisión e inscritas en el Registro de Entidades Religiosas.

Las expresadas relaciones deben regularse por Ley aprobada por las Cortes Generales, a tenor de lo dispuesto en el artículo 7.1 de la Ley Orgánica 7/1980, de 5 de julio, de Libertad Religiosa.

Artículo único. Las relaciones de cooperación del Estado con la Comisión Islámica de España se regirán por lo dispuesto en el Acuerdo de Cooperación que se incorpora como anexo a la presente Ley.

Disposición final primera. Se faculta al Gobierno para que a propuesta del Ministro de Justicia, y, en su caso, conjuntamente con los Ministros competentes por razón de la materia, dicte las disposiciones necesarias para el desarrollo y ejecución de lo dispuesto en la presente Ley.

Disposición final segunda. La presente Ley entrará en vigor el día siguiente al de su publicación en el «Boletín Oficial del Estado».

ANEXO

Acuerdo de Cooperación del Estado español con la Comisión Islámica de España

EXPOSICIÓN DE MOTIVOS

La Constitución española de 1978, al configurar un Estado democrático y pluralista, ha supuesto un profundo cambio en la tradicional actitud del Estado ante el hecho religioso, consagrando como fundamentales los derechos de igualdad y libertad religiosa, cuyo ejercicio garantiza con la mayor amplitud permitida por las

344 Disponible desde internet en https://www.boe.es/buscar/act.php?id=BOE-A-1992-24855 [Consultado el 26/2/2023].

exigencias derivadas del mantenimiento del orden público protegido por la Ley y por el respeto debido a los derechos fundamentales de los demás.

Estos derechos, concebidos originariamente como derechos individuales de los ciudadanos, alcanzan también, por derivación, a las Comunidades o Confesiones en que aquéllos se integran para el cumplimiento comunitario de sus fines religiosos, sin necesidad de autorización previa, ni de su inscripción en ningún registro público.

Desde el respeto más profundo a estos principios, el Estado, también por imperativo constitucional, viene obligado, en la medida en que las creencias religiosas de la sociedad española lo demanden, al mantenimiento de relaciones de cooperación con las diferentes Confesiones o Comunidades religiosas, pudiendo hacerlo en formas diversas con las Confesiones inscritas en el Registro de Entidades Religiosas.

La Ley Orgánica de Libertad Religiosa establece la posibilidad de que el Estado concrete su cooperación con las Confesiones o Comunidades religiosas, mediante la adopción de Acuerdos o Convenios de Cooperación, cuando aquéllas, debidamente inscritas en el Registro de Entidades Religiosas, hayan alcanzado en la sociedad española, además, un arraigo que, por el número de sus creyentes y por la extensión de su credo, resulte evidente o notorio. En este caso se encuentra la religión islámica, de tradición secular en nuestro país, con relevante importancia en la formación de la identidad española, representada por distintas Comunidades de dicha confesión, inscritas en el Registro de Entidades Religiosas e integradas en alguna de las dos Federaciones igualmente inscritas, denominadas Federación Española de Entidades Religiosas Islámicas y Unión de Comunidades Islámicas de España, que, a su vez, han constituido una entidad religiosa inscrita con la denominación de «Comisión Islámica de España», como órgano representativo del Islam en España ante el Estado para la negociación, firma y seguimiento de los acuerdos adoptados.

Dando respuesta a los deseos formulados por ambas Federaciones, expresión de la voluntad de los musulmanes españoles, y tras las oportunas negociaciones, se llegó a la conclusión del presente Acuerdo de Cooperación, en el que se abordan asuntos de gran importancia para los ciudadanos de religión islámica: Estatuto de los dirigentes religiosos islámicos e Imanes, con determinación de los específicos derechos que se derivan del ejercicio de su función religiosa, situación personal en ámbitos de tanta importancia como la Seguridad Social y forma de cumplimiento de sus deberes militares; protección jurídica de las mezquitas de culto; atribución de efectos civiles al matrimonio celebrado según el rito religioso islámico; asistencia religiosa en centros o establecimientos públicos; enseñanza religiosa islámica en los centros docentes; beneficios fiscales aplicables a determinados bienes y actividades de las Comunidades pertenecientes a las Federaciones que constituyen la «Comisión Islámica de España», conmemoración de festividades religiosas islámicas y, finalmente, colaboración del Estado con la expresada Comisión en orden a la conservación y fomento del Patrimonio Histórico y Artístico Islámico.

En la negociación del presente Acuerdo, se ha procurado siempre tener el más escrupuloso respeto a la voluntad negociadora de los interlocutores religiosos, como la mejor expresión de los contenidos doctrinales específicos del credo religioso islámico y de las peculiares exigencias de conciencia que de ellos se derivan, para hacer posible que sea real y efectivo el ejercicio del derecho de libertad religiosa de los creyentes musulmanes.

Artículo 1.- 1. Los derechos y obligaciones que se deriven de la Ley por la que se apruebe el presente Acuerdo serán de aplicación a las Comunidades Islámicas inscritas en el Registro de Entidades Religiosas, que formen parte o posteriormente se incorporen a la «Comisión Islámica de España» o a alguna de las Federaciones Islámicas inscritas integradas en dicha Comisión, mientras su pertenencia a las mismas figure inscrita en dicho Registro.

2. La incorporación de las Comunidades y Federaciones islámicas a la «Comisión Islámica de España», a los efectos de su constancia en el Registro de Entidades Religiosas, se acreditará mediante certificación expedida por los representantes legales correspondientes, con la conformidad de la referida Comisión. La anotación en el Registro de su baja o exclusión se practicará a instancia de la entidad interesada o de la «Comisión Islámica de España».

3. La certificación de fines religiosos que exige el Real Decreto 142/1981, de 9 de enero, para la inscripción de las entidades asociativas religiosas que se constituyan como tales, de acuerdo al ordenamiento de las Comunidades Islámicas, podrá ser expedida por la Federación a que pertenezcan, con la conformidad de la «Comisión Islámica de España», o por ésta si no formaran parte de ninguna Federación.

Artículo 2.-

1. A todos los efectos legales, son Mezquitas o lugares de culto de las Comunidades Islámicas pertenecientes a la «Comisión Islámica de España» los edificios o locales destinados de forma exclusiva a la práctica habitual de la oración, formación o asistencia religiosa islámica, cuando así se certifique por la Comunidad respectiva, con la conformidad de dicha Comisión.

2. Los lugares de culto de las Comunidades Islámicas miembros de la «Comisión Islámica de España» gozan de inviolabilidad en los términos establecidos por las Leyes. En caso de expropiación forzosa, deberá ser oída previamente la «Comisión Islámica de España», y no podrán ser demolidos sin ser previamente privados de su carácter sagrado, con excepción de los casos previstos en las Leyes, por razones de urgencia o peligro. También quedarán exceptuados de la ocupación temporal e imposición de servidumbres en los términos previstos en el artículo 119 de la Ley de Expropiación Forzosa.

3. El Estado respeta y protege la inviolabilidad de los archivos y demás documentos pertenecientes a la «Comisión Islámica de España», así como a sus Comunidades miembros.

4. Los lugares de culto podrán ser objeto de anotación en el Registro de Entidades Religiosas.

5. Los cementerios islámicos gozarán de los beneficios legales que establece el número 2 de este mismo artículo para los lugares de culto.

Se reconoce a las Comunidades Islámicas, pertenecientes a la «Comisión Islámica de España», el derecho a la concesión de parcelas reservadas para los enterramientos islámicos en los cementerios municipales, así como el derecho a poseer cementerios islámicos propios. Se adoptarán las medidas oportunas para la observancia de las reglas tradicionales islámicas, relativas a inhumaciones, sepulturas y ritos funerarios que se realizarán con intervención de la Comunidad Islámica local. Se reconoce el derecho a trasladar a los cementerios pertenecientes a las Comunidades Islámicas los cuerpos de los difuntos musulmanes, tanto los actualmente inhumados en cementerios municipales como los de aquéllos cuyo fallecimiento se produzca en localidad en la que no exista cementerio islámico, con sujeción a lo dispuesto en la legislación de régimen local y de sanidad.

Artículo 3.-

1. A los efectos legales, son dirigentes religiosos islámicos e Imanes de las Comunidades Islámicas las personas físicas dedicadas, con carácter estable, a la dirección de las Comunidades a que se refiere el artículo 1 del presente Acuerdo, a la dirección de la oración, formación y asistencia religiosa islámica y acrediten el cumplimiento de estos requisitos mediante certificación expedida por la Comunidad a que pertenezcan, con la conformidad de la «Comisión Islámica de España».

2. En ningún caso las personas expresadas en el número anterior estarán obligadas a declarar sobre hechos que les hayan sido revelados en el ejercicio de sus funciones de culto o de asistencia religiosa islámica, en los términos legalmente establecidos para el secreto profesional.

Artículo 4.

1. Los Imanes y dirigentes religiosos islámicos estarán sujetos a las disposiciones generales del Servicio Militar. Si lo solicitaren, se les podrán asignar misiones que sean compatibles con sus funciones religiosas.

2. Los estudios que se cursen para la formación religiosa de las personas a que se refiere el artículo 3, en los Centros islámicos reconocidos por el Ministerio de Educación y Ciencia, darán derecho a prórroga de incorporación a filas de segunda clase, en los términos establecidos en la vigente legislación del Servicio Militar.

Para la solicitud de dicha prórroga, deberán acreditarse los mencionados estudios mediante certificación expedida por el centro islámico correspondiente.

Artículo 5.

De acuerdo con lo dispuesto en el artículo 1 del Real Decreto 2398/1977, de 27 de agosto, las personas que reúnan los requisitos expresados en el número 1 del artículo 3 del presente Convenio, quedarán incluidos en el Régimen General de la Seguridad Social, asimilados a trabajadores por cuenta ajena. Las Comunidades Islámicas respectivas asumirán los derechos y obligaciones establecidas para los empresarios en el Régimen General de la Seguridad Social.

Artículo 6.

A los efectos legales, son funciones islámicas de culto, formación y asistencia religiosa, las que lo sean de acuerdo con la Ley y la tradición islámica, emanadas del Corán o de la Sunna y protegidas por la Ley Orgánica de Libertad Religiosa.

1. Se atribuye efectos civiles al matrimonio celebrado según la forma religiosa establecida en la Ley Islámica, desde el momento de su celebración, si los contrayentes reúnen los requisitos de capacidad exigidos por el Código Civil.

Los contrayentes expresarán el consentimiento ante alguna de las personas expresadas en el número 1 del artículo 3 y, al menos, dos testigos mayores de edad.

Para el pleno reconocimiento de tales efectos, será necesaria la inscripción del matrimonio en el Registro Civil.

2. Las personas que deseen inscribir el matrimonio celebrado en la forma prevista en el número anterior, deberán acreditar previamente su capacidad matrimonial, mediante copia del acta o resolución previa expedida por el Secretario judicial, Notario, Encargado del Registro Civil o funcionario diplomático o consular Encargado del Registro Civil conforme a la Ley del Registro Civil y que deberá contener, en su caso, juicio acreditativo de la capacidad matrimonial. No podrá practicarse la inscripción si se hubiera celebrado el matrimonio transcurridos más de seis meses desde la fecha de dicho acta o desde la fecha de la resolución correspondiente.

3. Una vez celebrado el matrimonio, el representante de la Comunidad Islámica en que se hubiera contraído aquel extenderá certificación expresiva de la celebración del mismo, con los requisitos necesarios para su inscripción y las menciones de las circunstancias del expediente o acta previa que necesariamente incluirán el nombre y apellidos del Secretario judicial, Notario, Encargado del Registro Civil o funcionario diplomático o consular que la hubiera extendido, la fecha y número de protocolo en su caso. Esta certificación se remitirá por medios electrónicos, en la forma que reglamentariamente se determine, junto con la certificación acreditativa de la capacidad representante de la Comunidad Islámica para celebrar matrimonios, de conformidad con lo previsto en el apartado 1 del artículo 3, dentro del plazo de cinco días al Encargado del Registro Civil competente para su inscripción. Igualmente extenderá en las dos copias del acta o resolución previa de capacidad matrimonial diligencia expresiva de la celebración del matrimonio,

entregando una a los contrayentes y conservará la otra como acta de la celebración en el archivo de la Comunidad.

4. Sin perjuicio de las responsabilidades a que haya lugar y de los derechos adquiridos de buena fe por terceras personas, la inscripción del matrimonio celebrado conforme al presente Acuerdo podrá ser promovida también en cualquier tiempo, mediante presentación de la certificación diligenciada a que se refiere el número anterior.

5. Las normas de este artículo relativas al procedimiento para hacer efectivo el derecho que en el mismo se establece, se ajustarán a las modificaciones que en el futuro se produzcan en la legislación del Registro Civil, previa audiencia de la Comisión Islámica de España.

Se modifican los apartados 2 y 3 por la disposición final 7 de la Ley 15/2015, de 2 de julio.

Final del formulario

Artículo 8.-

1. Se reconoce el derecho de los militares españoles musulmanes, sean o no profesionales, y de cuantas personas de dicha religión presten servicio en las Fuerzas Armadas, a recibir asistencia religiosa islámica y a participar en actividades y ritos religiosos propios del Islam, previa la oportuna autorización de sus Jefes, que procurarán hacer compatibles con las necesidades del servicio, facilitando los lugares y medios adecuados para su desarrollo.

2. Los militares musulmanes que no puedan cumplir sus obligaciones religiosas islámicas, especialmente la oración colectiva en común del viernes, por no haber mezquita o, en su caso, oratorio en el lugar de su destino, podrán ser autorizados para el cumplimiento de aquéllas en la mezquita u oratorio de la localidad más próxima, cuando las necesidades del servicio lo permitan.

3. La asistencia religiosa islámica será dispensada por los Imanes o personas designadas con carácter estable por las Comunidades Islámicas pertenecientes a la «Comisión Islámica de España», autorizados por los mandos correspondientes que prestarán la colaboración precisa para el desempeño de sus funciones en términos de igualdad con los ministros de culto de otras Iglesias, Confesiones o Comunidades religiosas que tengan firmados Acuerdos de Cooperación con el Estado.

4. Las autoridades correspondientes comunicarán el fallecimiento de los militares musulmanes, ocurrido durante la prestación del servicio, a la familia del fallecido.

Artículo 9.-

1. Se garantiza el ejercicio del derecho a la asistencia religiosa de los internados en centros o establecimientos penitenciarios, hospitalarios, asistenciales u otros análogos del sector público, proporcionada por los Imanes o personas designadas por las Comunidades, que deberán ser autorizados por los organismos administrativos competentes. Las direcciones de los centros o establecimientos públicos estarán obligadas a transmitir a la

Comunidad Islámica correspondiente las solicitudes de asistencia religiosa recibidas de los internos o de sus familiares, si los propios interesados no estuvieran en condiciones de hacerlo.

La asistencia religiosa prevista en este artículo comprenderá la que se dispense a los moribundos, así como las honras fúnebres del rito islámico.

2. En todo caso, la asistencia religiosa a que se refiere el número anterior se prestará con pleno respeto al principio de libertad religiosa y con observancia de las normas de organización y régimen interno de los centros, libre y sin limitación de horario. Por lo que se refiere a los establecimientos penitenciarios, la asistencia religiosa se realizará de acuerdo con lo dispuesto en la legislación penitenciaria.

3. Los gastos que origine el desarrollo de la asistencia religiosa serán sufragados en la forma que acuerden los representantes de la «Comisión Islámica de España», con la dirección de los centros y establecimientos públicos contemplados en el número 1 de este artículo, sin perjuicio de la utilización de los locales que, a tal fin, existan en dichos centros o establecimientos.

Artículo 10.-

1. A fin de dar efectividad a lo dispuesto en el artículo 27.3 de la Constitución, así como en la Ley Orgánica 8/1985, de 3 de julio, Reguladora del Derecho a la Educación, y en la Ley Orgánica 1/1990, de 3 de octubre, de Ordenación General del Sistema Educativo, se garantiza a los alumnos musulmanes, a sus padres y a los órganos escolares de gobierno que lo soliciten, el ejercicio del derecho de los primeros a recibir enseñanza religiosa islámica en los centros docentes públicos y privados concertados, siempre que, en cuanto a estos últimos, el ejercicio de aquel derecho no entre en contradicción con el carácter propio del centro, en los niveles de educación infantil, educación primaria y educación secundaria.

2. La enseñanza religiosa islámica será impartida por profesores designados por las Comunidades pertenecientes a la «Comisión Islámica de España», con la conformidad de la Federación a que pertenezcan.

3. Los contenidos de la enseñanza religiosa islámica, así como los libros de texto relativos a la misma, serán proporcionados por las Comunidades respectivas, con la conformidad de la «Comisión Islámica de España».

4. Los centros docentes públicos y los privados concertados a que se hace referencia en el número 1 de este artículo, deberán facilitar los locales adecuados para el ejercicio del derecho que en este artículo se regula, sin que pueda perjudicar el desenvolvimiento de las actividades lectivas.

5. La «Comisión Islámica de España», así como sus Comunidades miembros, podrán organizar cursos de enseñanza religiosa en los centros universitarios públicos, pudiendo utilizar los locales y medios de los mismos, de acuerdo con las autoridades académicas.

6. La «Comisión Islámica de España», así como las Comunidades pertenecientes a la misma, podrán establecer y dirigir centros

docentes de los niveles educativos que se mencionan en el número 1 de este artículo, así como Universidades y Centros de Formación Islámica, con sometimiento a la legislación general vigente en la materia.

Artículo 11.-

1. La «Comisión Islámica de España» y las Comunidades que la integran pueden recabar libremente de sus miembros prestaciones, organizar colectas públicas y recibir ofrendas y liberalidades de uso.

2. Además de los conceptos indicados en el número anterior, tendrán la consideración de operaciones no sujetas a tributo alguno:

a) La entrega gratuita de publicaciones, instrucciones y boletines internos, de carácter religioso islámico, realizada directamente a sus miembros por las Comunidades pertenecientes a la «Comisión Islámica de España».

b) La actividad de enseñanza religiosa islámica en los centros de la «Comisión Islámica de España», así como de sus Comunidades miembros, destinada a la formación de Imames y de dirigentes religiosos islámicos.

3. La «Comisión Islámica de España», así como sus Comunidades miembros, estarán exentas:

A) Del Impuesto sobre Bienes Inmuebles y de las contribuciones especiales que, en su caso, correspondan por los siguientes bienes inmuebles de su propiedad:

a) Las Mezquitas o lugares de culto y sus dependencias o edificios y locales anejos, destinados al culto, asistencia religiosa islámica, residencia de Imames y dirigentes religiosos islámicos.

b) Los locales destinados a oficinas de las Comunidades pertenecientes a la Comisión Islámica de España.

c) Los centros destinados únicamente a la formación de Imames y dirigentes religiosos islámicos.

B) Del Impuesto sobre Sociedades, en los términos previstos en los números dos y tres del artículo 5 de la Ley 61/1978, de 27 de diciembre, reguladora de aquél.

Del Impuesto sobre Sociedades que grava los incrementos de patrimonio obtenidos a título gratuito, siempre que los bienes y derechos adquiridos se destinen a actividades religiosas islámicas o asistenciales.

C) Del Impuesto sobre Transmisiones Patrimoniales y Actos Jurídicos Documentados, siempre que los respectivos bienes o derechos adquiridos se destinen a actividades religiosas o asistenciales, en los términos establecidos en el Texto Refundido de la Ley del Impuesto, aprobado por Real Decreto Legislativo 3050/1980, de 30 de diciembre, y su Reglamento, aprobado por Real Decreto 3494/1981, de 29 de diciembre, en orden a los requisitos y procedimientos para el disfrute de esta exención.

4. Sin perjuicio de lo previsto en los números anteriores, la «Comisión Islámica de España», así como sus Comunidades miembros y las asociaciones y entidades creadas y gestionadas por las mismas que se dediquen a actividades religiosas, benéfico-docentes, médicas u hospitalarias o de asistencia social, tendrán derecho a los beneficios fiscales que el ordenamiento jurídico-tributario del Estado español prevea en

cada momento para las entidades sin fin de lucro y, en todo caso, a los que se concedan a las entidades benéficas privadas.

5. La legislación fiscal regulará el tratamiento tributario aplicable a los donativos que se realicen a las Comunidades pertenecientes a la «Comisión Islámica de España», con las deducciones que, en su caso, pudieran establecerse.

Artículo 12.-

1. Los miembros de las Comunidades Islámicas pertenecientes a la «Comisión Islámica de España» que lo deseen, podrán solicitar la interrupción de su trabajo los viernes de cada semana, día de rezo colectivo obligatorio y solemne de los musulmanes, desde las trece treinta hasta las dieciséis treinta horas, así como la conclusión de la jornada laboral una hora antes de la puesta del sol, durante el mes de ayuno (Ramadán).En ambos casos, será necesario el previo acuerdo entre las partes. Las horas dejadas de trabajar deberán ser recuperadas sin compensación alguna.

2. Las festividades y conmemoraciones que a continuación se expresan, que según la Ley Islámica tienen el carácter de religiosas, podrán sustituir, siempre que medie acuerdo entre las partes, a las establecidas con carácter general por el Estatuto de los Trabajadores, en su artículo 37.2, con el mismo carácter de retribuidas y no recuperables, a petición de los fieles de las Comunidades Islámicas pertenecientes a la «Comisión Islámica de España».

AL HIYRA, correspondiente al 1.º de Muharram, primer día del Año Nuevo Islámico.

ACHURA, décimo día de Muharram.

IDU AL-MAULID, corresponde al 12 de Rabiu al Awwal, nacimiento del Profeta.

AL ISRA WA AL-MI'RAY, corresponde al 27 de Rayab, fecha del Viaje Nocturno y la Ascensión del Profeta.

IDU AL-FITR, corresponde a los días 1.º, 2.º y 3.º de Shawwal y celebra la culminación del Ayuno de Ramadán.

IDU AL-ADHA, corresponde a los días 10.º, 11.º y 12.º de Du Al-Hyyah y celebra el sacrificio protagonizado por el Profeta Abraham.

3. Los alumnos musulmanes que cursen estudios en centros de enseñanza públicos o privados concertados, estarán dispensados de la asistencia a clase y de la celebración de exámenes, en el día del viernes durante las horas a que se refiere el número 1 de este artículo y en las festividades y conmemoraciones religiosas anteriormente expresadas, a petición propia o de quienes ejerzan la patria potestad o tutela.

4. Los exámenes, oposiciones o pruebas selectivas convocadas para el ingreso en las Administraciones Públicas, que hayan de celebrarse en los días a que se refiere el número anterior, serán señalados, para los musulmanes que lo soliciten, en una fecha alternativa, cuando no haya causa motivada que lo impida.

Artículo 13.-

El Estado y la «Comisión Islámica de España» colaborarán en la conservación y fomento del patrimonio histórico, artístico y cultural islámico en España, que continuará al servicio de la sociedad para su contemplación y estudio.

Dicha colaboración se extenderá a la realización del catálogo e inventario del referido patrimonio, así como a la creación de Patronatos, Fundaciones u otro tipo de instituciones de carácter cultural, de los que formarán parte representantes de la «Comisión Islámica de España».

Artículo 14.-

1. De acuerdo con la dimensión espiritual y las particularidades específicas de la Ley Islámica, la denominación «Halal» sirve para distinguir los productos alimentarios elaborados de acuerdo con la misma.

2. Para la protección del uso correcto de estas denominaciones, la «Comisión Islámica de España» deberá solicitar y obtener del Registro de la Propiedad Industrial los registros de marca correspondientes, de acuerdo con la normativa legal vigente.

Cumplidos los requisitos anteriores, estos productos, a efectos de comercialización, importación y exportación, tendrán la garantía de haber sido elaborados con arreglo a la Ley Islámica, cuando lleven en sus envases el correspondiente distintivo de la «Comisión Islámica de España».

3. El sacrificio de animales que se realice de acuerdo con las Leyes Islámicas, deberá respetar la normativa sanitaria vigente.

4. La alimentación de los internados en centros o establecimientos públicos y dependencias militares, y la de los alumnos musulmanes de los centros docentes públicos y privados concertados que lo soliciten, se procurará adecuar a los preceptos religiosos islámicos, así como el horario de comidas durante el mes de ayuno (Ramadán).

Disposición adicional primera. El Gobierno pondrá en conocimiento de la «Comisión Islámica de España» las iniciativas legislativas que afecten al contenido del presente Acuerdo, para que aquélla pueda expresar su parecer.

Disposición adicional segunda. El presente acuerdo podrá ser denunciado por cualquiera de las partes que lo suscriben, notificándolo a la otra con seis meses de antelación.

Asimismo, podrá ser objeto de revisión, total o parcial, por iniciativa de cualquiera de ellas, sin perjuicio de su ulterior tramitación parlamentaria.

Disposición adicional tercera. Se constituirá una Comisión Mixta Paritaria con representantes de la Administración del Estado y de la «Comisión Islámica de España», para la aplicación y seguimiento del presente Acuerdo.

Disposición final única. Se faculta al Gobierno para que, a propuesta del Ministro de Justicia, y, en su caso, conjuntamente con los Ministros competentes por razón de la materia, dicte las disposiciones necesarias para el desarrollo y ejecución de lo dispuesto en el presente Acuerdo.

ANEXO III
LEY ORGÁNICA DE LIBERTAD RELIGIOSA

LEY ORGÁNICA 7/1980, DE 5 DE JULIO, DE LIBERTAD RELIGIOSA[345]

DON JUAN CARLOS I A todos los que la presente vieren y entendieren,

Sabed: Que las Cortes Generales han aprobado y Yo vengo en sancionar la siguiente Ley Orgánica:

Artículo primero.

Uno. El Estado garantiza el derecho fundamental a la libertad religiosa y de culto, reconocida en la Constitución, de acuerdo con lo prevenido en la presente Ley Orgánica.

Dos. Las creencias religiosas no constituirán motivo de desigualdad o discriminación ante la Ley. No podrán alegarse motivos religiosos para impedir a nadie el ejercicio de cualquier trabajo o actividad o el desempeño de cargos o funciones públicas.

Tres. Ninguna confesión tendrá carácter estatal.

Artículo segundo.

Uno. La libertad religiosa y de culto garantizada por la Constitución comprende, con la consiguiente inmunidad de coacción, el derecho de toda persona a:

a) Profesar las creencias religiosas que libremente elija o no profesar ninguna; cambiar de confesión o abandonar la que tenía; manifestar libremente sus propias creencias religiosas o la ausencia de las mismas, o abstenerse de declarar sobre ellas.

b) Practicar los actos de culto y recibir asistencia religiosa de su propia confesión; conmemorar sus festividades, celebrar sus ritos matrimoniales; recibir sepultura digna, sin discriminación por motivos religiosos, y no ser obligado a practicar actos de culto o a recibir asistencia religiosa contraria a sus convicciones personales.

c) Recibir e impartir enseñanza e información religiosa de toda índole, ya sea oralmente, por escrito o por cualquier otro procedimiento; elegir para sí, y para los menores no emancipados e incapacitados, bajo su dependencia, dentro y fuera del ámbito escolar, la educación religiosa y moral que esté de acuerdo con sus propias convicciones.

d) Reunirse o manifestarse públicamente con fines religiosos y asociarse para desarrollar comunitariamente sus actividades religiosas de conformidad con el ordenamiento jurídico general y lo establecido en la presente Ley Orgánica.

---

345 Disponible desde internet en https://www.boe.es/buscar/act.php?id=BOE-A-1980-15955 [Consultado el 26/2/2023].

Dos. Asimismo comprende el derecho de las Iglesias, Confesiones y Comunidades religiosas a establecer lugares de culto o de reunión con fines religiosos, a designar y formar a sus ministros, a divulgar y propagar su propio credo, y a mantener relaciones con sus propias organizaciones o con otras confesiones religiosas, sea en territorio nacional o en el extranjero.

Tres. Para la aplicación real y efectiva de estos derechos, los poderes públicos adoptarán las medidas necesarias para facilitar la asistencia religiosa en los establecimientos públicos, militares, hospitalarios, asistenciales, penitenciarios y otros bajo su dependencia, así como la formación religiosa en centros docentes públicos.

Artículo tercero.

Uno. El ejercicio de los derechos dimanantes de la libertad religiosa y de culto tiene como único límite la protección del derecho de los demás al ejercicio de sus libertades públicas y derechos fundamentales, así como la salvaguardia de la seguridad, de la salud y de la moralidad pública, elementos constitutivos del orden público protegido por la Ley en el ámbito de una sociedad democrática.

Dos. Quedan fuera del ámbito de protección de la presente Ley las actividades, finalidades y Entidades relacionadas con el estudio y experimentación de los fenómenos psíquicos o parapsicológicos o la difusión de valores humanísticos o espiritualistas u otros fines análogos ajenos a los religiosos.

Artículo cuarto.

Los derechos reconocidos en esta Ley ejercitados dentro de los límites que la misma señala serán tutelados mediante amparo judicial ante los Tribunales ordinarios y amparo constitucional ante el Tribunal Constitucional en los términos establecidos en su Ley Orgánica.

Artículo quinto.

Uno. Las Iglesias, Confesiones y Comunidades religiosas y sus Federaciones gozarán de personalidad jurídica una vez inscritas en el correspondiente Registro público, que se crea, a tal efecto, en el Ministerio de Justicia.

Dos. La inscripción se practicará en virtud de solicitud, acompañada de documento fehaciente en el que consten su fundación o establecimiento en España, expresión de sus fines religiosos, denominación y demás datos de identificación, régimen de funcionamiento y órganos representativos, con expresión de sus facultades y de los requisitos para su válida designación.

Tres. La cancelación de los asientos relativos a una determinada Entidad religiosa sólo podrá llevarse a cabo a petición de sus órganos representativos o en cumplimiento de sentencia judicial firme.

Artículo sexto.

Uno. Las Iglesias, Confesiones y Comunidades religiosas inscritas tendrán plena autonomía y podrán establecer sus propias normas de organización, régimen interno y régimen de su personal. En dichas normas, así como en las que regulen las instituciones creadas por aquéllas para la realización de sus fines, podrán incluir cláusulas de salvaguarda de su identidad religiosa y carácter propio, así como del debido respeto a sus creencias, sin perjuicio del respeto de los derechos y libertades reconocidos por la Constitución, y en especial de los de libertad, igualdad y no discriminación.

Dos. Las Iglesias, Confesiones y Comunidades religiosas podrán crear y fomentar, para la realización de su fines, Asociaciones, Fundaciones e Instituciones con arreglo a las disposiciones del ordenamiento jurídico general.

Artículo séptimo.

Uno. El Estado, teniendo en cuenta las creencias religiosas existentes en la sociedad española, establecerá, en su caso, Acuerdos o Convenios de cooperación con las Iglesias, Confesiones y Comunidades religiosas inscritas en el Registro que por su ámbito y número de creyentes hayan alcanzado notorio arraigo en España. En todo caso, estos Acuerdos se aprobarán por Ley de las Cortes Generales.

Dos. En los Acuerdos o Convenios, y respetando siempre el principio de igualdad, se podrá extender a dichas Iglesias, Confesiones y Comunidades los beneficios fiscales previstos en el ordenamiento jurídico general para las Entidades sin fin de lucro y demás de carácter benéfico.

Artículo octavo.

Se crea en el Ministerio de Justicia una Comisión Asesora de Libertad Religiosa compuesta de forma paritaria y con carácter estable por representantes de la Administración del Estado, de las Iglesias, Confesiones o Comunidades religiosas o Federaciones de las mismas, en las que, en todo caso, estarán las que tengan arraigo notorio en España, y por personas de reconocida competencia, cuyo asesoramiento se considere de interés en las materias relacionadas con la presente Ley. En el seno de esta Comisión podrá existir una Comisión Permanente, que tendrá también composición paritaria.

A dicha Comisión corresponderán las funciones de estudio, informe y propuesta de todas las cuestiones relativas a la aplicación de esta Ley, y particularmente, y con carácter preceptivo, en la preparación y dictamen de los Acuerdos o Convenios de cooperación a que se refiere el artículo anterior.

Disposición transitoria primera. El Estado reconoce la personalidad jurídica y la plena capacidad de obrar de las Entidades religiosas que gocen de ella en la fecha de entrada en vigor de la presente Ley. Transcurridos tres años sólo podrán justificar su personalidad jurídica mediante la certificación de su inscripción en el Registro a que esta Ley se refiere.

Disposición transitoria segunda. Las Asociaciones religiosas que al solicitar su reconocimiento legal, de conformidad con lo establecido en la Ley cuarenta y cuatro/mil novecientos sesenta y siete, de veintiocho de junio, hubieren hecho expresa declaración de ser propietarios de bienes inmuebles o de otra clase sujetos a registro público para la plena eficacia de su transmisión, cuya titularidad dominical aparezca a nombre de terceros, y aquellas que habiendo ya formulado ante la Administración esta declaración patrimonial solicitaren su inscripción legal con arreglo a lo prevenido en la presente Ley, podrán, en el plazo de un año, regularizar su situación patrimonial, otorgando los documentos en los que se reconozca la propiedad a favor de las mismas de aquellos bienes que figuren a nombre de personas interpuestas o utilizando cualquier otro procedimiento legal para justificar adecuadamente su dominio, hasta obtener la inscripción de los títulos en el Registro de la Propiedad, con exención de toda clase de impuestos, tasas y arbitrios que pudieran gravar la transmisión, los documentos o las actuaciones que con tal motivo se originen.

Disposición derogatoria Queda derogada la Ley cuarenta y cuatro/mil novecientos sesenta y siete, de veintiocho de junio, y cuantas disposiciones se opongan a lo establecido en la presente Ley.

Disposición final El Gobierno, a propuesta del Ministerio de Justicia, dictará las disposiciones reglamentarias que sean necesarias para la organización y funcionamiento del Registro y de la Comisión Asesora de Libertad Religiosa.

Por tanto, Mando a todos los españoles, particulares y autoridades, que guarden y hagan guardar esta Ley Orgánica. Palacio Real, de Madrid, a 5 de julio de 1980.

NORMATIVA EN MATERIA DE LIBERTAD RELIGIOSA

Legislación Estatal

LEGISLACIÓN BÁSICA

- Constitución Española.

Acuerdos del Estado español con las Confesiones religiosas

Con la Iglesia Católica

- Acuerdo de 28 de Julio de 1976, entre la Santa Sede y el Estado español.
- Acuerdo de 3 de enero de 1979, entre la Santa Sede y el Estado español sobre:
- Asuntos Jurídicos.
- Asuntos Económicos.
- Enseñanza y Asuntos Culturales.
- Asistencia religiosa a las Fuerzas Armadas y el Servicio militar de clérigos y religiosos.
- Acuerdo entre el Reino de España y la Santa Sede sobre asuntos de interés común en Tierra Santa de 21 de septiembre de 1994.

Con otras Confesiones.

- Ley 24/1992, de 10 de noviembre, por la que se aprueba el Acuerdo de Cooperación del Estado con la Federación de Entidades Religiosas Evangélicas de España (FEREDE).
- Ley 25/1992, de 10 de noviembre, por la que se aprueba el Acuerdo de Cooperación del Estado con la Federación de Comunidades Judías de España.

- Ley 26/1992, de 10 de noviembre, por la que se aprueba el Acuerdo de Cooperación del Estado con la Comisión Islámica de España.
- Ley Orgánica 7/1980, de 5 de julio, de Libertad Religiosa.
- Ley Orgánica 1/2002, de 22 de marzo, reguladora del Derecho de Asociación.
- Ley Orgánica 2/2006, de 3 de mayo, de Educación, en la redacción dada por la Ley Orgánica 8/2013, de 9 de diciembre, para la Mejora de la Calidad Educativa.
- Ley Orgánica 6/2001, de 21 de diciembre, de Universidades, modificada por la Ley Orgánica 4/2007, de 12 de abril.

Protección Penal de la libertad religiosa

- Ley Orgánica 10/1995, de 23 de Noviembre, del Código Penal, modificada por la Ley Orgánica 1/2015, de 30 de Marzo.

DESARROLLO POR MATERIAS

Personalidad jurídica civil en las entidades religiosas

- Ley Orgánica 7/1980, de 5 de julio, de Libertad Religiosa.
- Real Decreto 594/2015, de 3 de julio, por el que se regula el Registro de Entidades Religiosas.
- Resolución de 3 de diciembre de 2015, de la Dirección General de Cooperación Jurídica Internacional y Relaciones con las Confesiones, sobre inscripción de entidades católicas en el Registro de Entidades Religiosas.
- Real Decreto 589/1984, de 8 de febrero, sobre Fundaciones Religiosas de la Iglesia Católica.
- Real Decreto 1384/2011, de 14 de octubre, por el que se desarrolla el artículo 1 del Acuerdo de Cooperación del Estado con la Comisión Islámica de España, aprobado por la Ley 26/1992, de 10 de noviembre.
- Disposición adicional decimoséptima de la Ley 27/2013, de 27 de diciembre, de racionalización y sostenibilidad de la Administración Local, relativa a la apertura de los lugares de culto.

- Resolución de 16 de noviembre de 2010, de la Secretaria de Estado de Justicia, por la que se publica el Convenio de colaboración con la Administración de la Generalitat de Cataluña, en materia de asuntos religiosos.
- Instrucción de 4 de junio de 2014, por la que se establecen determinados procedimientos en el Registro de Entidades Religiosas.
- Convenio de colaboración entre el Ministerio de Justicia y el Consejo General del Notariado relativo a la trasmisión telemática de escrituras públicas al Registro de Entidades Religiosas, de 23 de septiembre de 2014.

Comisión Asesora de Libertad Religiosa

- Real Decreto 932/2013, de 29 de noviembre, por el que se regula la Comisión Asesora de Libertad Religiosa.

Notorio arraigo de las confesiones religiosas en España

- Real Decreto 593/2015, de 3 de julio, por el que se regula la declaración de notorio arraigo de las confesiones religiosas en España.

Asistencia religiosa

Fuerzas Armadas:

- Real Decreto 1145/1990, de 7 de septiembre, por el que se crea el Servicio de Asistencia Religiosa en las Fuerzas Armadas y se dictan normas sobre su funcionamiento.
- Ley 39/2007, de 19 de noviembre, de la Carrera Militar.
- Real Decreto 684/2010, de 20 de mayo, por el que se aprueba el reglamento de honores militares.

Centros escolares:

- Orden de 4 de agosto de 1980 por la que se regula la asistencia religiosa y los actos de culto en los Centros escolares.

Hospitales:

- Orden de 20 de diciembre de 1985 por la que se dispone la publicación del Acuerdo sobre Asistencia Religiosa católica en Centros hospitalarios públicos.

- Convenio de 23 de abril de 1986 sobre Asistencia Religiosa católica en Centros hospitalarios del Instituto Nacional de Salud.

Prisiones:

- Orden de 24 de noviembre de 1993 por la que se dispone la publicación del Acuerdo sobre asistencia religiosa católica en los establecimientos penitenciarios.
- Ley Orgánica 1/1979, de 26 de septiembre, General Penitenciaria
- Real Decreto 190/1996, de 9 de febrero, por el que se aprueba el Reglamento penitenciario (B.O.E. de 15 de febrero).
- Real Decreto 710/2006, de 9 de junio, de desarrollo de los Acuerdos de Cooperación firmados por el Estado con la Federación de Entidades Religiosas Evangélicas de España, la Federación de Comunidades Judías de España y la Comisión Islámica de España, en el ámbito de la asistencia religiosa penitenciaria.
- Convenio de colaboración del estado con la comisión islámica de España para la financiación de los gastos que ocasione el desarrollo de la asistencia religiosa en los establecimientos penitenciarios de competencia estatal.
- Convenio de colaboración entre el Ministerio del Interior y la Conferencia Episcopal Española para garantizar la asistencia religiosa católica en los centros de internamiento de extranjeros de 12 de junio de 2014.

Enseñanza religiosa

Educación:

- Real Decreto 1513/2006, de 7 de diciembre, por el que establecen las enseñanzas mínimas de la Educación primaria.
- Real Decreto 1630/2006, de 29 de diciembre que establece enseñanzas mínimas del 2.º ciclo de Educación Infantil.
- Real Decreto 1631/2006, de 29 de diciembre que establece los contenidos mínimos en Educación Secundaria Obligatoria.

- Real Decreto 1467/2007, de 29 de diciembre que regula la estructura básica del Bachillerato y se fijan sus enseñanzas mínimas.
- Real Decreto 126/2014, de 28 de febrero, por el que se establece el currículo básico de la Educación Primaria.
- Real Decreto 1105/2014, de 26 de diciembre, por el que se establece el currículo básico de la Educación Secundaria Obligatoria y del Bachillerato.

Profesores de religión:

- Orden de 9 de abril de 1999, por la que se dispone la publicación del Convenio sobre el régimen económico-laboral de las personas que, no perteneciendo a los Cuerpos de Funcionarios Docentes, están encargadas de la enseñanza de religión católica en los centros públicos de Educación Infantil, de Educación Primaria y de Educación Secundaria.
- Resolución de 23 de abril de 1996, de la Subsecretaria del Ministerio de la Presidencia, por la que se dispone la publicación del Acuerdo del Consejo de Ministros, de 1 de marzo de 1996, y el Convenio sobre designación y régimen económico de las personas encargadas de la enseñanza religiosa evangélica, en los centros docentes públicos de educación primaria y secundaria.
- Resolución de 23 de abril de 1996, de la Subsecretaria del Ministerio de la Presidencia, por la que se dispone la publicación del Acuerdo del Consejo de Ministros, de 1 de marzo de 1996, y el Convenio sobre designación y régimen económico de las personas encargadas de la enseñanza religiosa islámica, en los centros docentes públicos de educación primaria y secundaria.
- Real Decreto 696/2007, de 1 de junio, por el que se regula la relación laboral de los profesores de religión prevista en la disposición adicional tercera de la Ley Orgánica 2/2006, de 3 de mayo, de Educación.

Lugares de culto y cementerios religiosos

- Ley 49/1978, de 3 de noviembre, de enterramientos en cementerios municipales.
- Ley 14/1986, de 25 de abril, General de Sanidad.

- Ley 27/2013, de 27 de diciembre, de racionalización y sostenibilidad de la Administración Local (Apertura de lugares de culto).

Matrimonio religioso

- Código civil.
- Orden JUS/577/2016, de 19 de abril, sobre inscripción en el Registro Civil de determinados matrimonios celebrados en forma religiosa y aprobación del modelo de certificado de capacidad matrimonial y de celebración de matrimonio religioso.

Ministros de culto

Seguridad Social.

- Real Decreto 2398/1977, de 27 de agosto, por el que se regula la Seguridad Social del Clero.
- Orden de 19 de diciembre de 1977, por la que se regulan determinados aspectos relacionados con la aplicación de la Seguridad Social en el Clero Diocesano.
- Real Decreto 3325/1981, de 29 de diciembre, por el que se incorpora al Régimen Especial de la Seguridad Social de los Trabajadores por Cuenta propia o Autónomos a los religiosos y religiosas de la Iglesia Católica.
- Real Decreto 487/1998, de 27 de marzo, sobre reconocimiento como cotizados a la Seguridad Social, de periodos de actividad sacerdotal o religiosa de los sacerdotes y religiosos o religiosas de la Iglesia Católica secularizados.
- Real Decreto 2665/1998, de 11 de diciembre, por el que se completa el real decreto 487/1998, de 27 de marzo, sobre reconocimiento como cotizados a la Seguridad Social, de los períodos de actividad sacerdotal o religiosa a los sacerdotes y religiosos o religiosas de la Iglesia Católica secularizados.
- Real Decreto 369/1999, de 5 de marzo, sobre términos y condiciones de inclusión en el Régimen General de la Seguridad Social de los Ministros de Culto de las Iglesias pertenecientes a la Federación de Entidades Religiosas Evangélicas de España.
- Real Decreto 432/2000, de 31 de marzo, por el que se

regula el cómputo en el Régimen de Clases Pasivas del Estado de los periodos reconocidos como cotizados a la Seguridad Social, en favor de los sacerdotes y religiosos de la Iglesia Católica, secularizados.

- Real Decreto 822/2005, de 8 de julio, por el que se regulan los términos y las condiciones de inclusión en el régimen general de la seguridad social de los clérigos de la iglesia ortodoxa rusa del patriarcado de Moscú en España.
- Real Decreto 176/2006, de 10 de febrero, sobre términos y condiciones de inclusión en el Régimen General de la Seguridad Social de los dirigentes religiosos e imames de las comunidades integradas en la Comisión Islámica de España.
- Real Decreto 1614/2007, de 7 de diciembre, por el que se regulan los términos y las condiciones de inclusión en el Régimen General de la Seguridad Social de los miembros de la Orden religiosa de los Testigos de Jehová en España.

Extranjería/Trabajo:

- Ley Orgánica 4/2000, de 11 de enero, sobre derechos y libertades de los extranjeros en España y su integración social.
- Real Decreto 557/2011, de 20 de abril, por el que se aprueba el reglamento de la Ley Orgánica 4/2000, de 11 de enero, sobre derechos y libertades de los extranjeros en España y su integración social, tras su reforma por Ley Orgánica 2/2009.

Secreto religioso.

- Real Decreto de 14 de septiembre de 1882 por el que se aprueba la Ley de Enjuiciamiento Criminal.
- Ley 1/2000, de 7 de enero, de Enjuiciamiento Civil (art. 371).

Régimen económico y fiscal de las entidades religiosas

- ORDEN DE 2 DE FEBRERO DE 1994 por la que se aclara el alcance de la exención concedida en el Impuesto sobre bienes inmuebles por el artículo 11. 3. a) de los Acuerdos de cooperación del Estado con la FEREDE, FCIE y CIE (BOE de 5 de marzo), aprobados, respectivamente, por las leyes 24/1992, 25/1992 y 26/1992, de 10 de noviembre.

- Ley 29/1987, de 18 de diciembre, del impuesto sobre sucesiones y donaciones.
- Ley 49/2002, de 23 de diciembre, de régimen fiscal de las entidades sin fines lucrativos y de los incentivos fiscales al mecenazgo.
- Ley 50/2002, de 26 de diciembre, de Fundaciones.
- Real Decreto 1270/2003, de 10 de octubre, por el que se aprueba el reglamento para la aplicación del régimen fiscal de las entidades sin fines lucrativos y de los incentivos fiscales al mecenazgo.
- Orden EHA/3958/2006, de 28 de diciembre, por la que se establecen el alcance y los efectos temporales de la supresión de la no sujeción y de las exenciones establecidas en los artículos III y IV del Acuerdo entre el Estado Español y la Santa Sede, de 3 de enero de 1979, respecto al Impuesto sobre el Valor añadido y al Impuesto Indirecto Canario.
- Orden EHA/2760/2008, de 25 de septiembre, por la que se aprueba el procedimiento de liquidación de la asignación tributaria a la Iglesia Católica y de regularización del saldo resultante entre el Estado y aquélla, previsto en la disposición adicional decimoctava de la Ley 51/2007, de 26 de diciembre, de Presupuestos Generales del Estado para el año 2008.
- Real Decreto Legislativo 2/2004, de 5 de marzo, por el que se aprueba el texto refundido de la Ley reguladora de las haciendas locales (arts. 60 y 62.1.c).
- Ley 36/2014, de 26 de diciembre, de Presupuestos Generales del Estado para 2015.

Otros convenios de colaboración

- Resolución de 16 de noviembre de 2010, de la Secretaria de Estado de Justicia, por la que se publica el Convenio de colaboración con la Administración de la Generalitat de Cataluña, en materia de asuntos religiosos.
- Convenio de colaboración entre el Ministerio de Justicia y el Consejo General del Notariado relativo a la trasmisión telemática de escrituras públicas al Registro de Entidades Religiosas, de 23 de septiembre de 2014.

JURISPRUDENCIA

Jurisprudencia Tribunal Constitucional

Auto Tribunal Constitucional 369/1984, 20 de junio.

Auto Tribunal Constitucional 359/1985, 29 de mayo.

Auto Tribunal Constitucional 1072/1987, de 30 de septiembre.

Auto Tribunal Constitucional 48/1989, de 2 de octubre.

Sentencia Tribunal Constitucional 5/1981 de 13 de febrero

Sentencia Tribunal Constitucional 18/1981 de 8 de junio

Sentencia Tribunal Constitucional 15/1982 de 23 de abril.

Sentencia Tribunal Constitucional 24/1982 de 13 de mayo.

Sentencia Tribunal Constitucional 62/1982 de 15 de octubre.

Sentencia Tribunal Constitucional 66/1982, de 12 de noviembre.

Sentencia Tribunal Constitucional 19/1985 de 13 de febrero.

Sentencia Tribunal Constitucional 35/1985 de 7 de marzo.

Sentencia Tribunal Constitucional 59/1985 de 6 de mayo

Sentencia Tribunal Constitucional 86/1985 de 10 de julio.

Sentencia Tribunal Constitucional 26/1987 de 27 de febrero.

Sentencia Tribunal Constitucional 160/1987 de 27 de octubre.

Sentencia Tribunal Constitucional 109/1988 de 8 de junio.

Sentencia Tribunal Constitucional 265/1988 de 22 de diciembre.

Sentencia Tribunal Constitucional 104/1989 de 8 de junio.

Sentencia Tribunal Constitucional 20/1990 de 15 de febrero

Sentencia Tribunal Constitucional 47/1990, de 20 de marzo.

Sentencia Tribunal Constitucional 120/1990 de 27 de junio

Sentencia Tribunal Constitucional 137/1990 19 de julio.

Sentencia Tribunal Constitucional 187/1991 de 3 de octubre

Sentencia Tribunal Constitucional 244/1991 de 16 de Diciembre.

Sentencia Tribunal Constitucional 292/1993 de 18 de octubre

Sentencia Tribunal Constitucional 340/1993 de 16 de noviembre.

Sentencia Tribunal Constitucional 321/1994 de 28 de noviembre.

Sentencia Tribunal Constitucional 177/1996 de 17 de diciembre

Sentencia Tribunal Constitucional 155/1997, de 29 de septiembre.

Sentencia Tribunal Constitucional 166/1999, de 28 de octubre.

Sentencia Tribunal Constitucional 216/1999 de 29 de noviembre.

Sentencia Tribunal Constitucional 141/2000, de 29 de mayo.

Sentencia Tribunal Constitucional 46/2001 de 15 de febrero.

Sentencia Tribunal Constitucional 37/2001 de 28 de abril.

Sentencia Tribunal Constitucional 154/2002 de 18 de julio.

Sentencia Tribunal Constitucional 101/2004, de 2 de junio.

Sentencia Tribunal Constitucional 154/2005 de 9 de junio

Sentencia Tribunal Constitucional 235/2007 de 7 de noviembre

Sentencia Tribunal Constitucional 212/2005 de 21 de julio

Sentencia Tribunal Constitucional 38/2007 de 15 de febrero.

Sentencia Tribunal Constitucional 34/2011 de 28 de marzo.

Sentencia Tribunal Constitucional 207/2013 de 5 de diciembre.

Sentencia Tribunal Constitucional 177/2015, de 22 de julio.

Sentencia Tribunal Constitucional 112/2016 de 20 de junio.

Sentencia Tribunal Constitucional 31/2018 de 22 de mayo.

Sentencia Tribunal Constitucional 192/2020, de 17 de diciembre.

Jurisprudencia Tribunal Supremo

Auto Sala Segunda Tribunal Supremo, de 22 de diciembre de 1983.

Auto Sala Primera Tribunal Supremo, de 24 de febrero de 1984.

Auto Sala Primera Tribunal Supremo, de 8 de febrero 2000.

Auto Sala Primera Tribunal Supremo, 27 de julio 2004.

Auto Sala Tercera Tribunal Supremo de 29 de noviembre de 2012

Sentencia Sala Tercera Tribunal Supremo, 23 de febrero de 1982.

Sentencia Sala Primera Tribunal Supremo, de 30 de julio de 1984.

Sentencia Sala Quinta Tribunal Supremo, de 9 de octubre 1984.

Sentencia Sala Segunda Tribunal Supremo de 5 de diciembre de 1984.

Sentencia Sala Segunda Tribunal Supremo de 27 de marzo de 1990.

Sentencia Sala Tercera Tribunal Supremo de 2 de febrero de 1997.

Sentencia Sala Primera Tribunal Supremo, de 12 de enero de 2001.

Sentencia Sala Primera Tribunal Supremo, de 11 de mayo de 2001.

Sentencia Sala Primera Tribunal Supremo, de 27 de junio de 2002.

Sentencia Sala Tercera Tribunal Supremo, 23 de abril de 2005.

Sentencia Sala Tercera Tribunal Supremo, de 8 de septiembre de 2005.

Sentencia Sala Cuarta Tribunal Supremo, 7 de noviembre de 2005.

Sentencia Sala Tercera Tribunal Supremo 6 de febrero de 2006.

Sentencia Sala Tercera Tribunal Supremo, de 11 de febrero de 2009.

Sentencia Sala Cuarta Tribunal Supremo, de 6 de julio de 2009.

Sentencia Sala Tercera Tribunal Supremo, de 23 de julio de 2012.

Sentencia Sala Tercera Tribunal Supremo, de 14 de febrero de 2013.

Sentencia Sala Primera Tribunal Supremo, de 23 de diciembre de 2021.

Sentencia Sala Primera Tribunal Supremo, de 27 de junio de 2022.

Sentencia de la Sala Cuarta del Tribunal Supremo de 17 de enero de 2023.

Jurisprudencia Tribunales Superiores de Justicia

Auto Tribunal Superior de Justicia de Canaria de 8 de julio 2002.

Tribunal Superior de Justicia de Murcia 948/2009, de 30 de octubre.

Tribunal Superior de Justicia de Castilla y León 3250/2009 de 14 de diciembre.

Tribunal Superior de Justicia de Cataluña 489/2011, de 7 de junio.

Tribunal Superior de Justicia de Cantabria 345/ 2009 de 22 de junio 2011.

Tribunal Superior de Justicia de Castilla y León, 136/2019 de 17 mayo.

Tribunal Superior de Justicia de Canarias, 207/2019 de 25 marzo.

TSJ Castilla y León, Sentencia de 10 octubre 2019.

Jurisprudencia Audiencias Provinciales

Audiencia Provincial de Girona 201/2017, de 28 de abril.

Audiencia Provincial de Madrid 102/2019, de 21 de febrero.

Audiencia Provincial de Santa Cruz de Tenerife 482/2020, de 22 de diciembre.

Jurisprudencia Tribunales Primera Instancia

Juzgado de lo Contencioso-Administrativo N.º 3 de Zaragoza 156/2010, de 30 de abril.

Juzgado de Primera Instancia N.º 2 de Santa Cruz de Tenerife 52/2020, de 11 de marzo.

Jurisprudencia Internacional

Sentencia TEDH caso Handyside contra Reino Unido de 7 de diciembre de 1976.

Sentencia TEDH Karaduman contra Turquía, 3 de mayo de 1993

Sentencia TEDH Sürek y Özdemir contra Turquía, de 8 de julio de 1999.

Sentencia TEDH Sahin contra Turquía, de 10 de noviembre de 2005

Sentencia TEDH Féret contra Bélgica, de 16 de julio de 2009.

Sentencia TEDH Lautsi y otros contra Italia de 3 de noviembre de 2009.

Sentencia TEDH Lautsi y otros contra Italia 18 de marzo de 2011.

Sentencia TEDH Eweida y otros contra Reino Unido, sentencia de 15 de enero de 2013.

Sentencia TEDH Folgero y otros contra Noruega. de 29 junio 2007.

Sentencia TEDH Hasan y Eylem Zengin contra Turquía, sentencia de 9 octubre 2007.

Sentencia TJUE Asma Bougnaoui y Association de défense des droits de l'homme (ADDH) contra Micropole SA de 14 de marzo de 2017.

Sentencia TJUE Samira Achbita y Centrum voor gelijkheid van kansen en voor racismebestrijding contra G4S Secure Solutions NV, de 14 de marzo de 2017.

Sentencia TJUE Congregación de Escuelas Pías Provincia Betania/Ayuntamiento de Getafe de 27 de junio de 2017.

Sentencia TJUE WABE y MH de 15 de julio de 2021.

Sentencia TJUE Freikirche der Siebenten-Tags-Adventisten in Deutschland de 2 de febrero de 2023.

Made in the USA
Monee, IL
04 November 2026

67384344R00154